ATEÍSMO & LIBERDADE

ATEÍSMO & LIBERDADE

UMA INTRODUÇÃO AO LIVRE-PENSAMENTO

7ª EDIÇÃO

ANDRÉ CANCIAN

EDIÇÃO DO AUTOR
2002

Quando meu olhar percorre as lágrimas que rolam por estas páginas, questiono se, em cantigas de ninar, meu cântico fosse ave-maria e a poesia, o pão nosso de cada dia, eu conseguiria te ocultar — quem sabe, por toda uma vida — um nada tão imenso e amargo que, quanto mais vazio, tão mais pesado. O meu nada, antigo e costumeiro, é um fardo bastante leve quando dividida em carne viva frente à dor de te ver sangrar, mas com o orgulho de esta ser a realização do fruto de meu ventre, derramando-se e desfazendo-se numa cruel revelação.

SUMÁRIO

APRESENTAÇÃO

Um dos aspectos que me causaram uma profunda impressão desde o início de meu contato com o trabalho do Autor foi a precocidade intelectual e a profundidade de suas reflexões, característica rara em uma pessoa de tão pouca idade.

É incomum deparar-se com personalidades ímpares como esta em um mundo tão conturbado, onde o externo é extremamente valorizado e inexiste espaço para aqueles preciosos momentos de reflexão crítica e para a busca de respostas para as questões perenes, que atravessam os séculos.

Infelizmente, em sua maioria, os homens agrupam-se em manadas dóceis e obedientes. Procuram, desde sempre, entregar suas mentes ao primeiro ser disposto a conduzi-los pelo caminho da ilusão, da irrealidade, das respostas fáceis, delegando a outrem o maravilhoso dom da liberdade de pensamento.

Buscam acalmar suas consciências colocando alguém no comando de suas vidas. Afinal, a quem não pode mandar em si, só resta obedecer. E, como dizia Nietzsche: "Quanto de verdade suporta, quanto de verdade ousa um espírito?"

Incapazes de caminhar com suas próprias pernas, de centrar a responsabilidade de suas vidas em si mesmos e de suportar a angústia que este viver nos causa, optam comodamente por soluções fáceis, passando a repetir "ad infinitum" historinhas, cantilenas de ninar, as quais poderiam ser aceitas mais tranquilamente em tempos idos, em que a ciência ainda dava seus primeiros tímidos passos, existindo terreno fértil para a ignorância e para a superstição.

Hoje, entretanto, as descobertas científicas acabaram por sepultar, uma a uma, as tolices que prevaleceram durante os últimos milênios. É inacreditável, portanto, que apesar de todos os avanços perpetrados pela humanidade, a imensa maioria de nossa raça ainda permaneça mergulhada nas águas turvas da mediocridade.

9

Dentro de nosso quadro contemporâneo, as religiões persistem, absurdamente, oferecendo seu dogmatismo e sua doutrina, que não permitem qualquer forma de contestação. Muito pelo contrário, a filosofia nasce quando os seres humanos começam a tentar entender o mundo objetivamente, não pela aceitação da autoridade, mas pelo uso da razão e da experimentação, permanecendo abertos ao questionamento e à crítica, sem fechar questão sobre qualquer assunto, sobre o que quer que seja.

Assim, o fato de a origem da vida ser um mistério não significa que temos de criar agentes sobrenaturais para explicar o que a ciência atual ainda é incapaz de explicar totalmente. Nossa profunda ignorância a respeito do motivo de existirmos e de toda a grandiosidade e o mistério do Universo não devem abrir as portas para a superstição, mas sim para o prosseguimento das pesquisas que nos levem a explicações aceitáveis, plausíveis, coerentes, e fundamentadas no que é real.

É dentro desse contexto que surge este jovem pensador, já centrado em si mesmo, ocupado com as questões humanas essenciais, questões estas que, comumente, não pertencem aos indivíduos de sua faixa etária.

O livro com que ele nos presenteia é didático, técnico e altamente esclarecedor, fornecendo aos mais diferentes tipos de leitores — céticos ou espiritualistas — informações substanciais acerca da possibilidade da existência ou não de um Criador do Universo.

Principiando pelos fundamentos do ateísmo e, num crescendo contínuo, ele abarca todas as reflexões possíveis que envolvem a crença em um deus pessoal, tentando demonstrar por que não há motivos para se acreditar em tal entidade. Posteriormente, dá continuidade à sua obra explicando quais são as consequências fundamentais da inexistência de deus na vida pessoal de cada indivíduo, mas também para a humanidade como um todo.

O texto é todo pontuado pela fina ironia do Autor, que aponta as contradições pueris existentes nas crenças em deuses pessoais e toda a fragilidade dos alicerces em que se sustentam as explicações a respeito da origem e do sentido da vida que as religiões institucionalizadas nos oferecem.

Ao longo da leitura, surge sensação de estar sendo duramente desnudada dos véus e das ilusões, das quimeras que nos foram sendo transmitidas através das eras. Desse modo, é preciso que estejamos, de certa forma, preparados para suportar tal grau de lucidez e honestidade intelectual que nos vêm através das reflexões do Autor. Talvez nem todos consigam digerir tantas informações sem sentir uma certa sensação de estranhamento, como se tivessem levado um duro golpe sem saber exatamente de onde ele proveio. É necessário, em alguns momentos da leitura, um respirar mais profundo, uma divagação mais amena, como uma tentativa de suportar as verdades que saltam aos olhos daqueles que têm condições de vê-las.

Ao término do livro, os leitores receberão, como recompensa, o inevitável fim de todas as suas vãs convicções e a lição de que a melhor coisa que o homem tem a fazer é "cultivar seu jardim", como disse Voltaire, pensador iluminista, para quem o importante era alcançar o céu na Terra, sem preocupações com qualquer forma de sobrevivência, acreditando na possibilidade da perfeição do homem, mas apenas por meio da razão.

Julgo que um pensamento que define bem a maneira como vejo o Autor em sua cosmovisão seria um aforismo do filósofo alemão Friedrich Nietzsche, que diz: "Segui os vestígios das origens. Então tornei-me estranho a todas as venerações. Tudo se fez estranho em meu redor, tudo veio a ser solidão".

A estranheza ante si mesmo e o sentimento de solidão são o preço que pagam aqueles que anseiam pelas respostas das perguntas eternas, que pairam acima de todos os séculos.

O Autor ingressa, tão jovem, naquela trilha sem volta daqueles que deixaram para trás o caminho largo e fácil do lugar-comum, das soluções simplistas, para trilhar caminhos desconhecidos. Ele passa a usufruir, com isso, uma visão inesperadamente dilatada, que é essa benção estranha de compreender a total impossibilidade de entender o que quer que seja. Como o porta-voz de muitas outras vozes, carrega agora a tocha que, no fim do caminho, outro levará.

Sílvia Gabas

PREFÁCIO

Esta sétima edição, totalmente revista, conta com vários aperfeiçoamentos, remodelações e acréscimos, que tiveram como objetivo aprofundar alguns pontos, preencher algumas lacunas e clarificar certas passagens que me pareceram um pouco imprecisas. Por outro lado, também houve supressões na Parte III, algumas das quais foram publicadas no *site* "Paraíso Niilista" (niilismo.net).

Decidi que esta será a edição definitiva de meu trabalho, não porque esgota o assunto ou porque está isento de erros, mas porque é impossível mantê-lo eternamente atualizado a uma realidade dinâmica em que a verdade de hoje é um erro amanhã. Algumas ideias permanecerão, enquanto outras serão descartadas — e isso é tão inevitável quanto saudável e necessário.

Espero que este livro seja instrutivo dentro dos variados assuntos de que se propõe a tratar. Pretendi torná-lo o mais didático, claro e organizado possível. Por isso, redigi os capítulos de modo interconectado, apresentando as ideias de forma gradativa, para assim facilitar sua compreensão geral. Os raciocínios de cada capítulo estão embasados nas conclusões do anterior, e seguem-se em ordem crescente de entrelaçamento.

Sugiro, então, que sejam lidos na ordem em que se apresentam, pois tentei simular através dessa ordem a forma real como tais pensamentos formaram-se em mim, com o objetivo de expor do modo mais cristalino, intuitivo e natural possível uma parte significativa de minha visão de mundo.

Escrevi exatamente do modo como gosto de ler. Por isso dispensei, sempre que pude, todos os rebuscamentos que julguei desnecessários, os quais certamente poderiam comprometer o entendimento pleno das ideias expostas. Mas, ao mesmo tempo, procurei não sacrificar a elegância, a precisão ou desviar-me da norma culta. Fiz o máximo que estava ao meu alcance para que a leitura fosse uma espécie de convite à reflexão, levantando questões para um debate no qual o livro é somente a minha palavra.

Sei que o assunto é difícil e delicado, e que há inúmeras pessoas que poderiam, sem dúvida, fazê-lo de modo muito mais completo e profundo que eu. Quis, com a presente obra, apenas lançar algumas sementes de livre-pensamento, incitando os indivíduos a voltarem um olhar mais profundo e imparcial a si mesmos e à realidade em que vivem, esperando, com isso, que algumas das sementes lançadas terminem por germinar em algumas mentes que saberão cultivá-las e, espero, transformá-las numa árvore capaz de gerar frutos.

Entretanto, entenda-se bem que não foi meu objetivo destruir as crenças de ninguém, menos ainda impor pontos de vista, pois aquilo que defendo, antes e acima de tudo, é a liberdade intelectual. Tampouco foi meu desejo fazer com que todos creiam cegamente em tudo o que digo. Apenas pensei que, ao final de vários anos de estudo, tinha algo a dizer que era importante. Tentei sintetizar neste meu modesto trabalho intelectual os aspectos mais relevantes daquilo que aprendi.

Assim, aquilo que desejo é apenas compartilhar as conclusões às quais cheguei, e a única coisa que espero é que as ideias expostas sejam úteis àqueles que também estão tentando solucionar o grande quebra-cabeça que é a nossa existência e, desse modo, representem uma pequena vitória intelectual na eterna guerra que travamos contra o erro — uma gota de lucidez no mar de desconhecimento em que vivemos.

Contudo, se essa gota não for de lucidez, mas de engano, peço minhas desculpas, pois não sou perfeito: sou humano, limitado, e também erro. Mas, enfim, digo isso com a plena certeza de que cada linha deste livro foi escrita com toda a honestidade, e em nenhum momento falei contrariamente ao que penso ser verdadeiro.

André Cancian
2002

PARTE I

O preferível não é o desejo de acreditar, mas o desejo de descobrir, que é exatamente o oposto.

— Bertrand Russell

INTRODUÇÃO GERAL

É bom quando nossa consciência sofre grandes ferimentos, pois isso a torna mais sensível a cada estímulo. Penso que devemos ler apenas livros que nos ferem, que nos afligem. Se o livro que estamos lendo não nos desperta como um soco no crânio, por que perder tempo lendo-o? Para que ele nos torne felizes, como você diz? Oh Deus, nós seríamos felizes do mesmo modo se esses livros não existissem. Livros que nos fazem felizes poderíamos escrever nós mesmos num piscar de olhos. Precisamos de livros que nos atinjam como a mais dolorosa desventura, que nos assolem profundamente — como a morte de alguém que amávamos mais que a nós mesmos —, que nos façam sentir que fomos banidos para o ermo, para longe de qualquer presença humana — como um suicídio. Um livro deve ser um machado para o mar congelado que há dentro de nós.

— Franz Kafka

O problema que analisaremos ao longo deste trabalho não é de modo algum recente. Poderíamos dizer que se trata de uma das questões que foram mais debatidas e investigadas em toda a história da humanidade. É o problema do ser humano questionando as realidades mais fundamentais, buscando nisso sua identidade, sua origem, sua raiz.

Que é o homem e qual o seu lugar no mundo? Que é este mundo? De onde veio? Há um porquê? Há alguma finalidade nisso tudo que estamos vivendo? Afinal, que estou fazendo aqui? Por que existo? Alguns dos melhores intelectos já surgidos tentaram suas respostas, e deram seu sangue para demonstrar que há uma razão oculta por detrás de nossa existência. Entretanto, lamentavelmente, tudo nos leva a pensar que seus esforços foram em vão, ao menos no sentido de encontrar uma resposta positiva.

Alguns julgam que nunca alcançaremos qualquer resposta para questões dessa natureza. Mas a razão disso não seria, talvez, porque estamos fazendo as perguntas erradas? Antes de perguntarmos qual é o sentido da vida, não seria sensato pensarmos se a vida de fato tem algum sentido? Antes de perguntar-mos quem criou o mundo, não seria sensato pensarmos se o mundo de fato foi criado? Enfim, essa relutância, essa vontade de permanecer na incógnita, não poderia ser vista como sintoma de um grande temor, o temor de que realmente sejamos aquilo que parecemos ser? Daí preferirmos a dúvida — por não suportarmos a resposta?

Como já havia frisado Francis Bacon há tempos:

A compreensão humana não é um exame desinteressado, mas recebe infusões da vontade e dos afetos; disso se originam ciências que podem ser chamadas "ciências conforme a nossa vontade". Pois um homem acredita mais facilmente no que gostaria que fosse verdade. Assim, ele rejeita coisas difíceis pela impaci-ência de pesquisar; coisas sensatas, porque diminuem a esperança; as coisas mais profundas da natureza, por superstição; a luz da experiência, por arro-gância e orgulho; coisas que não são comumente aceitas, por deferência à opi-nião do vulgo. Em suma, inúmeras são as maneiras, e às vezes imperceptíveis, pelas quais os afetos colorem e contaminam o entendimento.

Entretanto, uma nova realidade começou a desvelar-se diante de nossos olhos com o surgimento da ciência moderna. O método científico nos propor-cionou meios de investigar a realidade de modo imparcial, delineando a fronteira que distingue o conhecimento objetivo da opinião e da crença, separando a realidade individual da realidade universal, o subjetivo do objetivo. A partir de então, começamos a perceber que o universo em que vivemos é governado por leis naturais e impessoais. Isso nos permitiu prescin-dir de deuses e do misticismo para explicá-lo de modo satisfatório.

Assim, depois que a palavra "natural" começou a ser utilizada para destro-nar Deus, toda explicação naturalista forçosamente passou a ser encarada como algo frio, reducionista, profano. A ciência desbancou o homem de seu pedestal divino, tirou sua importância e sua esperança de uma existência eterna, e talvez por isso seu materialismo seja alvo de tantos ódios e desprezos. O escopo da ciência é limitado? Sim, sem dúvida: limitado a tratar daquilo que existe, não daquilo que gostaríamos que existisse.

Até agora, todas as suas descobertas apontam para uma resposta que poucos desejariam ou sequer suportariam ouvir. Afinal, que resta de nós, se somos realmente máquinas biológicas vazias, vivendo num mundo sem significado? Sem tais ilusões, que podemos dizer a respeito da moral, dos valores, do amor, do progresso, da beleza, da felicidade? Tudo aniquilado e reduzido a uma tragicomédia existencial da qual temos medo de rir?

São esses alguns dos assuntos de que trataremos com o devido cuidado, a fim de evidenciar quais foram os erros e distorções que levaram o homem a criar tantas ficções e quimeras, e também a nutrir tantas grandes esperanças que agora tão dolorosamente lhes são extirpadas pelas descobertas modernas.

Essa disciplina intelectual que conduziu o homem à acumulação do conhecimento tem lentamente amadurecido sua consciência, e com isso a humanidade começou a superar sua infância intelectual. Estamos abrindo os olhos para uma vida e uma realidade muito distintas das que, até agora, pensávamos conhecer.

Assumir a responsabilidade ante uma vida sem deuses é coisa que a civilização como um todo ainda não adquiriu maturidade suficiente para fazer. Mas, sem dúvida, não há outra perspectiva, pois, evidentemente, chega o ponto em que o homem que caminha em direção ao esclarecimento já não pode mais fechar os olhos ante si mesmo e ante a realidade em que vive sem, com isso, renegar juntamente sua própria condição de ser racional.

Pois bem, este livro destina-se aos leitores já suficientemente maduros para essa nova visão de mundo. Destina-se àqueles que decidiram colocar-se numa posição imparcial e, como observadores críticos, buscam o real significado do que estamos vivendo, sem fazer quaisquer concessões aos fantasmas intangíveis forjados pelo nosso medo e alimentados pela nossa esperança.

Portanto, quem está à procura de consolo, de palavras brandas, de poesia delicada, de verdades eufêmicas e de paz de espírito não deve prosseguir nesta leitura. As páginas a seguir são um deserto, e poucos são os homens capazes de sobreviver neles. São poucos os que têm coragem e força suficientes para suportar a enorme aridez que se oculta por detrás de nossas ilusões.

Aos que desejam prosseguir, encarando o desafio nos olhos, sempre cumpre lançar esta pergunta: por que razão desejamos suportar todo o peso da realidade? Realmente! Por que deveríamos viver em meio a sufocantes e tórridos desertos, por que deveríamos nos elevar, escalando as montanhas do pensamento, para quase asfixiar com a rarefeita atmosfera dos glaciais cimos de montanhas — se, na superfície, dispomos de sombra, conforto e água fresca? Para explicá-lo não temos razões: o que nos move a isso é uma paixão.

Que paixão dominante é essa, que nos conduz ao ermo, nos faz renegar o conforto e nos coloca totalmente a seu serviço? É a paixão pelo conhecimento, o anseio pela verdade, guiado pela razão. Quando genuína, essa paixão arrebatadora nos conduz a muitas perigosas aventuras nos labirintos do pensamento, nos põe de frente a encruzilhadas de problemas insolúveis, apresenta questões terríveis e ambíguas, dá luz a conflitos internos e faz de nosso espírito um campo de batalha.

Mas, nessa guerra, todos os soldados são voluntários. São soldados que lutam por paixão e que, do fundo de suas almas, acreditam na causa pela qual estão lutando. Nossa espada chama-se discernimento, e nossa virtude, integridade intelectual.

Possuir integridade intelectual significa ser totalmente honesto para consigo mesmo; significa jurar lealdade à verdade mesmo em questões que são cruciais para nossa felicidade. Para tanto, é necessário possuir a capacidade de enfrentar questões dolorosas cara a cara; ter a capacidade de admitir a ignorância, mesmo quando essa ignorância nos corrói, mesmo quando há o ardente desejo por respostas; e também ter a capacidade de admitir os fatos, mesmo quando há lodo em tais fatos, e eles nos descem a contragosto, sendo incapazes de satisfazer nossa sede.

A imparcialidade também é necessária, e somente homens plenamente livres, corajosos e descomprometidos possuem essa valiosa prerrogativa. Para ser intelectualmente livre é necessário ser capaz de olhar com suspeita até mesmo aquilo que nos é mais caro. É necessário tornar-se indiferente ao fato de a verdade ser útil ou prejudicial, fazendo da busca intelectual uma aventura desinteressada, sem objetivos fixos — quem só tem olhos para o que busca, torna-se parcial e cego para todo o resto. Em suma, ser um livre-pensador significa ser capaz de dizer: que importa como eu gostaria que a realidade fosse — o que desejo, antes de tudo, é conhecer a verdade.

Nesse ponto, poderia surgir um impasse: afinal, que é a verdade? O certo é que, não raro, se faz um grande estardalhaço para defini-la. Esse estardalhaço, no mais das vezes, é apenas uma cínica tentativa de dobrar a verdade à vontade, aos interesses, aos preconceitos. Por isso, sempre ouvimos com desagrado estas mentiras: "cada qual tem a sua verdade", "a verdade é relativa", "esta é a minha verdade", "é nisto que acredito e, portanto, para mim, isto é a verdade". Bem, esse tipo de verdade não nos interessa. Afinal, que respeito poderíamos ter por uma espécie de verdade que se prostitui aos caprichos de nosso arbítrio individual? Um pequeno grão de integridade faz-nos admitir que tais coisas devem receber outro nome: opiniões ou convicções ou preferências ou pontos de vista, mas nunca verdade. Todavia, diga-se de passagem, quão facilmente nosso ego deixa-se persuadir — pela nossa vaidade, talvez? — de que nossas convicções são o Alfa e o Ômega de toda a realidade!

Novamente, que é a verdade? A verdade é a realidade, tão somente a realidade, e nada mais. Que é verdadeiro? Verdadeiro é todo juízo que está em conformidade com o real; toda proposição que encontra correspondência na realidade é verdadeira. Essa noção teve sua origem no pensamento grego, segundo o qual verdade — *aletheia* ou *alethé* — corresponde à própria realidade. Esse será nosso critério de verdade.

Isso, entretanto, nos remete a outra pergunta, de certo não menos problemática: que é a realidade? Qualquer noção de realidade não seria inescapavelmente relativa, ou mesmo arbitrária? De fato. Mas não pressuporemos consensos inexistentes, não tentaremos fazer vista grossa às batalhas filosóficas que cruzaram os séculos a respeito de tal assunto. Todavia, havemos de partir de algo. Essa insegurança diante da dispersão é inerente a toda investida ao desconhecido. A incerteza de cada passo no escuro deve revestir-se de cautela e circunspeção. Pois é certo que, se buscamos esclarecimento, isso exige de nós alguma audácia: não na posição de quem compreende, mas na de quem quer compreender e, para isso, se lança, sóbrio, ao âmago do absurdo de nossa existência. O que provier dessa jornada indicará o valor desses pressupostos, sobre os quais caminhamos, titubeantes.

Nossa premissa, portanto, será a de que a realidade corresponde ao ser, à efetividade, à existência. O real é aquilo que independe de nós, que existe por si mesmo e que continuaria existindo mesmo se toda a vida fosse varrida do

Universo. É algo completamente desvinculado de nossa vontade, de nossos sentidos, de nossas opiniões, de nossos objetivos, de nossos ideais; em suma, desvinculado do que somos. Naturalmente, estamos nos referindo à realidade objetiva, em relação à qual nossa subjetividade reduz-se a uma efêmera sombra de poesia.

E, apesar de a realidade objetiva ser uma só, fechemos nossos ouvidos àquele canto de sereia que tão facilmente hipnotiza os que buscam a verdade: as certezas, as verdades absolutas. Essas famosas verdades eternas e superiores, esses sublimes edifícios de dogmatismo! Quanta mendacidade habita em todas as certezas, e quanta indolência! Não demos ouvidos ao pomposo falatório dos que dizem possuí-la: jamais se encontrou a verdade percorrendo os caminhos do absoluto. Somente o cansaço e a insegurança gostariam de nos fazer acreditar na veracidade dessas mentiras absolutas.

A busca pela verdade jamais deve ser confundida com a busca por certezas. O que aqui se propõe é outra coisa, algo totalmente distinto. Propõe-se, aqui, não a busca por certezas, mas a busca pelo mais provável. Para tanto, como dito, devemos ser guerreiros e, como guerreiros, estaremos em nossa infindável batalha contra nosso imortal inimigo: o erro. Sim, antes de tudo, a busca pela verdade é a guerra contra o erro — um inimigo indestrutível, ao qual devemos altíssimo grau de respeito, que nos espreita em cada raciocínio, e contra o qual nunca devemos baixar nossa guarda.

Portanto, sermos totalmente impiedosos com tudo aquilo que é quimérico, desfecharmos golpes de morte contra tudo o que mente, sermos nós próprios a encarnação da inimizade ao erro — é somente esse o nosso tipo de humanidade. Restaurar o que é propriamente humano no homem.

As páginas a seguir são algumas trincheiras dessa luta. A quem está do nosso lado, desejamos a vitória, mesmo que uma pequena vitória, nesta luta contra o erro, pelo descobrir. E tenhamos sempre em mente que a recompensa por isso tudo será dada apenas em moedas de conhecimento e esclarecimento, e estas não reluzem como ouro.

I

OS FUNDAMENTOS DO ATEÍSMO

Por simples bom senso, não acredito em Deus; em nenhum.

— Charles Chaplin

Etimologicamente, a palavra *ateu* é formada pelo prefixo *a* — que denota ausência — e pelo radical grego *theós* — que significa Deus, divindade ou teísmo. Assim, a palavra *ateu* pode significar *sem deus* ou *sem teísmo*. Como a imprecisão desse primeiro significado o torna impróprio para representar a noção de descrença ateísta, usa-se como base a segunda acepção, *sem teísmo*, que significa *crença na existência de algum tipo de deus ou deuses de natureza pessoal*. Chegamos, então, a uma definição coerente e clara de indivíduo ateu: aquele que não acredita na existência de qualquer deus ou deuses. Assim, quando queremos uma palavra que representa tal perspectiva, usamos o termo *ateu* ligado ao sufixo *ismo*, que, na língua portuguesa, é usado com o significado de *doutrina, escola, teoria ou princípio artístico, filosófico, político ou religioso*. Desse modo, chegamos a uma definição bastante nítida do que é ateísmo: estado de ausência de crença na existência de qualquer deus ou deuses.

É importante salientar que a maioria dos ateus, quando se refere à sua posição, diz apenas que não acredita em deus/deuses. Isso não está incorreto, mas, na verdade, com isso o indivíduo quer dizer que não acredita na *existência* de deus/deuses. Afirmar apenas "não acredito em Deus" pode dar margem à interpretação errônea de que a pessoa em questão acredita em sua existência, mas é contra Deus, contra seus mandamentos, ou então que não lhe dá qualquer crédito, que o desacredita, o difama, fato este que, não raro, dá origem a vários preconceitos em relação à posição ateísta. Esclarecido esse ponto, vejamos quais são os tipos de ateísmo existentes.

Há várias modalidades de ateísmo, as quais diferem fundamentalmente quanto à atitude do indivíduo para com a ideia de uma divindade. Vale lembrar que tais classificações são meramente didáticas, feitas apenas para delinear as circunstâncias mais comuns em que o ateísmo pode ser encontrado. As duas modalidades-tronco são: 1.0) *ateísmo implícito*; 2.0) *ateísmo explícito*. A primeira, filosoficamente, é pouco relevante, e subdivide-se em: 1.1) *ateísmo natural*; 1.2) *ateísmo prático*. A segunda subdivide-se em outras duas variedades que são comumente denominadas: 2.1) *ateísmo negativo* ou *ateísmo cético*; 2.2) *ateísmo positivo* ou *ateísmo crítico*.

1.0) O *ateísmo implícito*, como o próprio nome indica, é a variedade de ateísmo que existe tacitamente. Nesse caso, o ateísmo não se fundamenta na rejeição consciente e deliberada da ideia de deus, baseada em conceitos filosóficos e/ou científicos, mas simplesmente existe enquanto um modo de viver que não leva em consideração a hipótese da existência de algum deus para se guiar. Como dito, o *ateísmo implícito* pode ser dividido em *ateísmo natural* e *ateísmo prático*.

1.1) O *ateísmo natural* é o estado de ausência de crença devido à ignorância ou à incapacidade de posicionar-se ante a noção de existência divina. Nessa categoria entram todos os indivíduos que nunca tiveram contato com a ideia de um deus. Por exemplo, alguma tribo, grupo ou povo que se encontre isolado da civilização e que seja alheio à ideia de um deus. Também se enquadram nessa categoria os indivíduos incapazes de conceber a ideia de um deus, seja por imaturidade intelectual ou por deficiências mentais. Por exemplo, poderíamos citar crianças de pouca idade; pessoas que sofrem de alguma enfermidade mental incapacitante também se enquadram nessa categoria.

1.2) O *ateísmo prático* enquadra aqueles que tiveram contato com a ideia de deus, ou seja, que conhecem as teorias sobre as divindades, mas que não tomam qualquer atitude no sentido de negá-la, rejeitá-la ou afirmá-la, permanecendo, desse modo, neutros sobre o assunto. Os integrantes dessa categoria comumente se classificam como agnósticos, isto é, aqueles que julgam impossível saber com certeza se há ou não uma divindade. Sob essa ótica, devido a essa impossibilidade, afirmam que seria inútil qualquer esforço intelectual no sentido de comprovar ou refutar a existência de um deus. Qualquer pessoa que tem conhecimento da existência das religiões e de suas teorias, mas vive sem se preocupar se há ou não algum deus, ou julga impossível sabê-lo com certeza, sem rejeitar ou afirmar explicitamente a ideia de deus, é classificada como pertencente ao *ateísmo prático*.

2.0) O *ateísmo explícito* é a rejeição consciente da ideia de deus. A causa dessa rejeição normalmente é fruto de uma deliberação filosófica. Contudo, não é possível fazer qualquer espécie de generalização quanto à causa específica da descrença, pois cada pessoa julga individualmente quais razões são válidas ou inválidas para corroborar ou refutar a ideia da existência de um deus. O *ateísmo explícito* pode ser dividido nestas duas categorias.

2.1) O *ateísmo negativo* ou *cético* é a descrença na existência de deus(es) devido à ausência de evidências em seu favor. Essa variedade também pode ser encontrada sob a designação de *posição cética padrão*, pois reflete um dos axiomas mais fundamentais do pensamento cético, que é: não devemos aceitar uma proposição como verdadeira se não tivermos motivos para fazê-lo — ou, em sua versão lacônica: sem evidência, sem crença. O ateu dessa categoria limita-se a encontrar motivos para justificar sua rejeição da ideia de deus, por vezes esforçando-se em demonstrar por que as supostas provas da existência divina são inválidas, mas sem se preocupar com a negação da possibilidade da existência de um deus.

2.2) O *ateísmo positivo* ou *crítico* é a variedade mais difícil de ser defendida, pois é uma descrença que envolve a negação da possibilidade de existência de um deus. Os ateus dessa categoria tipicamente se intitulam racionalistas e seguem o princípio de que o ataque é a melhor defesa; ou seja, literalmente atacam a ideia de deus, evidenciando as contradições e as incongruências presentes nesse conceito, empenhando-se em demonstrar, através de argumentos racionais, por que a existência de um deus — como definido pelas religiões

— é logicamente impossível.

À primeira vista, talvez pareça que tais definições são demasiado singelas para serem capazes de abarcar todas as possibilidades, mas não são. Isso porque a posição ateísta, em si mesma, não é positiva, não possui qualquer conteúdo, pois não representa algo, mas a mera *ausência* de algo (inclusive no caso do *ateísmo positivo*). Em suas categorias mais elaboradas, o ateísmo é uma ausência vinculada a uma rejeição ou a uma negação de algo largamente aceito — que, no caso, é o *teísmo*, em suas variadas formas.

Desse modo, a definição de ateísmo não subentende qualquer espécie de descrição prática do indivíduo. Nessa classificação, aquilo que os ateus fazem de suas vidas não é levado em consideração absolutamente. Ao contrário de outros *ismos* — como cristianismo, judaísmo, espiritismo, xintoísmo, hinduísmo, islamismo —, o ateísmo não é um estilo de vida nem uma doutrina dotada de um corpo de conhecimentos ou princípios, mas somente uma classificação acerca do posicionamento ou estado intelectual do indivíduo em relação à ideia de deus. Isso significa que o ateísmo não possui natureza análoga às religiões.

Uma vez que o ateísmo é apenas uma classificação — e não uma doutrina ou uma cosmovisão —, logicamente não incorpora qualquer espécie de valores, princípios morais ou noções de ética. É exatamente devido a esse fato que muitos indivíduos, inadvertidamente, classificam os ateus como imorais. Deve ficar claro, entretanto, que a ausência de um conjunto de valores morais, na verdade, refere-se somente ao ateísmo em si mesmo, de modo que, na prática, isso não implica qualquer incompatibilidade entre ambas as coisas.

Assim como os teístas, os ateístas possuem valores morais que norteiam suas ações. Não há quaisquer evidências empíricas para sustentar a acusação de imoralidade tão frequentemente lançada contra os descrentes. É claro que os ateus, como um todo, não compartilham um código moral único, não possuem uma moral baseada na autoridade de "princípios ateísticos", que seriam "absolutos" ou "superiores", como os valores vinculados ao teísmo. Na realidade, os ateus escolhem individualmente — visando seus objetivos, suas necessidades — quais são os valores que melhor lhes servirão para guiar suas vidas em função do sentido que escolheram para elas. Ou seja, o que não existe é uma moral ateísta no sentido em que falamos de uma moral cristã. Entretanto, há, por certo, ateístas morais, os quais se baseiam em fatores de natureza humana para fundamentar seus valores de modo racional — pois é claro que, sem um deus, tais fatores não poderiam ser absolutos ou transcendentais.

A grande frequência com que se tenta corroborar ou refutar o ateísmo através de julgamentos e valores morais apenas demonstra uma lamentável leviandade (ex.: "ateus também fazem caridades" ou "muitos ateus são criminosos"). É claro que, se desejarem, alguns ateus podem ser bondosos, compassivos, solidários etc. Talvez, devido ao fato de a maioria dos religiosos se identificar com esse tipo de moral, sua típica ojeriza à palavra "ateu" possa até ser um pouco amenizada. Todavia, pretender que a bondade tenha, em si mesma, algum valor de verdade, que ofereça qualquer verossimilhança à posição, é, no mínimo, um absurdo. O mais "dogmático" dos ateísmos ainda não passa de uma mera negação — "Deus não existe", afirmativamente —, de modo que assumir um posicionamento ateísta remete-nos a um plano muito mais fundamental, muito mais abrangente que a questão do certo e do errado. Em outras palavras, além de ser independente da moral, o ateísmo também a precede em profundidade filosófica. Assim, na melhor das hipóteses, somente será possível deduzir, individualmente, valores a partir do ateísmo, mas nunca o ateísmo a partir dos valores. Daí a impossibilidade de a bondade, por exemplo, servir de respaldo a ele, e o mesmo vale para objeções ao ateísmo baseadas em delitos cometidos por ateus.

Há também uma grande tendência de se querer vincular a responsabilidade das ações à visão de mundo do indivíduo, e tal tendência está ligada à ideia de que esta vem sempre carregada de valores e deveres — nesse caso, também vinculada ao mal-entendido de que o ateísmo é uma crença positiva. Por exemplo, se um cristão faz caridades em nome de Deus e usa a Bíblia para justificar tal feito, então se pode dizer que o cristianismo é, em certo grau, responsável por tal ação. Isso porque toda religião tem seus dogmas, suas verdades, seus princípios superiores, em suma, seu *tu deves*. Portanto, ela define o que é o bem e o que é o mal, o que é certo e o que é errado, e assim por diante. Diferentemente, o ateísmo encontra-se alheio a todo esse rebuliço de valores que humanos cultivam. Se um ateu faz algo bom ou mau, isso não se deve ao ateísmo, pois o ateísmo não diz coisa alguma a respeito do que devemos ou não fazer. O ateísmo não diz o que é o bem nem o que é o mal, muito menos o que é certo ou errado. Ele não arrasta consigo nenhuma espécie de valor, e é por isso que não se pode atribuir-lhe qualquer tipo de responsabilidade. Tudo recai tão somente sobre os ombros do arbítrio individual, não sendo possível qualquer espécie de generalização da causa de seu ato que venha a abarcar o ateísmo.

Por isso, todo ateu que defende valores morais específicos — mesmo se forem de benevolência e de caridade — sem deixar claro que isso não tem qualquer relação com sua descrença, estará, sem perceber, prestando um desserviço aos ateus. Talvez a intenção seja boa, isto é, pense que com isso está revertendo o estereótipo negativo que tipicamente se tem dos ateus — segundo o qual são todos pervertidos, frustrados, imorais, insensíveis, criminosos. O problema, naturalmente, reside no fato de que esse contra-ataque pressupõe a falsa ideia de que o ateísmo deve se defender de acusações morais — e isso só termina por gerar mais confusão ainda. A personalidade dos ateus não tem qualquer relação direta com o ateísmo. Todos esses estereótipos sociais sobre como os ateus são não passam de preconceito, de fantasia, pois, como vimos, o ateísmo não é capaz de justificar nada disso.

O fato de algum ateu ser altruísta ou egoísta, bondoso ou maldoso, compassivo ou cruel é apenas reflexo de seu temperamento e dos valores adotados pelo indivíduo em particular. Não delinear essa distinção entre o ateísmo e a moral faz com que as pessoas pouco aprofundadas no assunto se acostumem a encarar os padrões comportamentais dos indivíduos descrentes como uma consequência direta de seu ateísmo — e, assim, do mesmo modo que os ateus caridosos darão uma boa imagem ao ateísmo, os ateus criminosos vão macular e infamar sua imagem. Além de isso dar luz a diversos e indesejáveis estereótipos, estes ainda ocultam a verdadeira face do ateísmo: a neutralidade.

Portanto, ateus não compartilham necessariamente qualquer similaridade, exceto a descrença, claro. Ateus podem ser bons ou maus, santos ou pervertidos, altruístas ou egoístas, individualistas ou coletivistas; podem ser democratas, socialistas, anarquistas ou monarquistas; podem ser filósofos, médicos, psicólogos, professores, eletricistas, lixeiros, escritores, comerciantes, alpinistas, atores ou qualquer outra coisa. O ateísmo, em si mesmo, é estritamente neutro e, portanto, isento de quaisquer implicações morais ou filosóficas. Ateísmo é apenas o nome que se dá ao estado de ausência de teísmo, ou seja, tão somente a ausência de crença na existência de quaisquer deuses. Então, se pode ser dito que os ateus têm algo em comum, esse algo é exatamente o não-ter-nada-em-comum — pelo menos não necessariamente, como uma regra geral.

Todos os animais são ateus, e todas as pessoas, um dia, já foram ateias — sem exceção. Todos os bebês nascem sem discernimento suficiente para compreender a noção de deus. Como vimos acima, esse estado é enquadrado como uma categoria de ateísmo. Claro que não se trata de uma descrença deliberada, mas demonstra quão absurdo é tentar derivar qualquer consequência direta do fato de alguém ser ateu. Certamente os religiosos mais fervorosos objetarão essa ideia, dizendo que é "injusto" taxar como ateísta qualquer pessoa incapaz de formar seu juízo a respeito do assunto. Contudo, vejamos: injusto por quê? Há algo de errado em ser ateu? É sinal de perversão, de insanidade? Não, e não há nenhuma razão para pensarmos dessa maneira.

Nessa situação, a palavra *ateu* está descrevendo perfeitamente bem a perspectiva do indivíduo em relação à ideia da existência de divindades. Por exemplo, certamente ninguém levantaria objeções à pretensão de classificarmos um bebê como um indivíduo apolítico por ser incapaz de conceber o que é política e de posicionar-se em relação a ela — tampouco à ideia de que todos eles são analfabetos. *Como se pode dizer*, afirmou Richard Dawkins, *que uma criança de quatro anos seja muçulmana, cristã, hindu ou judia? É possível falar de um economista de quatro anos de idade? O que você diria sobre um neoisolacionista de quatro anos ou um liberal republicano de quatro anos?* O problema está na incoerência de imputarmos posições positivas a quem não pode responder por elas — não pode sequer concebê-las. Entretanto, em nossa sociedade, a palavra ateu tornou-se tão carregada de preconceitos, tão estigmatizada, que chamar um indivíduo de ateu, longe de ser uma mera classificação, parece ser na verdade uma espécie de insulto.

Objetivamente, percebemos que essa hostilidade quanto à definição apresentada de *ateísmo natural*, na realidade, não tem nada de razoável, impessoal ou desinteressado. O problema certamente não está na definição, mas nos preconceitos que se nutrem em relação à posição ateísta. O grau em que um indivíduo religioso se sente incomodado com a ideia de se chamar uma criança desinformada de ateia pode ser usado para medir seu grau de preconceito e de intolerância em relação ao ateísmo. Digam o que disserem, o ateísmo não é uma perversão, nem uma teimosia, nem uma insensibilidade, nem coisa alguma senão a falta de crença na existência de deus.

Mesmo assim, se analisarmos essa questão sob a perspectiva religiosa, torna-se compreensível que tais preconceitos existam. O fato de alguém rejeitar a "verdade óbvia" de que existe um criador, declarando-se abertamente ateu, só pode significar que se trata de uma pessoa insensível, cínica, ressentida, frustrada com a vida e revoltada com Deus. Mas, logicamente, tal raciocínio é de todo unilateral. O problema não está nos ateus, mas no fato de que homens convictos são prisioneiros de seus pontos de vista. Quem jura lealdade absoluta a uma doutrina ou ponto de vista específico inevitavelmente fecha os olhos para todo o resto e, desse modo, a imparcialidade torna-se algo impossível. Homens comprometidos com um ponto de vista perdem sua liberdade de pensamento, tornam-se incapazes de enxergar a realidade senão através de uma ótica parcial e pessoal, e assim tudo passa a dividir-se em dois grupos: os que, como eles, sabem da verdade, e os outros, que estão todos errados e perdidos. Sem dúvida, uma atitude lamentável, pois qualquer pessoa razoavelmente esclarecida sabe que o uso da convicção — ou da fé — como único critério da verdade fatalmente conduz à mais cega parcialidade.

No que toca a origem de tais preconceitos, é impossível saber exatamente o que ocorre na mente religiosa, mas podemos lançar mão de uma analogia que parece bastante razoável para explicá-la. Digamos que, na perspectiva religiosa, um indivíduo declarar-se ateu talvez seja tão chocante quanto um filho querido e bem cuidado que afirma não amar seus pais. Algo como dizer: "Que importa se eles me amam? Que importa se eles me geraram, me alimentaram e me educaram? Fizeram-no porque quiseram. Não obriguei ninguém a isso e, portanto, não devo gratidão alguma!"

Para a maioria das pessoas, tal afirmação é certamente chocante. Vem à nossa mente a imediata impressão de que tal pessoa é cínica e insensível, sendo difícil imaginar que seja feliz e mentalmente sadia. Contudo, temos de admitir que as palavras dessa pessoa fazem sentido, e são estritamente racionais. O fato é que nós todos temos preconceitos — e acharmos que todos devem amar cegamente seus pais apenas porque foram bondosos e cuidaram bem de nós é só mais um deles. Provavelmente isso está enraizado em instintos — mas, mesmo assim, em nível objetivo, continua sendo um preconceito. Esse é um bom exemplo para demonstrar que crenças arraigadas por motivos emocionais parecem possuir uma curiosa imunidade à crítica racional. Portanto, supondo-se que crenças religiosas fundamentam-se em fatores emocionais, isso explica-ria por que afirmar que "não amamos nosso criador" pode soar algo muito forte aos religiosos, resultando fatalmente em preconceitos de todo tipo.

Percebendo que não podem estereotipar os ateus moral ou filosoficamente, os críticos do ateísmo partem para outra tática. Deslocam-se para o campo da prática e afirmam que a descrença é negativismo puro; que destrói, mas não reconstrói; que deixa um vazio na vida das pessoas; que é inútil. Mas essa argumentação é claramente tendenciosa, pois tenta depreciar a posição ateísta contrapondo-a de modo distorcido ao teísmo. Se o ateísmo não é um conjunto de valores, se não é uma explicação e nem um guia para a vida das pessoas, por que ele haveria de ser útil nesses aspectos? Não há o menor sentido em fazer tal comparação. O ateísmo não é uma alternativa para o teísmo, e nunca pretendeu ser. Todavia, naturalmente, sem dogmas a serem seguidos, inevita-velmente recai sobre nossos próprios ombros a tarefa de escolher e julgar os valores, isto é, de nos posicionarmos individualmente frente ao mundo em que vivemos. Mas essa tarefa deve ser entendida em termos de liberdade de escolha, não de vazio existencial. O ateísmo, ao contrário do que alguns fazem parecer, não é a maldição da vida sem sentido, mas a "maldição" de termos o sentido em nossas mãos. De qualquer modo, é difícil imaginar o que poderia haver de ruim e negativo no fato de que cada um é livre para criar suas próprias regras e perseguir seus próprios objetivos, em vez de ser obrigado a seguir regras e objetivos de outrem.

Outro equívoco comumente cometido pelos que se opõem ao ateísmo con-siste em tratar tal posição como análoga ao teísmo, como uma "religião da descrença". Ou seja, alegam que os ateus, assim como os teístas, na realidade professam alguma espécie de crença dogmática na inexistência de deus(es). Partindo dessa premissa, concluem que o ateísmo não teria mais validade que qualquer crença religiosa, pois, assim como os teístas acreditam em Deus e são incapazes de provar sua existência, os ateus seriam descrentes igualmente incapazes de provar sua inexistência.

Pelo que vimos acima, tal objeção transborda uma tremenda incompreensão do que é ateísmo. Primeiramente, porque o ateísmo não é uma crença dogmática na inexistência de Deus, mas somente a ausência de crença nesse tipo de entidade sobrenatural. Em segundo lugar, porque há uma regra lógica muito simples — e convenientemente ignorada pelos teístas — que diz o seguinte: não é razoável acreditar em algo sem ter motivos para fazê-lo. Qualquer indivíduo sensato há de convir que a atitude de *não acreditar* em algo — por não haver evidências convincentes em seu favor — não é uma crença, e tampouco precisa sustentar-se em provas.

Além disso, provar negações universais, por motivos lógicos, é algo extremamente difícil, e alegremente certos teístas se valem dessa ideia para afirmar que ninguém é capaz de provar a inexistência de Deus. À primeira vista, isso parece razoável, e deveria ser suficiente para empatar os placares. Contudo, com um pouco de pensamento crítico, logo se percebe a incoerência: não podemos provar a inexistência de praticamente qualquer coisa. Para deixar a ideia clara, só precisamos de algum tempo livre para dar asas à nossa imaginação. Por exemplo, formulemos algumas hipóteses bizarras:

1) Nosso universo é um aquário espacial feito por alienígenas que estão brincando de cultivar seres humanos;

2) Existem cogumelos imateriais que vivem numa dimensão paralela, os quais estão nos vigiando constantemente, apesar de não podermos detectá-los;

3) A verdadeira divindade, que criou o mundo e os homens, é Zeus, com a ajuda de Apolo e Dionísio. Eles e inumeráveis outros deuses estão todos no Olimpo, observando-nos;

4) O planeta em que vivemos é um elétron; o Sol é um conjunto de prótons e nêutrons; nosso sistema planetário como um todo é um átomo de flúor gigantesco. Os físicos modernos discordam de tal afirmação, mas isso acontece porque o homem ainda não possui tecnologia suficiente para analisar a

realidade de modo preciso;

5) O universo só parece mecânico e impessoal. Mas, na verdade, o mundo em que vivemos é autoconsciente;

6) Há uma civilização pacífica que habita o núcleo do Sol, a qual se protege do calor através de um sistema hipertecnológico que nos é inconcebível. Nela vivem milhões de unicórnios, centauros e minotauros em um grau de desenvolvimento muito superior ao nosso;

7) Há um grande dragão alado vermelho cuspidor de fogo em meu quarto. Contudo, toda vez que alguém tenta observar ou confirmar sua existência, este desaparece imediatamente de modo misterioso.

Tais ideias são suficientes. Agora perguntemos: como alguém seria capaz de refutar tais hipóteses? Não temos qualquer motivo para julgá-las verdadeiras, mas, mesmo assim, não temos como provar que são definitivamente falsas. Esse é o problema das negações universais.

Por exemplo, no caso da sexta hipótese, o único modo de provar que tais seres não existem seria ir até o núcleo do Sol e olhar se estão lá ou não — mas isso não é realmente uma boa ideia, pois frequentar locais que estão a milhões de graus Celsius é relativamente perigoso. Então, basicamente, isso significa que não podemos provar a inexistência dessa tal civilização helionuclear. Contudo, faz algum sentido declarar que essa impossibilidade serve como *evidência* de sua existência? Definitivamente, não. Ademais, o fato de alguém acreditar piamente em tal hipótese é irrelevante à sua veracidade.

O mesmo, naturalmente, se aplica à ideia de deus: trata-se somente de uma hipótese sem comprovação — de uma especulação, realmente. Só precisamos substituir a afirmação "há seres vivos no centro do Sol" por "Deus criou o mundo" ou "Deus existe". É a mesma situação, e não há razões para pensarmos que a hipótese divina deveria fugir à regra. Pelo mesmo motivo que a maioria das pessoas julga insensato acreditar que estejamos sendo vigiados por cogumelos imateriais, ateus julgam insensato acreditar que estejamos sendo vigiados por deuses imateriais.

Devemos notar, entretanto, que isso não implica de modo algum a impossibilidade da existência de cogumelos imateriais ou de deuses. De fato, nenhuma das hipóteses apresentadas acima é totalmente impossível. Simplesmente não acreditamos nelas porque não temos motivos para julgar que são verdadeiras. Se tivéssemos motivos, acreditaríamos — mas não temos. Como se vê, não há qualquer traço de extremismo em tal raciocínio, como poderia parecer à primeira vista.

Esse contra-argumento dos teístas — "prove-me que Deus não existe" —, que costuma ser aceito como válido pelos desavisados, é uma falácia argumentativa que recebe o nome de *inversão do ônus da prova*, na qual aquele que afirma a veracidade de uma proposição coloca sobre os incrédulos o dever de provar sua falsidade — e, se estes forem incapazes de fazê-lo, imediatamente ficaria comprovada a veracidade da proposição. O engano, nota-se, é óbvio: como poderíamos fazer isso — provar a inexistência de tal deus — se, de início, nem mesmo existem provas de sua existência para refutarmos?

Na realidade, o dever de provar a veracidade recai sobre aquele que *afirma* algo. Assim, se algum indivíduo diz "Deus existe", fica sobre ele a responsabilidade de provar a veracidade de sua proposição, ou seja, provar a existência de Deus. Se falhar em prová-la, não teremos motivos para aceitá-la — e assim a descrença estará automaticamente justificada.

Vemos, portanto, que ateus não têm o dever de provar coisa alguma, pois, no ato de descrer, não estão afirmando nada. Em geral, o que dizem é simplesmente o seguinte: "Não acredito em Deus porque não tenho motivos para fazê-lo. Se tivesse algum motivo, acreditaria. Mas não tenho nenhum". Ante a ausência de evidências, ser ateu não passa de uma simples questão de honestidade intelectual. Esse conceito é muito bem resumido por Bertrand Russell nesta passagem:

> *Muitos indivíduos ortodoxos dão a entender que é papel dos céticos refutar os dogmas apresentados — em vez de os dogmáticos terem de prová-los. Essa ideia, obviamente, é um erro. De minha parte, poderia sugerir que entre a Terra e Marte há um bule de chá chinês girando em torno do Sol numa órbita elíptica, e ninguém seria capaz de refutar minha afirmação, tendo em vista que teria o cuidado de acrescentar que o bule de chá é muito pequeno para ser observado mesmo pelos nossos telescópios mais poderosos. Mas se alegasse que, devido à minha afirmação não poder ser refutada, seria uma presunção intolerável da razão humana duvidar dela, com razão pensariam que estou falando*

uma tolice. Contudo, se a existência de tal bule fosse afirmada em livros anti-
gos, ensinada como a verdade sagrada todo domingo e instilada nas mentes das
crianças na escola, a hesitação de crer em sua existência seria sinal de excentri-
cidade.

Já fizemos um bom caso em favor do ateísmo, mas isso não basta para fechar a questão. Há uma frase — a qual, aliás, é bastante famosa entre os ateus
— que serve como um aviso para que mantenhamos nossa mente sempre
aberta: ausência de evidência não é evidência de ausência. A simples falta de
evidências não é suficiente para justificar a crença na inexistência de Deus — e
a maioria dos ateus realmente não acredita de modo definitivo na inexistência
divina.

Entretanto, não podemos ignorar o fato de que há certos ateus que acreditam na inexistência de deus(es). Como vimos, são os que pertencem à categoria do *ateísmo crítico*. Para justificar tal posicionamento, a ausência de evidência não é suficiente. Nesse caso, torna-se necessário demonstrar a
impossibilidade da existência divina. Assim, talvez se pudesse dizer que essa
posição é dogmática, pois é impossível provar definitivamente a inexistência
de qualquer deus. Contudo, o pequeno detalhe que faz toda a diferença reside
no fato de que não tentam provar a impossibilidade da existência de toda e
qualquer divindade, mas de divindades específicas, como definidas por tal ou
tal religião.

O ateu crítico usa a própria crença do indivíduo teísta para fundamentar
sua argumentação. Assim, se alguém diz "eu acredito em Deus", o ateu crítico
pergunta coisas como "que é deus?", "qual é a natureza desse deus?", "quais são
seus atributos?". Por exemplo, estudando as definições do deus bíblico, o ateu
crítico poderia procurar contradições nos atributos dessa divindade e, usando
a regra lógica da não-contradição — tudo aquilo que se contradiz é necessariamente falso —, usa essa informação para argumentar contra a existência de
tal ser. Assim, do mesmo modo que a regra da não-contradição justifica a
crença na inexistência de entes cujos atributos se excluem mutuamente —
como cubos esféricos ou círculos hexagonais —, também justifica a crença na
inexistência de um deus cujos atributos são contraditórios. Nessa situação, a
crença encontra-se justificada de modo racional, não sendo possível, portanto,

acusá-la de dogmatismo.

Em discussões do tipo "teísmo *versus* ateísmo", é fácil perceber que a maioria das pessoas não entende o que é ateísmo. É por isso que grande parte dos argumentos usados contra ele é notável por sua absoluta irrelevância. Por exemplo, quando algum ateu assume abertamente sua posição, logo é coberto de argumentos verborrágicos e disparates de todo tipo. Alguns exemplos: "você quer ir para o inferno?"; "você é mais um daqueles que acredita que isso tudo surgiu do nada?"; "então explique a origem da vida e do Universo"; "é uma pena que você seja tão infeliz".

Sem levar em consideração o primeiro exemplo e o último, pois sequer merecem uma resposta séria, devemos ter em mente que o fato de alguém ser ateu não diz nada, absolutamente nada sobre o que ele pensa a respeito de tais assuntos. Isso porque o ateísmo possui caráter negativo, e negações são extremamente parcas no fornecimento de dados. Por exemplo, se alguém dissesse "não me chamo José", que poderíamos inferir a partir disso, senão o fato de que seu nome é outro, que não José? Seria absurdo pensar que tal informação fornece qualquer pista significante sobre seu verdadeiro nome. Pela mesma razão, não há como deduzir a partir do fato de alguém ser ateu quais são seus pontos de vista filosóficos, morais ou científicos sobre quaisquer assuntos.

É claro que os religiosos costumam fazer esse tipo de pergunta porque a maioria dos ateus adota o posicionamento científico, que se baseia na experimentação e no racionalidade, mas não necessariamente. O indivíduo ateu pode possuir suas próprias teorias ou, então, sem problema algum, pode se abster de responder essas questões, alegando que, na ausência de dados corroborativos para construir qualquer teoria razoavelmente plausível, qualquer afirmação não passaria de um disparate.

Nesse último caso, a resposta típica às perguntas dessa natureza é simplesmente esta: *não sei*.

Como surgiu o Universo? Não sei.

Por que existimos? Não sei.

Deus existe? Não sei. Afirmo apenas que nasci neste mundo e que sou ignorante quanto a todos esses fatos. Nossa existência parece um grande mistério insondável. Portanto, de nada adianta dizer "foi Deus" se, na realidade, não tenho motivos para acreditar nisso. Prefiro admitir meu desconhecimento a abraçar uma hipótese infundada para tentar mascarar minha ignorância ante este grande ponto de interrogação que é o mundo em que vivo.

A integridade intelectual impede que pontos de interrogação sejam utilizados como argumentos em favor de hipóteses confortantes, como a da existência divina. O fato de não sabermos de onde viemos, como surgiu a vida etc., não significa em absoluto que "foi Deus". Não sabermos de onde tudo isso surgiu significa apenas que não sabemos de onde tudo isso surgiu — e tão somente; nem mesmo significa que surgiu. A ignorância não é um argumento, definitivamente, e a frequente tentativa de usá-la como um argumento somente revela uma lamentável parcialidade, muito provavelmente nascida da necessidade de crer.

Esse deus que só habita os recônditos de nossa ignorância é tipicamente alcunhado "deus das lacunas", pois só sobrevive por entre as sombras do desconhecido. É devido a esse subterfúgio explicativo que, outrora, devido à ignorância, os fenômenos naturais — como trovões e relâmpagos — eram interpretados como manifestações de um deus descontente com os humanos. Claro que, naquela época, essa parecia uma explicação tão plausível e respeitável para os fenômenos naturais quanto, atualmente, dizer que o Universo foi criado por um deus, pois ambas as coisas eram igualmente desconhecidas. Mas, nos dias de hoje, a ciência já lançou luz — a maior inimiga do deus das lacunas — sobre os processos responsáveis pelos trovões e pelos relâmpagos, tornando ridícula a afirmação de que se devem à manifestação de um deus enfurecido. Hipócrates, nascido por volta de 460 a.C., considerado um dos pais da medicina, em sua época já compreendia a tendência humana de mistificar o desconhecido, e disse: *Os homens pensam que a epilepsia é divina meramente porque não a compreendem. Se eles denominassem divina qualquer coisa que não compreendem, não haveria fim para as coisas divinas.*

Sejamos honestos quanto a nós mesmos: somos seres complexos, capazes de empreendimentos notáveis, mas também limitados, e não temos todas as respostas ao nosso alcance, pelo menos não atualmente. Portanto, quem não quiser se enganar através de fábulas explicativas e consoladoras, precisa aprender a conviver com tais limitações, pois a atitude de responder uma pergunta se valendo de um mistério, na realidade, não explica coisa alguma. Isso, naturalmente, não significa fechar-se totalmente para outros pontos de vista. Em nosso conhecimento, há — e deve haver — lugar para a dúvida, para a incerteza, pois desse modo nosso conhecimento não ficará cristalizado na forma de crenças impermeáveis às novas evidências que eventualmente surgirem. Se não aceitarmos que nossa visão de mundo é provisória, que sempre estará sujeita a revisões, ela se tornará obsoleta rapidamente. Então, se a ideia é manter nossas mentes abertas, devemos conceder à hipótese da existência de um deus alguma plausibilidade? Certamente: a mesma que concederíamos a uma especulação bastante improvável que, há milênios, está à espera de evidências que a comprovem.

Vale a pena fazermos, aqui, um breve comentário sobre a posição denominada *agnosticismo*. Equivocadamente, costuma-se pensar que esta jaz no limiar da dúvida entre o teísmo e o ateísmo. Na verdade, o agnosticismo independe da questão da crença/descrença em um deus. Tal visão diz respeito somente à impossibilidade de a mente humana conceber, compreender ou julgar alguns tipos de questões, afirmando que tais assuntos estão além do escopo de nossa racionalidade, sendo, portanto, impossível formular qualquer juízo seguro a seu respeito.

Assim, é errado pensar no agnóstico como um indivíduo "meio-termo" entre as duas perspectivas, ou seja, que não afirma nem nega a existência de uma entidade superior, supostamente representando uma posição de questionamento sensato em vez de um extremismo ateísta. O agnosticismo certamente não é uma terceira opção entre o teísmo e o ateísmo, e é fácil evidenciar o porquê: o agnosticismo envolve a crença em um deus? Não. Envolve a descrença em um deus? Não. Então que relação necessária tem com essa questão? Nenhuma. Como explicou George H. Smith, *O termo "agnóstico", em si mesmo, não indica se alguém acredita ou não num deus (...) agnosticismo não é uma posição independente ou um meio-termo entre teísmo e ateísmo, pois classifica de acordo com um critério diferente.*

Em rigor, a palavra *agnóstico* significa apenas *sem conhecimento*, isto é, trata-se de um termo genérico que diz respeito somente à afirmação da impossibilidade de se obter conhecimento acerca de alguma coisa ou assunto qualquer. Então seria mais correto dizer algo como: este indivíduo — ateu ou teísta — é agnóstico em relação à questão da existência de deus, ou de alguma "questão x" qualquer — *e.g.* a célebre incognoscibilidade da "coisa-em-si".

Não há, portanto, um meio-termo entre crer e não crer, ou seja, entre teísmo e ateísmo — e afirmar "acho impossível saber com certeza" não é uma solução, mas uma evasiva. O que comporta um meio-termo é a lacuna que fica entre a negação e a afirmação da existência de Deus, e tal lacuna corresponde ao *ateísmo cético*, não ao agnosticismo. Essa noção de "agnosticismo-meio-termo" é uma posição errônea comumente adotada por aqueles que não são teístas, mas que na verdade não consideram a existência de deus uma hipótese absurdamente improvável, como alguns ateístas mais fervorosos. Mas, sem dúvida, os agnósticos desse tipo são, tecnicamente, ateus. Provavelmente muitos se denominam como agnósticos porque têm receio do estigma social vinculado ao ateísmo, que é muito forte. Então transferem o significado de suas posições a outros termos que soam mais brandos, como "agnóstico". Nesse sentido, fica claro que esse tipo de agnosticismo nasce apenas como uma manobra social para evitar preconceitos, não como uma argumentação digna de respeito.

Para percebermos com maior clareza o equívoco dessa postura, bastará pensarmos na razão pela qual tantos são agnósticos em relação a Deus, mas ninguém é agnóstico em relação ao Bicho Papão. Ora, esse ser poderia muito bem existir numa dimensão paralela. Então, se há essa possibilidade, por que não somos agnósticos em relação ao Bicho Papão? Simplesmente porque, quando nosso emocional não está envolvido, conseguimos admitir que, diante da falta de evidências, a posição mais sensata é a descrença, não a dúvida.

Então, em circunstâncias normais, se alguém nos pergunta se Papai Noel existe, e nós respondemos que *não*, isso não é uma intolerável presunção da racionalidade humana, é simplesmente bom senso. Isso porque, se a questão fosse admitir nossas limitações, teríamos de admitir que também a questão da existência de Papai Noel é algo indecidível, em relação ao qual teríamos de nos declarar agnósticos.

Claro que, na questão da existência de deus, não temos certezas absolutas, mas o fato é que não temos certezas absolutas em relação a coisa alguma, não apenas em relação a Deus. Nesses termos, não parece haver como justificar uma postura agnóstica que se restringe apenas a Deus. Então, se não temos certezas absolutas em relação a nada, deveríamos ser agnósticos em relação a tudo — inclusive Papai Noel —, mas não somos, pois essa postura beira o ridículo.

Para concluir, usemos o seguinte paralelo: assim como cristãos não precisam de fé para não crer em Thor, ateus não precisam de fé para não crer no cristianismo. Igualmente, assim como agnósticos não precisam de um conhecimento perfeito para não crer em Thor, ateus não precisam de um conhecimento perfeito para não crer em Deus. Com isso está suficientemente refutado o agnosticismo que se apresenta como um meio-termo entre crer/descrer, o qual só poderá ser legitimamente ressuscitado se conseguir responder satisfatoriamente a seguinte pergunta: *por que ser agnóstico em relação a Deus, mas não em relação a Thor?*

Voltando ao assunto principal, é sempre comum vermos, devido a todos os mitos que existem em torno do ateísmo, indivíduos imaginando e se perguntando como os ateus são. Talvez pensem que são criaturas exóticas raríssimas que vivem num submundo oculto, se vestem de preto e advogam pela destruição de todas as religiões — mas isso não passa de fantasia. Em sua maioria, ateus são pessoas realmente comuns, que apenas baseiam na lógica e nas evidências suas opiniões sobre a realidade. O fato é que, provavelmente, todas as pessoas já se depararam com ateus casualmente, mas sem se aperceberem disso, daí pensarem que são tão raros. Na verdade, se não perguntarmos diretamente aos indivíduos, é quase impossível descobrir se são ateus. São poucos os que gritam aos quatro ventos que não acreditam em nenhum deus.

Sem dúvida, também há os ateus exacerbados, tipicamente denominados ateus militantes, alguns dos quais mantêm uma postura hostil para com a religião. Alguns julgam que ela é uma grande travanca ao progresso da humanidade, principalmente aqueles que têm algum conhecimento de História. Mas isso, como vimos, não pode ser encarado como uma consequência direta do ateísmo, pois não existe uma Santa Escritura ateísta que dita "tu vilipendiarás a religião e escarnecerás a crença do teu próximo". Se algum ateu procede de tal maneira, trata-se apenas de um posicionamento individual, e querer imputar a causa de seu comportamento agressivo ao ateísmo é uma atitude desonesta.

Muitos também pensam que os ateus são irredutíveis em sua descrença, que são descrentes crônicos, incapazes de mudar seu ponto de vista. Se podemos dizer que os ateus são irredutíveis, o são apenas na atitude de não acreditar em hipóteses sem comprovação. Certamente, se algum teísta surgisse com uma prova realmente válida para a existência de deus, até os ateus mais ferrenhos dariam o braço a torcer, e não há motivos para pensarmos o contrário. Afinal, por que alguém se oporia à existência de um criador? Quem não gostaria de ser a coroa da criação? Quem escolheria ser um efêmero mamífero, um grão de pó pensante, se pudesse ser o imortal suprassumo do Universo? Para citar Peter Atkins:

> Seria de fato fascinante se o Universo tivesse um propósito; seria provavelmente prazeroso haver vida após a morte. Porém, não há um só pedacinho de evidência em favor de nenhuma das duas especulações. Como é fácil de compreender por que as pessoas anseiam por um propósito cósmico e vida eterna, e não existe evidência para ambos, parece-me uma conclusão inescapável que nenhum dos dois existe.

Realmente seria ótimo se todos nós fôssemos tão especiais quanto gostaríamos de ser, mas o fato é que não temos motivos para acreditar que somos. Novamente, é a integridade intelectual que nos impede de acreditar em algo infundado somente porque é confortante.

Pelo exposto acima, percebemos que o ateísmo, ao contrário da imagem que se pinta dele, não é representado por uma seita de iconoclastas fanáticos, imorais e desequilibrados querendo destruir a religião a todo custo. Sem dúvida, o ateísmo se apresenta como uma posição perfeitamente razoável, lúcida e sensata quando encarada na perspectiva objetiva — isto é, sem se levar em conta fatores subjetivos, como "o modo que gostaríamos que a realidade fosse", "no que precisamos acreditar para viver" etc. E, como foi salientado no início deste trabalho, o que os indivíduos livres-pensadores buscam não são certezas absolutas: buscam o que é mais provável de ser verdadeiro.

O objetivo deste capítulo foi desfazer alguns dos principais mitos, preconceitos e calúnias que gravitam ao redor do ateísmo, para que assim sejamos capazes de enxergar a posição de um modo cristalino. Naturalmente, fica claro quanto esforço é feito da parte dos teístas no sentido de deturpar o verdadeiro significado dessa descrença. Em vez de enfrentarem as verdadeiras questões, criam espantalhos do que seria o ateísmo e, destruindo-os, ufanam-se de tê-lo refutado, quando na realidade tal refutação não passa de um mal-entendido.

Contudo, não pensemos que sejam todos tão ingênuos e inocentes: caluniam porque não podem enfrentar; evadem porque não podem responder. O fato é que o teísmo sempre terminou como perdedor em todas as vezes em que tentou enfrentar os fatos e a racionalidade, e simplesmente desmoronaria se tentasse, honestamente, se confrontar cara a cara com todas as questões que o ateísmo apresenta.

Desse modo, se há uma questão que realmente incorpora todo o peso do verdadeiro desafio que o ateísmo lança contra as religiões, é esta: *que motivos temos para acreditar na existência de um deus?*

II

ARGUMENTOS EM FAVOR DA EXISTÊNCIA DE DEUS

Os teólogos dizem: isso são mistérios insondáveis. Ao que respondemos: são absurdidades imaginadas por vós próprios. Começais por inventar o absurdo, depois fazei-nos dele a imposição como mistério divino, insondável e tanto mais profundo quanto mais absurdo.

— Mikhail Bakunin

Expostos os conceitos básicos da lógica que fundamenta o ateísmo e lançada a pergunta central — que motivos temos para acreditar na existência de um deus? —, temos agora de nos confrontar com os argumentos que pretendem provar a existência de Deus — e certamente não faltaram esforços nesse sentido, pois, como sublinhou Le Bon, *Os crentes, por mais convencidos que sejam, têm sempre sentido a necessidade, pelo menos para converter os incrédulos, de achar na sua fé razões justificativas. As numerosas elucubrações dos teólogos provam com que perseverança essa tarefa é empregada.*

Nas páginas a seguir analisaremos os principais argumentos propostos e, então, apresentaremos os motivos pelos quais não servem como justificativa para a crença em Deus. Veremos primeiramente os argumentos mais singelos, que podem ser refutados sem muitas dificuldades, por se basearem em noções bastante distorcidas do que seria realmente uma "prova". Posteriormente, trataremos dos argumentos mais elaborados, que serão analisados de modo mais extensivo. Contudo, antes de nos lançarmos a tal tarefa, vale a pena fazermos algumas observações.

A noção de deus aqui abordada variará em função da crença que se tentou comprovar com o argumento proposto. Por vezes será um deus pessoal, por vezes simplesmente uma "inteligência superior", ou então uma "força responsável pela harmonia do Universo". Desse modo, nos empenharemos apenas em refutar os argumentos que foram propostos relativamente à divindade cuja existência pretendiam provar.

Já que, ao longo deste capítulo, estaremos lidando com argumentos de cunho lógico e com silogismos — deduções formais —, também é válido lembrarmos que a lógica pura não é o critério da verdade. A lógica é uma criação humana, consistindo de uma série de constatações sistematizadas que tentam representar o modo como a realidade funciona. Assim, ela é uma ferramenta bastante útil para nortear nossas investigações, mas não para determiná-las completamente. O fato de um argumento que pretende provar a existência de algo se fundamentar numa lógica impecável, a rigor, nada significa se as conclusões às quais se chega com ele não estiverem sujeitas à comprovação, à verificação. Isso porque é possível conceber várias explicações fundamentadas em um rigor lógico igualmente maciço para defender causas opostas, sendo impossível, é claro, que ambas correspondam à realidade simultaneamente. Portanto, o único modo de saber qual delas é verdadeira consiste em confrontá-las com a realidade, para então vermos qual delas sobrevive. Se as teorias não podem ser falseadas — se não podem ser refutadas nem confirmadas —, não devem ser vistas como provas.

Ademais, todas as alegações de ininteligibilidade devem ser vistas com muita suspeita, pois na maioria dos casos são apenas manobras evasivas. Tais afirmações são incoerentes porque, analisando-as, percebemos que possuem natureza contraditória. Por exemplo, supondo-se que uma "abstração x" seja ininteligível, como poderíamos vir a saber disso, se é ininteligível? O paradoxo é que, para sabermos que algo é impossível de ser compreendido, primeiramente precisaríamos compreendê-lo, para que então tivéssemos consciência do que ignoramos, ou seja, para sabermos exatamente ao que estamos nos referindo quando alegamos tal impossibilidade — do contrário seria uma afirmação vazia e inútil.

Como a limitação da razão é uma suposição da própria racionalidade, forçosamente chegamos à conclusão de que é impossível saber se o ininteligível sequer existe — isto é, não passa de uma conjectura impossível de ser comprovada. É por isso que o indivíduo que alega ininteligibilidade, normalmente, limita-se a postular o algo que é ininteligível como previamente dado, sem demais explicações: em outras palavras, trata-se apenas de uma crença irracional revestida por uma tênue película de lógica.

Os argumentos apresentados a seguir servem como um exemplo da espécie de raciocínio que é tipicamente usada para fundamentar o *ateísmo cético*, ou seja, aquela modalidade que se limita a refutar os argumentos pelos quais supostamente a crença em algum deus seria justificada, sem se preocupar em negar a possibilidade da existência de tal divindade, que é uma característica do *ateísmo crítico*.

Parte I

Estarmos vivos é a prova de que Deus existe.

Quem já participou de debates sobre a existência de Deus muito provavelmente se deparou com esse clássico argumento. Trata-se de uma afirmação bastante ingênua, e realmente seria inútil procurarmos por um melhor exemplo da falácia lógica que leva o nome *circulus in demonstrando* — vulgarmente conhecida como argumento circular —, que consiste em admitir como premissa a própria conclusão que se deveria estar provando. Assim, partindo do pressuposto completamente injustificado de que a única causa possível para a existência da vida é Deus, então se usa a própria vida como suposta prova para a existência de Deus. O equívoco torna-se ainda mais claro com este exemplo: se tivéssemos sido inculcados desde crianças que os elfos são a verdadeira causa dos terremotos, toda vez que houvesse um tremor de terra, diríamos: "eis a prova de que os elfos existem!" Um absurdo gritante, naturalmente. Tal afirmação não passa de uma crença maquiada para parecer um argumento.

Deus precisa existir porque, sem ele, a vida não teria qualquer sentido.
Quanto a essa questão, simplesmente nos limitamos a fazer uma pergunta: por que a vida precisa ter algum sentido? Apenas porque isso deixa as coisas mais organizadas em nossas mentes, fazendo com que nos sintamos importantes? Sem dúvida, é um erro imaginar como gostaríamos que a realidade fosse e, então, declarar que os quesitos necessários para nos satisfazer devem obrigatoriamente existir. Seria como dizer que Deus precisa existir porque, do contrário, não teríamos nada para fazer nos domingos de manhã. O mesmo pode ser dito a respeito de afirmações como esta: "Deus precisa existir porque, sem ele, não haveria qualquer garantia de justiça no mundo". Novamente, só precisaríamos perguntar: de onde se pode inferir a ideia de que deve necessariamente existir alguma espécie de "justiça universal"? De lugar nenhum, senão de nosso desejo de que assim fosse.

Quando, em oração, peço coisas a Deus, minhas preces são atendidas.
Pedir algo a Deus e interpretar um acaso favorável como uma "dádiva celeste" poderia demonstrar a existência de quantos deuses quiséssemos: rezei para Deus e, no supermercado, encontrei meu refrigerante predileto, que quase sempre está em falta. É isso que tal argumento nos diz. Peneirar acasos positivos e chamar coisas perfeitamente normais de "milagres" somente demonstra que nossas mentes estão situadas num mundo mágico e antropomórfico onde tudo nos rodeia em imagem e semelhança. Portanto, apesar de muitas pessoas alegarem esse tipo de "intervenção divina", é fácil perceber onde, na maior parte das vezes, está o equívoco. Quando "pedimos" alguma coisa a Deus, passamos a prestar atenção a todos os fatos que sucedem em nosso redor, e os pesamos em função de sua relevância, ou seja, os classificamos como positivos, negativos ou irrelevantes ao objetivo que estamos perseguindo. Nesse contexto, se acontece algo positivo, imediatamente interpretamos esse algo como causado por Deus, pois nessa situação estamos à cata de conexões entre nosso pedido e nosso objetivo. Entretanto, a conexão de

causalidade, por certo, é apenas psicológica. Tal associação nos parece válida e lógica porque nosso cérebro está "programado" para esquadrinhar as situações em busca de padrões de causa e efeito — muitas vezes encontrando-os onde não há nenhum. Isso também recebe o nome de "pensamento mágico", que, como explica James Alcock, *é a interpretação de dois eventos próximos como sendo causa e efeito, sem nenhuma preocupação com o vínculo causal. Por exemplo, se você acredita que cruzar os dedos dá boa sorte, você associa o fato de cruzar os dedos com um subsequente evento favorável e estabelece um vínculo causal entre eles.* Desse modo, percebemos que a "ajuda divina" se trata apenas de uma interpretação pessoal dos fatos, não de uma descrição objetiva do que realmente vimos acontecer. Se, por exemplo, ao pedirmos alguma coisa a Deus, esse algo fosse sobrenaturalmente atendido, então teríamos motivos para pensar que estamos diante de uma intervenção divina. Entretanto, alegar que fatos naturais são "milagrosos" somente por serem confluentes aos nossos objetivos é algo infundado, e não prova coisa alguma, senão que estamos chamando o acaso de Deus. A falácia que consiste em assumir que algo é a causa de um fato simplesmente porque o antecedeu chama-se *post hoc ergo propter hoc.*

A prova da existência de Deus são os milagres que realiza diariamente.
Se, por exemplo, uma cura prova a existência de Deus, então o fato de ele ter nos dado a doença, o que prova? Se não demonstra sua inexistência, o coloca no mínimo numa situação problemática. Seja como for, são comuns testemunhos de "milagres" que Deus supostamente opera na vida das pessoas. Doenças misteriosas são curadas, para as quais a medicina não tinha respostas; indivíduos dependentes de drogas que "encontram a luz" e superam o vício; alcoólatras se regeneram pela fé, e assim por diante. Todavia, se adotarmos uma definição consistente para o termo "milagre", vemos que o valor de tais testemunhos cai por terra. Ao tratar do assunto, o filósofo David Hume afirma que:

> *Nada é considerado um milagre se ocorre no curso normal da natureza. Não é um milagre que um homem, aparentemente de boa saúde, morra subitamente, pois verifica-se que tal gênero de morte, embora mais incomum que qualquer*

outro, ocorre frequentemente. Mas é um milagre que um morto possa ressusci-
tar, porque isto nunca foi observado em nenhuma época e em nenhum país.
Portanto, deve haver uma experiência uniforme contra todo evento miraculoso,
senão o evento não mereceria esta denominação. E, como uma experiência uni-
forme equivale a uma prova, há aqui uma prova direta e completa, tirada da
natureza fática contra a existência de um milagre; uma tal prova não pode ser
destruída nem o milagre fazer-se crível senão por meio de uma prova oposta
que lhe seja superior. A consequência clara — e é uma máxima geral digna de
nossa atenção — é que não há testemunho suficiente para fundamentar um
milagre, a menos que o testemunho seja tal que sua falsidade seria ainda mais
miraculosa que o fato que pretende estabelecer.

Portanto, quanto mais improvável for a ocorrência de um evento, mais con-
tundentes devem ser as evidências em seu favor. É mais provável que o teísta
esteja equivocado em seu testemunho ou que uma intervenção sobrenatural
tenha ocorrido? Ambas as hipóteses são possíveis. Todavia, se não há qualquer
evidência conclusiva, tudo o que podemos dizer é que existe um ponto de
interrogação pairando sobre o fato — e que invocar a improbabilidade de um
milagre para explicá-la não é a resposta mais provável. Uma possível explicação natural para tais fenômenos de "cura miraculosa" está no chamado efeito
placebo. No homem, o poder da sugestão e da crença é algo muito influente,
sendo capaz de perpetrar profundas mudanças, inclusive curas biológicas. Por
exemplo, se um indivíduo com dor de cabeça crê piamente que está tomando
uma aspirina, mas toma equivocadamente um complexo multivitamínico, é
muito provável que a simples crença de que sua dor cessará devido à suposta
aspirina seja suficiente para realmente curá-la. Analogamente, quando um
teísta projeta, com convicção sólida, suas expectativas numa entidade que ele
imagina ser infinita e perfeita, e que estaria ajudando-o a superar seu vício ou
enfermidade, isso é algo muito forte, e tal confiança pode gerar uma motivação
poderosa o suficiente para que realmente consiga fazê-lo. Entretanto, nesse
caso, como vemos, não é Deus quem opera tais mudanças, mas a crença em
Deus, ou seja, a convicção, a fé-placebo do indivíduo — algo muito mais
provável que a ocorrência de um milagre.

A felicidade e a paz provenientes da fé provam sua veracidade.
Quando estamos discutindo sobre a veracidade de algo, a felicidade não deveria ser apresentada como argumento. Se acreditar em algo nos torna mais felizes, isso significa apenas que, por algum motivo, tal crença nos é agradável, confortável, mas não necessariamente verdadeira. Nesse sentido, se utilizássemos apenas a felicidade, isoladamente, como critério da verdade, chegaríamos sequer a conhecer alguma coisa? Se fôssemos suficientemente competentes na arte do autoengano, poderíamos acreditar que somos seres imortais, que somos milionários, que a miséria e a desigualdade não existem, que não há doenças, que somos mais inteligentes que Einstein, que o holocausto nunca ocorreu e que todos os nossos sonhos vão se realizar amanhã de manhã. Se tais crenças nos tornassem mais felizes, isso significaria que são verdadeiras? Não. Suponhamos que algum amigo íntimo sofresse um acidente grave e fosse internado em tratamento intensivo. Para ter chances de sobreviver, precisaria ser submetido a uma operação de alto risco. Faz-se a operação, mas nosso amigo não resiste. Então ligamos ao hospital para saber dos resultados da operação, e o médico responsável diz: "a operação foi um sucesso incrível, ele já está totalmente fora de perigo. Venha visitá-lo, ele está à sua espera!" Então certamente ficamos muito felizes e aliviados, mas tal felicidade fundamenta-se em algo real? Não, fundamenta-se num engano. Como diz a brilhante frase de Bernard Shaw: *O fato de um crente ser mais feliz que um cético não é mais pertinente que o fato de um homem bêbado ser mais feliz que um sóbrio.*

Ninguém é capaz de viver sem Deus. Todos precisam acreditar em alguma força superior.
Declarar a inexistência de ateus, que são seres concretos, para defender a existência de um ente incorpóreo não parece uma postura muito lógica. Seja como for, sabemos que descrentes vivem muito bem sem Deus. Afirmar que no fundo, "bem no fundo", todos os ateus acreditam no Criador não é mais que egocentrismo disfarçado de argumento. Simplesmente não é impossível viver sem acreditar em Deus — ou "força superior", como preferirem —, e todos os ateus existentes no mundo são uma prova viva disso. Essa necessidade de acreditar, no fim das contas, só demonstra que somos psicologicamente

dependentes de consolos imaginários — e é realmente lamentável que tantas pessoas sejam incapazes de viver sem se colocarem sob o jugo de uma "constituição divina". A liberdade é algo tão aterrorizante assim? Talvez. Mas o caso é que, se um teísta é incapaz de viver sem acreditar em algo superior, isso definitivamente não significa que todo ser humano também é incapaz. Trata-se de uma crença pessoal generalizada de modo absurdo. Seria algo como um fumante dizendo: "aprendi, desde pequeno, a fumar; não sou capaz de viver sem tabaco; logo, a humanidade inteira é necessariamente fumante; glória à nicotina!" Bertrand Russell, usando outro tipo de abordagem, evidencia também a natureza contraditória desse argumento, que dá a entender que somente no caso da crença em Deus seria válido ignorar as evidências:

> As pessoas dirão que, sem os consolos da religião, elas seriam intoleravelmente infelizes. Tanto quanto esse argumento é verdadeiro, também é covarde. Ninguém senão um covarde escolheria conscientemente viver no paraíso dos tolos. Quando um homem suspeita da infidelidade de sua esposa, não lhe dizem que é melhor fechar os olhos à evidência. Não consigo ver a razão pela qual ignorar as evidências deveria ser desprezível em um caso e admirável no outro.

É certo que Deus existe porque ninguém, até hoje, foi capaz de provar sua inexistência.

Aqui claramente estamos diante da velha falácia lógica chamada *inversão do ônus da prova*. É praticamente impossível confirmar uma negação universal. Por isso, a tarefa de fornecer as provas recai sobre os defensores de uma proposição, e não sobre os céticos que "se dão ao luxo" de exigir provas para fundamentar suas opiniões sobre a realidade. Os próprios teístas seguem essa regra lógica a maior parte do tempo — mas convenientemente a ignoram quando esta vai contra suas crenças pessoais. É certo que os teístas a seguem porque não acreditam nos deuses gregos — como Zeus, Apolo, Dionísio, Possêidon — nem em unicórnios, cavalos alados, dragões, duendes, ciclopes e assim por diante, apesar de não poderem provar definitivamente que tais seres não existam em alguma região longínqua de nosso universo. Portanto, nesses casos, o mais razoável é admitir que quem afirma a veracidade de uma proposição automaticamente se responsabiliza por fornecer provas que a sustentem

— e, se falhar em fazê-lo, não haverá motivos para aceitarmos como verdadei-ra sua afirmação, ficando, desse modo, justificada a descrença. Carl Sagan faz uma analogia interessante entre as chamadas "entidades especiais" e um dragão invisível, deixando claro como é errôneo acreditar que algo é verdadeiro somente porque não é possível refutá-lo:

> Ora, qual é a diferença entre um dragão invisível, incorpóreo, flutuante, que cospe fogo atérmico, e um dragão inexistente? Se não há como refutar a minha afirmação, se nenhum experimento concebido vale contra ela, o que significa dizer que o meu dragão existe? A sua incapacidade de invalidar a minha hipó-tese não é absolutamente a mesma coisa que provar a veracidade dela. Alega-ções que não podem ser testadas, afirmações imunes a refutações não possuem caráter verídico, seja qual for o valor que possam ter por nos inspirar ou estimu-lar nosso sentimento de admiração.

A ciência não consegue responder as "grandes questões" da existência. A resposta só pode ser Deus.

Frequentemente diz-se que homem é totalmente ignorante em relação ao mundo em que vive, que a ciência não consegue responder as "grandes questões". Essa relutância que muitos apresentam em admitir que conhecemos alguma coisa provavelmente tem sua origem na aterrorizante possibilidade de que realmente sejamos aquilo que parecemos ser, e não haja nada de muito espetacular no fato de existirmos. Pelo que podemos perceber, negam que tenhamos ou possamos ter encontrado alguma resposta porque já têm outra espécie de resposta pré-formada em mente, e estão à cata de provas que respaldem apenas essa ideia, fechando os olhos para todas as evidências que apontam noutra direção qualquer. Temos inúmeros motivos para pensar que sejamos apenas complexos biológicos que surgiram através da evolução orgânica e nenhum motivo razoável para pensar o contrário — senão, talvez, o desejo de que assim fosse. Essa abordagem de negar que o conhecimento científico da realidade objetiva possa responder questões subjetivas parece ser o modo que alguns encontram para dar margem àquele flerte com esperanças aconchegantes — mas improváveis. No fundo, isso é uma tentativa bastante ingênua de reduzir o homem à ignorância completa para nivelar todas as hipóteses ao mesmo grau de probabilidade e, assim, dar a impressão de que todos os pontos de vista são igualmente plausíveis. Entretanto, no que concerne à relatividade do erro e à imprecisão de nosso conhecimento, lembra-nos Isaac Asimov *que quando as pessoas pensavam que a Terra era plana, elas estavam erradas. Quando pensavam que a Terra era esférica, elas estavam erradas. Mas se você acha que pensar que a Terra é esférica é tão errado quanto pensar que a Terra é plana, então sua visão é mais errada que as duas juntas.*

Desde tempos imemoriais se acredita em Deus. Se ele não existisse, certamente tal crença já teria sido descartada.

O fato de uma crença ser antiga não implica necessariamente sua veracidade. A verdade não é como o vinho; não melhora com o tempo. Se desde tempos imemoriais se acredita em fantasmas, isso demonstra apenas nossa constante necessidade de buscar no "além" respostas para questões que nada têm a ver com isso. Sabemos que muitas crenças falsas foram cultivadas por milênios. Por exemplo, até surgir Copérnico, a Terra era considerada o centro do Universo, e o Sol girava ao seu redor. Acreditou-se nesse erro por muito tempo. Temos também a astrologia, que é antiquíssima. Estima-se que tenha se originado há cerca de 3500 anos. Essa doutrina, que se fundamenta na suposta influência que os corpos celestes exercem no comportamento humano, apesar de ter sido amplamente refutada pela ciência moderna, nem por isso deixou de ser popular e de possuir muitos defensores até os dias de hoje. E o mesmo, sem dúvida, se aplica a Deus: o fato de essa crença ser antiga significa apenas que ela é antiga, e nada mais.

A crença em Deus é universal na humanidade. É impossível que o mundo inteiro esteja enganado.

Esse argumento também parece ignorar a História. Além de uma parte considerável da população mundial não acreditar em Deus, a popularidade de uma proposição não contribui em nada à sua veracidade. Mesmo se o mundo inteiro acreditasse unanimemente na existência de Deus, isso não significaria coisa alguma, pois outrora o mundo inteiro acreditou que a Terra era plana e que estava cheia de bruxas. O que conta em favor ou contra uma teoria são as evidências, não quantos indivíduos julgam-na verdadeira. Queira-se ou não, a realidade não se dobra à nossa crença. Como disse Anatole France: *Se cinco bilhões de pessoas acreditam em uma coisa estúpida, essa coisa continua sendo estúpida.* Tecnicamente, tal falácia é denominada *argumentum ad populum.*

A ideia de Deus prova sua existência / Falar sobre Deus é uma admissão tácita de sua existência.

Se isso fosse verdade, então que poderíamos dizer dos personagens de livros de ficção? E todos os inumeráveis deuses de todas as religiões? Será que discutir mitologia grega significa admitir a existência de Zeus? Ideias são uma coisa, seres reais são outra. Por exemplo, jogadores de *RPG* discutem atributos de criaturas fictícias totalmente insólitas — góblins, orcs, minotauros, centauros, harpias, dragões alados —, mas isso certamente não significa que tais seres existam objetivamente. A imaginação, por si só, é capaz de conceber coisas que não possuem correspondência na realidade objetiva. Portanto, a ideia de Deus, isoladamente, não serve como evidência em favor de sua existência. Se insistirmos no contrário, então deve ser hora de tirarmos férias e aproveitar aqueles dez milhões que temos numa conta no exterior, que acabaram de se materializar porque tocamos no assunto.

Deus existe, mas é incompreensível à mente humana.

Como alguém pode acreditar em algo que não pode sequer compreender? No que exatamente o indivíduo estaria acreditando quando diz acreditar em Deus? George H. Smith nos mostra muito claramente a incoerência de tal postura: *Quando dizem a um ateu que Deus é incognoscível, ele pode interpretar essa alegação de dois modos. Ele pode supor, primeiramente, que o teísta obteve conhecimento acerca de um ser que, como ele próprio admite, não pode ser conhecido; ou, por outro lado, pode assumir que o teísta simplesmente não sabe do que está falando.* Esse tipo de alegação, na realidade, não é um argumento, mas uma evasiva, um modo de tentar levar a questão para além do escopo da racionalidade, acabando com qualquer possibilidade de se discutir o assunto. Seria como dizer: "cubos esféricos existem em dimensões inconcebidas, mas é impossível prová-lo racionalmente porque, devido à 'imperfeição' da mente humana, somos incapazes de compreender objetos cujos atributos são contra-ditórios". Além disso, esse argumento mostra-se ainda mais duvidoso quando vemos que se limita a *admitir* a existência de tal ser para, então, lançar mão da tática de alegar a "ininteligibilidade da natureza divina" para conseguir esquivar-se à racionalidade, passando a ser desnecessária a tarefa de justificar logicamente tal crença. Essa é uma tática típica dos argumentos anêmicos da religião, que são incapazes de se manter a si próprios em pé quando estão sob ação da força da gravidade que existe no mundo efetivo — e então fogem para o além, para o metafísico, para o imperscrutável, para o nada.

A razão é limitada; Deus é um ser transcendente; crer em sua existência é uma questão de fé, não de lógica.

Esse argumento baseia-se na duvidosa suposição de que, se a existência de Deus pudesse ser comprovada logicamente ou experimentalmente, então esse Deus não seria realmente um ser transcendente, mas simplesmente algo mundano, isto é, não seria Deus. Portanto, seria necessário um "salto de fé" para fundamentar a crença em Deus. Nessa ótica, fé parece ser apenas uma ferramenta para justificar a irracionalidade, para validar a adoção de uma crença infundada. Assim, novamente, notamos que se trata de uma evasiva, não de um argumento, pois um "salto de fé", além de não provar a existência de algum deus, também serviria para justificar qualquer espécie de absurdo imaginável: estude as religiões, escolha seu personagem mitológico ou divindade preferida, e então é só dar um "salto de fé" para justificá-lo. Ademais, como salientou Nietzsche, *As características que foram dadas ao "Ser verdadeiro" das coisas são características do não-Ser, do Nada. Construiu-se o "mundo verdadeiro" a partir da contradição com o mundo efetivo.* Desse modo, saltar do mundo efetivo para o transcendental ininteligível significaria saltar de tudo o que é material para aquilo que é somente imaterial, de tudo o que é efetivo para o que é puramente não-efetivo, ou seja, para o não-ser, para a irracionalidade do nada absoluto. A diferença é que, nesse caso, a abstração do nada é rebatizada com o nome "Deus" e a incoerência recebe o pomposo nome de "transcendência divina". Para tratar dessas bizarrices metafísicas que parecem ter surgido de uma convulsão cerebral a razão realmente é limitada.

Deus existe, mas a humanidade ainda não evoluiu o suficiente para ter a capacidade de prová-lo.

Nesse caso, não há muito a ser dito. Estamos ansiosamente à espera dessas "provas". Há milênios dizem que há deuses, e há milênios ninguém conseguiu obter evidências disso. Quando alguém obtiver tais provas, então o ateísmo acabará. Ponto final. Mas acreditar por antecipação não passa de uma grande ingenuidade. Por que deveríamos acreditar, sem motivos, numa certa "entidade", e então justificar essa crença pelo nosso vasto grau de ignorância atual? Poderíamos inventar dezenas, centenas ou milhares de teorias exóticas e então alegar que são todas verdadeiras, mas a humanidade ainda não "evoluiu o suficiente" para prová-las. Ora, trata-se de um argumento grosseiro e pueril — algo que certamente não é nenhuma surpresa quando se trata da típica argumentação utilizada para defender a crença em fenômenos ou entidades sobrenaturais.

PARTE II

O ARGUMENTO COSMOLÓGICO
(CAUSA PRIMEIRA)

Afirmação: Todo efeito tem uma causa. Se o Universo existe, então ele teve uma causa, pois não existe efeito sem causa, e ele não poderia ter criado a si mesmo, a partir do nada, pois nesse caso ele seria causa e efeito ao mesmo tempo, o que é impossível. Se retrocedermos na cadeia de causas, teremos uma série infinita, que precisa ser interrompida, caso contrário nunca teria havido um primeiro efeito e, portanto, não existiríamos. Esta Causa Primeira é Deus; um ser incausado, imóvel, eterno, sustentáculo e criador do Universo em que vivemos.

Esse é um argumento clássico, de fácil compreensão e aparentemente convincente — mas, obviamente, inválido, pois do contrário o aceitaríamos. Logo em princípio, esse argumento distorce o significado da palavra "causa". No começo, ela é usada no sentido científico de "causa e efeito" na interação entre corpos — isso para aceitarmos a premissa como válida. Mas, posteriormente, é usada de modo distorcido, significando "vir a existir" — e essa mudança de significado é algo bastante típico em argumentos desonestos. Certamente há uma enorme diferença entre criar e construir. Um homem que é a causa de um livro não o cria, mas o escreve usando papel e tinta. Igualmente, ninguém cria um automóvel a partir do nada, mas o constrói a partir de materiais preexistentes.

O segundo erro nesse argumento consiste no fato de que o próprio Deus escapa à premissa postulada para se chegar a ele, ou seja, o argumento é contraditório. A afirmação "todo efeito tem uma causa" entra em conflito direto com a afirmação "Deus é incausado" — portanto, é impossível que ambas sejam verdadeiras ao mesmo tempo. Alegar que Deus pode existir sem uma causa dá margem à mesma alegação em relação ao Universo. Se Deus pode ser incausado, por que o Universo não? Apenas porque o teísta gostaria que assim fosse? Não parece razoável admitir que Deus escape da mesma lógica que deveria estar provando sua existência.

Ademais, mesmo se o argumento não fosse falho nesses aspectos, ele também não demonstra em absoluto que Deus criou o Universo. Tudo o que tal argumento demonstra é simplesmente o fato de que podemos retroceder na cadeia de causas até chegarmos a um ponto de interrogação — e incógnitas não provam nada, senão que somos ignorantes em relação a algo.

Desse modo, como podemos notar, existe um abismo intransponível entre o ponto em que o argumento chega e a afirmação de que "esta causa primeira é Deus". Além de dizer "foi Deus" ser só um modo de explicar o desconhecido pelo mais desconhecido ainda, poderíamos também perguntar: por que essa causa é Deus? Como se sabe disso? Convenhamos, é óbvio que ninguém sabe: a respeito de ficções imaginárias nunca poderemos saber coisa alguma, mas somente acreditar.

Nesse particular, com toda a razão, Nietzsche afirmou que *à medida que buscamos as origens, vamos nos tornando caranguejos. O historiador olha para trás; até que, finalmente, também acredita para trás.* Essa é uma característica muito peculiar do homem, que sempre está em busca de respostas para satisfazer sua necessidade de explicações para tudo o que existe — e mesmo quando visivelmente não pode alcançá-las, satisfaz-se em apenas acreditar tê-las alcançado.

Pelo que vimos acima, fica claro que a ideia de que tudo precisa ser criado nada mais é que uma falsa analogia entre a natureza do mundo e a natureza das criações humanas, a confusão entre "criar" e "construir" — em última análise, nada mais que um reflexo de nosso antropocentrismo. Talvez o Universo nem tenha tido um começo, talvez a matéria seja eterna. Ninguém sabe realmente.

Como há muitas variantes desse argumento, não vale a pena gastarmos tempo refutando cada uma delas. Basicamente, todas elas retrocedem a pontos de interrogação, fazem algumas analogias distorcidas e, então, alegam que só Deus pode ser a resposta. Por isso são todas igualmente inválidas.

O ARGUMENTO ONTOLÓGICO

Afirmação: Eu tenho a ideia de um ser, de um ente perfeito. Ora, como há necessariamente mais razão na causa que no efeito, a ideia de perfeição não pode proceder senão da própria perfeição. Esse ente perfeito tem que existir porque, se não existisse, faltar-lhe-ia a perfeição da existência, e desse modo não seria perfeito.

Esse argumento foi criado por Santo Anselmo. Em sua opinião, a própria perfeição insuperável da ideia de Deus atesta sua veracidade. A alegação é que, quando tentamos imaginar algo perfeito em todos os sentidos, chegamos à ideia de Deus — e um desses sentidos, naturalmente, seria a perfeição de existir. Supõe-se que nisso teríamos a prova lógica e perfeita de que Deus existe, embora não tenhamos mais que um sofisma velhaco.

Como podemos perceber, o argumento trata a existência como uma qualidade, como se entre uma perfeição hipotética e uma perfeição real houvesse alguma diferença qualitativa. Na realidade, não há, pois inexistência não é um tipo de imperfeição. Para demonstrá-lo, podemos usar esse mesmo argumento, mas com um motor de combustão interna:

Eu tenho a ideia de um motor, de um motor perfeito, em que há aproveitamento total do combustível e nenhum desperdício. Ora, como há necessariamente mais razão na causa que no efeito, a ideia de perfeição não pode proceder senão da própria perfeição. Esse ente perfeito tem que existir porque, se não existisse, faltar-lhe-ia a perfeição da existência, e desse modo não seria perfeito.

Parece claro que a perfeição de um motor ideal imaginário seria idêntica à de um motor perfeito real. O fato de ele não existir não o tornaria menos perfeito — menos eficiente — em absoluto. Assim, supondo-se que um projetista concebesse tal motor perfeito, e então o construísse, em que o motor real seria mais perfeito que o motor que estava em sua mente enquanto ideia? Em nada, pois o conceito implícito no motor real não conteria qualquer perfeição além daquela presente na abstração do motor hipotético.

Portanto, existindo ou não, o conteúdo da ideia permanece inalterado. Essa é a falha principal do argumento. Contudo, mesmo supondo-se que a existência fosse uma qualidade — portanto, que o conceito de um Deus real fosse qualitativamente superior ao de um Deus hipotético —, ainda assim isso não provaria coisa alguma, pois a imaginação é capaz de conceber coisas que não possuem correspondência na realidade. Assim, pouco importa se Deus seria mais perfeito se existisse, pois isso não implica sua existência em absoluto. O fato é que a realidade simplesmente não se ajoelha diante de nossos silogismos.

O ARGUMENTO TELEOLÓGICO
(PROJETO INTELIGENTE)

Afirmação: *Vemos toda a ordem e harmonia que existe no Universo, a miríade de espécies, a imensa complexidade que existe em cada pequena célula dos seres vivos, a intrincada interconexão e interdependência que há entre todos eles. É impossível imaginar que toda essa maravilha existe por acaso. Isso porque, se as condições planetárias fossem sutilmente diferentes das atuais, a vida na Terra seria impossível. Dizer que o mundo que conhecemos veio de uma "explosão" (Big-Bang) é tão absurdo quanto dizer que um dicionário é fruto da explosão de uma tipografia. Tem de haver uma mente por detrás de nosso Universo, que planejou, criou e mantém a ordem que nele observamos.*

Analogia: *Suponhamos que, ao cruzar um deserto, me deparasse com um relógio. Dificilmente pensaria que ele sempre esteve ali ou que se formou espontaneamente a partir da areia do deserto. Ao analisar a complexa estrutura de suas molas e engrenagens, só podemos concluir que o relógio deve ter tido um* *criador, o qual deve ter existido em algum momento e em algum lugar, que o fez para o propósito que o vemos cumprir, que compreendeu seu funcionamento e que o projetou. O mesmo pode ser dito a respeito da vida: é absurdo pensar que não há uma mente por detrás de tamanha complexidade, que supera em muito a de um simples relógio.*

Se fôssemos onipotentes, não teríamos sido capazes de criar um mundo melhor que o nosso? É muito estranho pensar que um Deus todo-poderoso teria criado deliberadamente um mundo como este, com tantas superfluidades e imperfeições, tantos problemas e doenças, quando estava ao seu alcance fazê-lo já acabado e perfeito. Contudo, vamos aos fatos.

Sem dúvida, os ateus também veem essa notável complexidade e sentem-se igualmente espantados diante dela. A diferença é que eles aceitam o desafio de tentar explicá-la em termos naturais, sem invocar os misteriosos poderes do além. Baseiam-se no conhecimento que possuem do mundo e das leis naturais para formular teorias explicativas racionais. Tais hipóteses não são apenas especulações estéreis que dizem "foi por acaso" — aqui, o acaso só pode ser entendido no sentido de ausência de objetivo. Na realidade, são teorias bem fundamentadas, que incorporam os mecanismos da própria realidade em que vivemos e tentam explicar a vida nesses termos.

É verdade que ainda não somos capazes de explicar totalmente a complexidade da vida e do Universo, mas isso não prova que há alguma mente por detrás do mundo. Isso prova somente que não temos uma resposta definitiva. Atualmente, há várias teorias racionais que tentam explicar a origem da vida e de sua imensa diversidade — por exemplo, a Abiogênese e a Teoria da Evolução das espécies. Ninguém acredita nelas por questão de fé ou de preferência pessoal. Teorias científicas não são "inventadas", são desenvolvidas a partir de investigações e pesquisas meticulosas. Simplesmente observamos a natureza, coletamos os dados e, interpretando tais informações, vemos para onde apontam. A partir disso, construímos teorias que procuram explicar, com base nos mecanismos físicos que conhecemos, fenômenos complexos como a vida.

A ciência sempre evolui, pois aprende com seus próprios erros. Por exemplo, pergunte a um cientista se acredita que a matéria é constituída de fogo, água, terra e ar, se acredita que a Terra é o centro do Universo, ou se o flogisto é o fluido responsável pela combustão. Esses equívocos cometidos no passado foram há muito superados, pois a ciência é metódica, autocrítica e, acima de tudo, ela prima pela verdade, e por isso está constantemente revendo seus conceitos sobre a realidade. Por outro lado, pergunte a um católico se temos um espírito, se o mundo e a vida foram criações de Deus, se Jesus é seu filho, se a trindade é formada pelo Pai, pelo Filho e pelo Espírito Santo ou se Virgem Maria continua virgem. Isso ilustra que, em termos de conhecimento sobre a realidade, a religião está na posição diametralmente oposta, pois se estrutura sobre dogmas sem fundamentos passíveis de verificação — e isso, consequentemente, a torna estática. Dentro de cem anos, sem dúvida, muito de nossa compreensão científica do mundo terá mudado, mas dificilmente ocorrerá o mesmo a quaisquer desses dogmas religiosos. Então, se realmente quisermos descobrir, compreender algo, o melhor caminho parece ser o da investigação, não o da crença.

A atitude de atacar a Teoria da Evolução das espécies para demonstrar que ela é algo impossível seria louvável se não houvesse, mascarados por detrás disso, interesses, digamos, bem pouco científicos. Mesmo assim, não nos enganemos quanto a isto: se alguém puder demonstrar que a Teoria da Evolução está equivocada, os cientistas ficarão enormemente agradecidos. O que a ciência deseja é apenas descrever a realidade da forma mais exata possível, e a Teoria da Evolução não passa de um fruto dessa tentativa. Nesse sentido, tenhamos em mente que a teoria, em si mesma, não tem em princípio importância alguma, senão por estar descrevendo o que vemos acontecer no mundo que temos à nossa frente.

Claro que ideias novas, à primeira vista, podem parecer estranhas, mas nem por isso serão descartadas sem prévia análise. Assim como provaram ser possível a estranhíssima ideia — pelo menos na época — de se transmitir a voz humana através de fios metálicos, e assim como a Teoria da Relatividade de Einstein destronou a física clássica de Newton — que, convenhamos, é bem mais intuitiva —, a Teoria da Evolução também pode vir a ser derrubada por outra teoria, desde que tenhamos motivos reais para aceitá-la como verdadeira.

A hipótese do Criador Inteligente não se baseia em qualquer evidência, mas somente no anseio humano de possuir certa "importância cósmica". Se tivéssemos motivos para julgar que a vida é uma criação de um ser especial, sem dúvida defenderíamos essa teoria, mas o fato é que não temos nenhum. O mundo em que vivemos não apresenta qualquer indício de haver sido projetado por uma inteligência superior — a não ser que essa mente suprema tivesse como objetivo a criação de uma realidade "acima de qualquer suspeita", em que tudo foi cuidadosamente arquitetado para nos enganar, fazendo apenas parecer que não há um criador. Se esse for o caso, não deixa de ser verdade que ela realmente teve sucesso.

Ademais, fazer analogias como a do "carpinteiro e a cadeira" e a do "relógio no deserto" não explica coisa alguma, pois o Universo não funciona como a mente humana, a vida não funciona como um relógio — afinal, alguém já viu relógios criando cópias de si mesmos? Sem dúvida, a complexidade dessas estruturas é algo marcante, mas querer formular toda uma cosmologia com base numa analogia malfeita é realmente pretensão demais. No melhor dos casos, uma analogia serve apenas como uma metáfora ilustrativa que nos ajuda na compreensão da ideia central que fundamenta a hipótese. Mas o fato é que, se a teoria do Criador Inteligente não pode apresentar qualquer evidência positiva em seu favor, como poderíamos comprovar ou refutar sua veracidade?

Mesmo se derrubassem a Teoria da Evolução, seria ridículo pensar que isso autorizaria a hipótese da Criação Inteligente a ocupar seu espaço legitimamente. A Teoria da Evolução é científica, e por isso apresenta claramente seus pressupostos, os dados nos quais se fundamenta para justificar suas afirmações. A teoria da Criação Inteligente, muito pelo contrário, não se fundamenta em evidências, mas num ponto de interrogação, na fé e na fértil imaginação de seus proponentes.

A EXPERIÊNCIA RELIGIOSA

Afirmação: *Nunca vimos o vento, mas temos certeza de que ele existe. E como sabemos disso? Nós sentimos o vento. Igualmente, nós não acreditamos na existência de Deus porque o vemos, mas porque sentimos sua presença. A fé é como um sexto sentido, e os ateus são como cegos tentando negar a existência das cores. Se um ateu é incapaz de sentir Deus, isso não implica sua inexistência.*

Fecho os olhos, sinto-me em comunhão com a essência do universo, e isso prova que Deus existe. Simples assim. Esse ingênuo argumento claramente coloca a consciência subjetiva como uma espécie de critério da verdade, embora isso só prove que gostamos de devanear.

Nossos sentidos são imperfeitos, apreendem apenas uma parcela ínfima da realidade, e ainda assim de modo impreciso. Portanto, para começar, deve ser esclarecido que as cores não são uma "propriedade da matéria", pois elas não existem independentemente de nós. O que existe realmente são ondas eletromagnéticas que, quando refletidas por algum objeto, estimulam nossos órgãos sensoriais, causando a sensação subjetiva da cor. Nosso sistema visual está programado para traduzir certa amplitude de comprimentos de ondas eletromagnéticas em sensações visuais. Assim, não importa se cegos seriam capazes ou não de conceber o que são as cores, pois, de qualquer modo, elas só existem em nossa cabeça.

Nós, por exemplo, não conseguimos conceber o que acontece no cérebro de um morcego quando usa seu sonar para se localizar enquanto voa. Talvez use os sons de alta frequência para criar uma representação mental da realidade análoga à que criamos a partir das ondas eletromagnéticas — mas como poderíamos saber com certeza? Em relação aos morcegos, nós todos somos "cegos", pois não podemos conceber o que seriam "imagens sonoras". No entanto, apesar de ser inconcebível para nós o que acontece subjetivamente no cérebro de um morcego, sabemos que, para se guiar, ele usa sons de alta frequência, que nos são inaudíveis. Portanto, no caso da visão, a realidade não está na sensação subjetiva, mas no fator externo que provoca a sensação subjetiva.

Então, apesar de não enxergarmos e de não ouvirmos muitas coisas, nós sabemos que estas existem, pois podemos conhecer sua existência indiretamente. Por exemplo, não podemos ver o ar, mas, assoprando um balão, ele se enche. Enche-se de quê? De nada? Não, ele é preenchido por uma mistura de substâncias gasosas com certas propriedades que fazem com que ela não reflita a luz — pelo menos não em grau suficiente para que nosso corpo consiga detectá-la através da visão. Muitíssimas frequências estão além de nosso espectro visível, mas nem por isso negamos sua existência. Pelo contrário, podemos provar que existem.

Tendo isso tudo em mente, a pergunta que fazemos é esta: como se poderia verificar a alegação dos teístas de modo objetivo? Será que o teísta pode provar que a "sensação de Deus" é causada por algo exterior? Sem dúvida, é muito mais provável que aquilo que denominam "contato com Deus" não seja mais que um "sentimento oceânico", como o designou Freud, uma experiência subjetiva que pode ser alcançada através da meditação ou da oração, mas sem qualquer correspondência na realidade objetiva.

Usemos mais alguns exemplos. Como se sabe, alguns indivíduos mentalmente perturbados ouvem "vozes-fastasma", e às vezes até pessoas normais as ouvem. Isso evidencia que nosso cérebro é capaz de construir representações mentais que aparentemente têm causas objetivas, mas que na realidade possuem tanto causas quanto efeitos puramente subjetivos. O mesmo pode ser dito a respeito dos sonhos. Como poderíamos ver todas aquelas imagens com os olhos fechados? É claro que durante os sonhos nossa mente não viaja para captar a luz de uma realidade paralela. As imagens oníricas são geradas internamente, pelo próprio cérebro.

Portanto, se a experiência religiosa provasse a existência de Deus pelo sentimento puro, então o delírio de um louco provaria que este é Napoleão Bonaparte em carne e osso — pelo sentimento puro também. O fato é que o subjetivo humano não guarda qualquer vínculo de correspondência necessário com a realidade objetiva e, desse modo, não pode ser utilizado como uma evidência conclusiva. Alucinações, delírios, sensações místicas e afins não são argumentos.

Além disso, há diversos experimentos muito bem aceitos pela comunidade científica, os quais evidenciam que as experiências de "proximidade a Deus" podem ser induzidas artificialmente por campos magnéticos. Aparentemente, as experiências místicas estão relacionadas principalmente com a região do cérebro denominada lobo temporal, como explica Susan Blackmore:

Estimular o lobo temporal (por exemplo, com eletrodos ou campos magnéticos) pode induzir experiências de projeção astral, experiências místicas, sensações de flutuar e voar; também pode causar a sensação de que há outra pessoa presente no local — mesmo que não haja nenhuma. (...) Algumas pessoas têm lobos temporais muito mais instáveis que outras. O grau de atividade destes é passível de medição, e as pessoas que apresentam um alto grau nesta escala (com atividade lobo-temporal instável ou muito elevada) tendem a ser mais artísticas. Estas relatam com maior frequência experiências místicas, mediúnicas, de projeção astral e de déjà vu.

Logicamente, devemos notar que o fato de tais experiências parecerem reais é de todo irrelevante, pois as cores também parecem reais, mas não existem objetivamente, como algo independente de nossa percepção. Isso parece indicar fortemente que, assim como as cores, os deuses só existem dentro de nossas cabeças. Oxalá nenhum teísta queira agora argumentar que foi Deus quem colocou em nosso cérebro um receptor divino, um "God-Receiver" programado para captar ondas metafísicas.

A APOSTA DE PASCAL

Afirmação: *Consideremos este ponto e digamos o seguinte: "Ou Deus existe ou não existe". Mas qual das alternativas devemos escolher? A razão não pode determinar nada: existe um infinito caos a nos dividir. No ponto extremo desta distância infinita, uma moeda está sendo girada e terminará por cair como cara ou coroa. Em que você aposta?*

Nesse argumento, primeiro postula-se que é impossível provar a existência de Deus racionalmente, e então a ideia que se segue é basicamente esta:

Se Deus existe, e acreditamos nele, iremos para o céu. Se Deus existe, e não acreditamos nele, iremos para o inferno. Se Deus não existe, e acreditamos nele, nada perdemos. Se Deus não existe, e não acreditamos nele, nada ganhamos. Portanto, a opção mais vantajosa é acreditarmos em Deus.

Portanto, Deus existe ou não existe. Precisamos apostar, e a razão está de mãos atadas. Se Deus existir, quem estiver errado vai para o inferno. Mas, se não existir, ninguém sai perdendo, pois tudo não passou de uma grande fantasia. Dadas as opções, parece mais razoável acreditar em Deus — exceto pelo detalhe de que foi um homem quem inventou essa aposta, por falta de argumentos sólidos.

Logicamente, não fica explícita no argumento original a sua parte mais "convincente", que consiste na suposta punição que estaria esperando os descrentes no além, caso estivessem errados. Assim, coagidos pelo medo, vemo-nos obrigados a escolher entre duas posições incoerentes — e só levamos em consideração a hipótese de Deus porque ele pretende torturar os infiéis, algo que mais parece uma arma apontada à cabeça que um argumento. Então, para melhor percebermos como esse argumento é absurdo, só precisamos trocar Deus pela entidade imaginária de nossa preferência. Por exemplo, Papai Noel:

Se Papai Noel existe, e acreditamos nele, no natal ele entrará pela nossa chaminé para colocar presentes debaixo da árvore. Se Papai Noel existe, e não acreditamos nele, ficamos sem presentes. Se Papai Noel não existe, e acreditamos nele, nada perdemos. Se Papai Noel não existe, e não acreditamos nele, nada ganhamos. Portanto, a opção mais vantajosa é acreditarmos no Papai Noel.

Como podemos facilmente notar, a aposta de Pascal é um ótimo exemplo da falácia argumentativa denominada *falso dilema*, em que se tenta restringir o número de possibilidades quando, na realidade, há muitas outras. No caso, isso faz parecer que ambas as proposições — "Deus existe" e "Deus não existe" — possuem a mesma probabilidade de estarem corretas, como se a existência de Deus fosse apenas uma questão de cara ou coroa.

Mas e se a verdadeira divindade for Alá? Então os dois vão parar no inferno maometano! E se for Huitzilopochtli? Ou seu irmão Tezcatilpoca? Ou Baal? Ou Zeus? Ou Moloch? Ou o bicho-papão, talvez? Afinal, como poderíamos descobrir qual é o deus verdadeiro? Vamos apostar em qual divindade? Há tantas! Se estivermos acreditando no deus errado, o verdadeiro fatalmente vai nos punir.

As possibilidades, na realidade, são infinitas. Esse argumento não passa de uma tentativa cínica de desviar nossa atenção — usando a ideia da punição eterna — do fato de que é uma atitude completamente irracional acreditar em algo sem ter motivos para fazê-lo. Se, diante do impasse, ainda assim insistirmos em apostar em um deus particular, temos de admitir que no processo acabamos perdendo algo — a sensatez.

Ademais, se Deus for onisciente, então certamente saberá que o religioso só acredita nele por interesse de ir para o céu, e que o ateu está sendo honesto consigo mesmo quando afirma que não possui motivos para acreditar. Portan-

65

to, se esse Deus também for justo, certamente não condenará os ateus, mas os religiosos. Parece que a lógica, às vezes, nos conduz a conclusões irônicas.

O ARGUMENTO PANTEÍSTA

Afirmação: *Deus é a soma de tudo o que existe, é o Universo como um todo. Sua vontade é a força que conserva a ordem natural do existente, e sua inteligência manifesta-se através da harmonia e da perfeição do Universo em que vivemos.*

O panteísmo é tipicamente usado como uma espécie de subterfúgio por quem deseja alegar que acredita em "algo superior", mas sem cair em todas aquelas teias de complicações conceituais de um deus pessoal. Seria um "Deus das pessoas racionais", que estaria de acordo com a ciência e com todos os fatos observados na natureza.

Entretanto, tal concepção de divindade está apinhada de ratoeiras óbvias. Se a "vontade de Deus" ou "consciência cósmica" se exprime pelo conjunto de leis que regem o Universo, invariavelmente seremos forçados a admitir várias coisas. Por exemplo, que a Terra é sagrada, que toda forma de vida é divina, que os sentimentos são sublimes, que a natureza é perfeita, que as doenças genéticas são belas, que terremotos são maravilhosos, que vulcões são encantadores, que a AIDS é nossa irmã, e que o câncer que devora nosso corpo na realidade é uma sublime e magnífica manifestação da harmoniosa perfeição do Universo. O Deus do panteísmo sanciona tanto o prazer quanto o sofrimento — ele é tão mordaz quanto a fome, tão implacável quanto terremotos e tão perverso quanto inundações.

Além disso, é realmente estranho que um Deus tão poderoso não tenha conseguido encontrar nada melhor para fazer que transformar-se em um monte de organismos miseráveis que, para sobreviver por alguns anos, precisam devorar uns aos outros. Esse Deus é, ao mesmo tempo, a crueldade do predador e o sofrimento da presa! Será que, com toda a sua infinita magnificência, o Deus do panteísmo não teria sido capaz de encontrar nenhum passatempo melhor que ficar brincando de nascer e de suicidar-se na forma de seres vivos?

Se quisermos salvar a reputação desse Deus — que, de outro modo, seria absurdamente contraditório que dele só conseguiríamos rir —, inevitavelmente precisaremos destituí-lo de qualquer espécie de interesse pela vida, devemos transformá-lo num Deus estritamente impessoal, num *Deus Ex Machina*. Todavia, reduzir a vontade de Deus a meras leis impessoais nos conduz a um beco sem saída, pois, nessa situação, o panteísmo já não diz nada, pois não passa de um jogo de palavras vazio.

De fato, chamar o Universo de Deus não significa explicá-lo — isso só joga um véu de santidade sobre nossa ignorância, sendo que sua natureza continua desconhecida. É óbvio que todos nos espantamos com a grandeza quase inconcebível do Universo em que vivemos, mas divinizá-lo é uma atitude pueril que faz com paremos de investigá-lo para apenas adorá-lo.

Ademais, ao igualar Deus e o Universo, o que se diz é basicamente isto: "o Universo é Deus; o Universo existe; logo, Deus existe". Poderíamos dizer também: "o amor é Deus; o amor existe; logo, Deus existe". Mas, no fundo, o que o panteísmo diz é isto: "o Universo é o mundo; o Universo existe; logo, o mundo existe"; isso é *idem per idem*. Arthur Schopenhauer, portanto, estava correto quando afirmou que o Deus panteísta não passa de um sinônimo supérfluo para a palavra mundo:

> *Contra o panteísmo, sustento principalmente que ele não diz nada. Chamar Deus ao Mundo não significa explicá-lo, mas apenas enriquecer a língua com um sinônimo supérfluo da palavra Mundo. Se dizeis "o Mundo é Deus", ou "o Mundo é o Mundo", dá no mesmo. Quando partimos de Deus como se ele fosse o dado e o a-ser-explicado, e dizemos portanto: "Deus é o Mundo", então numa certa medida existe uma explicação, ao se reconduzir* ignotum *a* notius: *mas trata-se somente de uma explicação de vocabulário. Porém, quando se parte do efetivamente dado, portanto o mundo, e se afirma "o Mundo é Deus", então se torna claro que com isto não se diz nada, ou ao menos que se explica* ignotum per ignotius *[o desconhecido pelo mais desconhecido].*

Assim, tanto faz se nos referimos à gravidade como "propriedade da matéria" ou "vontade de Deus" — no fundo, ela continua sendo a mesma coisa. Chamar o Universo de Deus faz dele algo divino tanto quanto chamar um besouro de macaco faz dele um primata.

ANDRÉ CANCIAN

O ARGUMENTO MORAL

Afirmação: *Todo homem tem noções inatas de bem e mal, e elas provêm de Deus. Se não houvesse uma ordem moral do mundo, não haveria referenciais fixos de bem e mal, e nesta situação seria impossível alcançar a paz entre os homens. A sociedade se desintegraria e o caos reinaria absoluto sobre a Terra.*

Mais um ótimo exemplo de falácia argumentativa: esta se chama *declive escorregadio*. Ora, é óbvio que, se todos fossem dotados de noções morais inatas, haveria concordância quanto a muitas questões que hoje permanecem mal resolvidas, e isso mesmo entre os indivíduos religiosos — como aborto, eutanásia, pena de morte, castidade, homossexualidade, monogamia e poligamia, e assim por diante. A moral e os costumes nunca foram estáticos. Muito pelo contrário, variam de povo para povo, de época para época, de pessoa para pessoa. Aquilo que em uma cultura é considerado imoral e vil, em outras é corriqueiro, ou até elevado e sublime. Isso não condiz com a ideia de que possuamos noções inatas de certo e errado ou de bem e mal.

Como sabemos, seres humanos possuem uma natureza inerentemente social, e não por acaso — isso é vantajoso para a espécie. Não só os humanos, mas também muitos outros animais vivem em grupos harmoniosos e organizados. Encontramos macacos vivendo em grupos hierárquicos, encontramos peixes vivendo organizados em cardumes, búfalos e gnus em manadas, leões em bandos, abelhas em colmeias, formigas em regime coletivista, e assim por diante. Entretanto, será que entre eles não "reina o caos" porque receberam de Deus uma noção inata do que é certo e errado? E, se receberam, então por que não hesitam em usar o homem como alimento? Por que muitos animais cometem infanticídio? Muito mais provável é que essa natureza social tenha uma função meramente prática, ou seja, aumentar as chances de sobrevivência do grupo como um todo através da cooperação — e disso viriam as noções de certo e errado.

Ao constatar que perfis comportamentais coletivistas não são prerrogativa dos homens, somos levados à conclusão de que todas essas noções inatas que temos não apontam para uma mente superior, mas para uma mente inferior, para as partes mais profundas e primitivas de nosso cérebro, que são pouco maleáveis e, portanto, bastante semelhantes em todas as pessoas. Todos nós concordamos quanto a questões fundamentais porque, assim como outros animais, temos uma programação natural, que está vinculada aos instintos de sobrevivência da espécie. Por exemplo: viver é bom e morrer é ruim; prazer é bom e sofrimento é ruim; alimento é bom e fome é ruim. Tais referenciais são instintivos, não divinos, e muito de nosso comportamento ancora-se neles.

Ao que parece, projetamos mentalmente os dois móveis básicos de nossas ações — o prazer e a dor — no mundo exterior, equivalendo à abstração valorativa daquilo que costumamos denominar bem e mal. Assim, tendemos a concordar em questões fundamentais porque elas são essenciais à sobrevivência. Porém, quando as questões são de menor relevância, o grau de discórdia torna-se imenso. Por isso, a tendência parece ser a de que, quanto menor for a relevância da questão à sobrevivência, mais natural será a ocorrência de discórdias. Daí a razão de serem tão infrutíferas discussões que buscam estabelecer universalmente o que é certo ou errado, o que é virtude ou vício, pois cada indivíduo, sendo singular, encontra seus prazeres e suas dores em coisas diferentes e igualmente singulares — mas proporcionalmente mais semelhantes quanto mais fundamentais forem à sobrevivência, como já foi salientado.

Ademais, a realidade nos mostra que tanto ateus quanto religiosos são capazes de escolher seus próprios valores independentemente, e ambos podem viver muito bem, mesmo sem seguir as mesmas regras de comportamento — ou seguindo as mesmas, por motivos diferentes. Bertrand Russell também contestou esse argumento evidenciando aquilo que embaralha de modo oculto. Segundo ele, o raciocínio do argumento moral diz que:

Devemos crer em Deus porque, caso contrário, não nos comportaríamos bem. A primeira e maior objeção a esse argumento é que, no melhor dos casos, não pode provar que há um deus, mas apenas que políticos e educadores devem tentar fazer as pessoas pensarem que há um. É uma questão política, e não teológica, se isso deve ser feito ou não. Esse argumento é do mesmo gênero daqueles que sustentam que as crianças devem ser ensinadas a respeitar a bandeira nacional. Um homem com um mínimo de religiosidade genuína não ficará satisfeito com a ideia de que a crença em deus é útil; ele desejará saber se, de fato, existe um deus. É absurdo pensar que as duas questões são a mesma coisa.

Nas escolas infantis, a crença no Papai Noel é útil, mas homens adultos não pensam que isso prova a real existência do Papai Noel.

Quando não temos educação suficiente para criar nossos próprios valores e estabelecer nossos próprios limites, precisamos de polícia e de cadeias mais que de religiões. Para viver em sociedade, temos de lutar contra nosso egoísmo natural, impondo limites à liberdade do indivíduo, coisa que fazemos com valores morais compartilhados — e não importa se acreditamos que tais valores provenham de deus ou do homem. Desse modo, vemos que o argumento moral é um argumento em favor de sociedades, não da existência de entidades moralistas sobrenaturais. No melhor dos casos, acreditar que certos valores tenham origem divina apenas serve para que sejam respeitados, mas só isso. De qualquer modo, o fato é que, se tais valores fossem objetivos, provenientes do além, seriam os mesmos para todas as sociedades — coisa que, assim como Deus, nunca observamos em nenhum tempo, em nenhum lugar.

Assim, não encontramos qualquer motivo para pensar que a moral seja algo transcendente. Tanto quanto podemos perceber, ela não passa de um reflexo de nossa natureza social. Somos, portanto, levados à conclusão de que a hipótese divina é plenamente dispensável para justificar a moral e o comportamento social humano.

O ARGUMENTO DA REVELAÇÃO

Afirmação: *Sabemos que Deus existe porque ele se manifestou aos homens, revelando sua vontade através das Sagradas Escrituras. É a própria perfeição incomparável da Bíblia que prova sua veracidade.*

Se a Bíblia tivesse sido inspirada por um Deus bondoso, deveria ser cabalmente verdadeira; deveria ser o livro mais perfeito e sublime; deveria ser inexcedível em todos os sentidos; deveria superar muitíssimo a capacidade de produção humana; deveria estar de acordo com todos os fatos observados na natureza; deveria servir como um guia para promover a paz, o amor e a felicidade entre os homens.

Então abrimos a Bíblia, e o que encontramos? Sapiência, virtude, elevação? Sim. Mas, mescladas a isso, também encontramos centenas de páginas ensanguentadas e abarrotadas de ignorância, mendacidade, injustiça, morticínios, absurdos, contradições e preconceitos. O livro inspirado não diz apenas que Deus nos amava tanto que deu seu único filho para morrer por nós, ou que devemos amar o próximo como a nós mesmos. A sabedoria infinita do Deus bíblico também apoia a escravidão, diz que os homossexuais devem ser exterminados e deixa explícito que a mulher é inferior ao homem.

A Bíblia está repleta de passagens que relatam milagres impossíveis e pueris. Alguma pessoa em sã consciência é capaz de acreditar que Deus repreendeu Balaão através de uma Jumenta Inspirada? Fazer o Sol parar de girar em torno da Terra — será que o lunático que escreveu esse absurdo tinha qualquer conhecimento de Astronomia? E quão justo é chacinar quarenta e duas criancinhas por terem rido da calvície de Eliseu?

No caso de Jesus, lemos que ele reviveu Lázaro e o filho da viúva de Naim, andou sobre as águas, multiplicou pães e peixes, curou leprosos, fez paralíticos andarem, expulsou demônios, transformou água em vinho, ressuscitou no terceiro dia, ascendeu aos céus e, de quebra, amaldiçoou uma figueira. Qual é a prova de tais milagres? A prova está no fato de que algumas pessoas — cuja noção de mundo era uma Terra plana que ficava no centro do Universo — escreveram vários livros nos quais relatam que assim foi.

De fato, nem o mais fanático dos cristãos é capaz de segui-la à risca, visto que, além de a Bíblia ser profundamente contraditória, ele seria preso se tentasse. Por isso, carregando o medo do Inferno, faz uma verdadeira ginástica apologética para tentar justificar suas enormes incoerências. A interpretação cristã é, na maioria das vezes, tão absurda que seria mais plausível acreditarmos nos próprios milagres.

E, afinal, que benefícios os "livros inspirados" da Bíblia trouxeram ao homem? Pergunte a um médico quais doenças aprendeu a curar lendo a Bíblia — talvez tenha aprendido que o sangue de pássaros em água corrente é medicinal. Que contribuições a Bíblia fez para a promoção da paz mundial? Que contribuições fez para a melhoria das condições de vida dos homens? Que contribuições fez para as grandes descobertas e invenções? Que contribuições fez para o progresso do conhecimento humano? Nenhuma. Muito pelo contrário, foi e ainda é um enorme obstáculo, pois ensina o homem a desprezar a realidade em nome do "reino de Deus".

Quem está em dúvida se a Bíblia é contrária ao progresso intelectual da humanidade, só precisa perguntar-se: qual é o pecado original? Provar o fruto da árvore do conhecimento — "tu não conhecerás", eis o mandamento que reza a Bíblia. Ela faz da investigação um pecado e da credulidade, uma virtude.

Quando a Bíblia uniu-se ao poder, o que conseguimos foi uma era de progresso, de esclarecimento, de felicidade e de plenitude? Teria sido ótimo, mas não — e não foi por acaso que a Idade Média recebeu o apelido de Idade das Trevas. Foi criada a Inquisição, o progresso praticamente ficou paralisado, reinava a intolerância, e quem ousava utilizar o cérebro livremente acabava torturado e queimado em fogueiras — *ad majorem Dei gloriam*, é claro.

Mesmo hoje, esse livro incita uma guerra retrógrada, promove a irracionalidade, faz indivíduos desprezarem o conhecimento comprovado e odiarem a ciência. Faz atacarem teorias científicas para defender mitos primitivos de uma criação divina de um deus barbudo entronizado no firmamento, cuja noção de justiça é a selvageria do *olho por olho, dente por dente*.

Quem afirma que a Bíblia é o mais profundo dos livros, quem pensa que Cristo foi o maior dos filósofos, provavelmente nunca leu qualquer obra de grandes mentes como Nietzsche, Schopenhauer, Freud, Hume, Sartre, Rousseau, Heidegger, Kant, Aristóteles, Darwin, Russell, para citar algumas poucas. Quem diz que ela é o mais belo dos livros, provavelmente nunca leu Shakespeare, Dostoiévski ou Fernando Pessoa. E quem diz que ela é fonte de esclarecimento, provavelmente nunca estudou ciência.

Se existisse, Deus se revolveria em convulsões com os olhos virados ao avesso quando afirmam que foi ele quem inspirou esse amálgama indecifrável de mitos. A Bíblia não reflete a sabedoria de um suposto Deus, mas a exata ignorância dos homens que a escreveram.

Nota: referimo-nos à Bíblia por se tratar do livro de maior influência em nosso contexto cultural. Entretanto, não haveria qualquer dificuldade em demonstrar que todos os assim chamados "Livros Sagrados" não contêm absolutamente qualquer indício de uma iluminação superior. Todas essas obras são produções humanas, e alegam ser inspiradas por inteligências superiores com o simples e óbvio objetivo de assegurar sua credibilidade.

III

ARGUMENTOS CONTRA A EXISTÊNCIA DE DEUS

E que se despedace tudo o que possa despedaçar-se de encontro às nossas verda-des! Ainda há muitas casas por construir!

— Friedrich Nietzsche

Até agora, vimos alguns dos principais argumentos que tentam provar a existência de um deus, e evidenciamos os motivos pelos quais são inválidos. Como pudemos notar, nem o melhor dos argumentos apresentados sequer chegou a aproximar-se do que seria suficiente para provar algo. Desse modo, vemos claramente que não há motivos lógicos que justificam a crença na existência de um ser divino.

Apesar de a mera refutação ser suficiente para justificar o ateísmo, ao longo deste capítulo daremos continuidade à nossa análise crítica, e com isso pretendemos demonstrar que a crença em deus não é somente injustificada, mas também altamente incoerente, contraditória e apinhada de impasses insolúveis.

Como a argumentação, a partir daqui, será abertamente voltada à demons-tração da impossibilidade da existência de Deus, isso significa que adotaremos a perspectiva do chamado *ateísmo crítico*, que é a categoria filosoficamente mais sofisticada e poderosa. Porém, antes, lembremo-nos de que cada religião caracteriza seu deus de um modo particular, e por isso seria certamente irrelevante afirmar que os argumentos aqui apresentados não se referem à "verdadeira divindade". Existem milhares e milhares de deuses catalogados, e é impossível fazer uma análise pormenorizada e individual abarcando todas as possíveis concepções de deus, pois a imaginação pode conceber infinitos tipos de deuses.

Os argumentos, portanto, não se referem a nenhum deus em específico, de modo que as análises e objeções feitas serão válidas para quaisquer divindades em que se admitam os atributos envolvidos na argumentação. Nesse sentido, postularemos a "divindade padrão" como sendo o deus pessoal típico do teísmo, que criou o Universo e que normalmente é descrito como possuidor das características listadas a seguir: perfeito, onipotente, onipresente, onisciente, bondoso, justo, imutável, veraz, eterno, único, santo, imaterial.

Como observamos no capítulo anterior, a alegação de que a razão humana é insuficiente para tratar da questão da existência de Deus é uma faca de dois gumes. Pois, supondo-se que essa afirmação fosse verdadeira, ou seja, que Deus fosse inconcebível à mente humana — digamos, do mesmo modo que o homem é algo inconcebível a uma bactéria ou a Teoria da Relatividade é ininteligível a um cachorro —, isso certamente tornaria vão qualquer esforço no sentido de refutar sua existência. Entretanto, no mesmo grau, tornaria vã a tentativa de defendê-la. Portanto, nesse caso, o teísta automaticamente perde a prerrogativa de afirmar a existência de seu Deus, assim como o ateu a de negá-lo. Sendo ambos humanos e, por conseguinte, possuidores de uma mente limitada em mesmo grau, nenhum deles sequer saberia do que está falando quando discorre a respeito de coisas racionalmente impenetráveis como deuses.

Entretanto, se tivermos em mente que nunca houve motivos lógicos para se acreditar na existência de algum deus, então a alegação da suposta ininteligibilidade divina certamente não coloca ambos na mesma situação, pois, como vimos, é sobre quem afirma algo que está o dever de prová-lo. Portanto, se a parte afirmativa não puder fazê-lo, sua alegação será automaticamente relegada a uma crença injustificada, a uma especulação. Não que, de nossa parte, tenhamos algo contra a existência de uma divindade. Isso acontece simplesmente porque poderíamos supor a existência de diversas realidades ou seres ininteligíveis, e seriam todos igualmente irrefutáveis e inconcebíveis. Como disse Sebastièn Faure:

> Foste vós que, primeiramente, afirmastes a existência de Deus; deveis, pois, ser os primeiros a pôr de parte vossas afirmações. Sonharia eu, alguma vez, com negar a existência de Deus, se vós não tivésseis começado a afirmá-la? E se, quando eu era criança, não me tivessem imposto a necessidade de acreditar nele? E se, quando adulto, não tivesse ouvido afirmações nesse sentido? E se, quando homem, os meus olhos não tivessem constantemente contemplado os templos elevados a esse Deus? Foram as vossas afirmações que provocaram as minhas negações. Cessai de afirmar que eu cessarei de negar.

O PROBLEMA DA ONIPOTÊNCIA

A onipotência é mais uma das qualidades esdrúxulas que encontramos vinculadas às divindades supremas. Em nosso dia a dia, estamos acostumados a lidar somente com potências finitas, que são facilmente pensáveis e mensuráveis — podem ser somadas, subtraídas, anuladas. Porém, quando levamos essa questão ao âmbito do ideal, ou seja, à potência infinita e absoluta, vemos que então ela se torna irremediavelmente absurda e contraditória.

Deus, por mais que quisesse, não poderia restringir-se de algo sem, ao mesmo tempo, abdicar de sua onipotência, o que o faria deixar de ser Deus. Por exemplo, um Deus dotado de poder infinito poderia criar algo indestrutível? Não, pois a própria onipotência, por definição, nega a indestrutibilidade de qualquer coisa, visto que "poder tudo" inclui "poder destruir tudo". Entretanto, ao mesmo tempo, ser onipotente também inclui "poder criar tudo" — até coisas indestrutíveis. Isso implica contradição. Concluímos, então, que o "criar algo indestrutível" não seria realmente uma criação, mas de fato uma abdicação do poder de destruir esse algo, ou seja, uma abdicação da própria onipotência.

Deus poderia criar uma pedra tão grande que nem ele pudesse mover? Não. Ele poderia apenas criar uma pedra e, então, arbitrariamente, renunciar o poder de movê-la. A partir disso, somos forçados a admitir que a existência de uma entidade onipotente é logicamente impossível, pois, sendo contraditória, tal ideia esmaga-se a si mesma.

A impressão que temos é a de que atributos idealizados como onipotência na verdade não foram criados para serem internamente coerentes ou lógicos. Provavelmente os vários "oni-algo" foram atribuídos a Deus apenas pelo seu valor estético, subjetivo, poético, pela forte influência afetiva que são capazes de exercer sobre nós, induzindo sentimentos de reverência e de admiração.

Logicamente, o "ideal puro de potência da vontade" atribuído a Deus não é algo real, mas simplesmente uma abstração, um voo desnorteado da imaginação humana. Por isso não espanta que nas entranhas desse idealismo poético possam ser encontrados absurdos conceituais como esse.

O PROBLEMA DO LIVRE-ARBÍTRIO E DA ONISCIÊNCIA

Comumente Deus é considerado onisciente; também comumente se diz que temos livre-arbítrio. Não fica claro, entretanto, como Deus poderia saber tudo e, ao mesmo tempo, ignorar qual é nosso destino, para que assim fosse preservado o livre-arbítrio.

Se Deus é realmente onisciente, então para ele não há mistérios ou segredos — não ignora absolutamente nada. Portanto, queira-se ou não, "saber tudo" fatalmente inclui saber qual será a sorte de suas criaturas neste planeta. Deus, então, sabe exatamente como será o futuro de cada pessoa, seus sofrimentos, suas felicidades, seus anseios, seus medos, suas vergonhas, e assim por diante, descendo até os mais fúteis pormenores.

Assim, no momento da criação, Deus necessariamente já antevia o destino de cada indivíduo. Mas, se nosso destino já existia na forma de ideia mesmo antes de sermos criados, segue-se que é impossível que o homem possua livre-arbítrio, pois toda a sua história já estava previamente traçada, contida na mente de Deus. Desse modo, é impossível que o livre-arbítrio humano e a onisciência divina coexistam, visto que se excluem mutuamente.

O único modo de solucionar tal problema, à primeira vista, seria alegar que Deus, nesse caso, deliberadamente desejou não saber qual era o destino dos homens a fim de preservar seu sagrado livre-arbítrio. Podemos imaginar que a razão disso consiste no fato de que seria muito enfadonho assistir a uma longa peça de teatro de autoria própria — daí a ideia de criá-la e então se esquecer do *script* de cada um, resultando num certo grau de suspense. Entretenimentos como esse possivelmente ajudam Deus a lidar com o aborrecimento de uma existência eterna.

Mas, deixando a ironia de lado, vemos que o livre-arbítrio continuaria inexistente mesmo se Deus não soubesse qual é o nosso destino. Para que a liberdade humana fosse real, no ato da criação, Deus precisaria ter feito seres cujo destino não é apenas ignorado por ele, mas literalmente impossível de ser previsto, mesmo se o quisesse, pois qualquer previsibilidade implica predestinação.

Todavia, o impasse está no fato de que, se Deus é a autoridade suma e última, então não há regras às quais deva submeter-se. Assim, ele pode escolher não prever a vida dos homens, mas não pode proibir-se disso, não pode fazer-se incapaz disso. Se, por algum motivo qualquer, Deus quisesse prever nossa vida como o roteiro de um filme, visto que é onipotente, criador dos céus e da terra, poderia fazê-lo, pois não existem limites ao que sua vontade é capaz de perpetrar. Por outro lado, se não puder fazê-lo, não é onipotente — logo, tampouco é um deus.

Portanto, quanto à presente questão da incompatibilidade entre a existência de um deus onisciente e a liberdade humana, podemos dizer que Mikhail Bakunin acertou em cheio quando afirmou que *A existência de Deus implica necessariamente a escravidão de tudo o que se encontra debaixo dele. Assim, se Deus existisse, só haveria para ele um único meio de servir à liberdade humana: seria o de cessar de existir.*

O PROBLEMA DA CRIAÇÃO

Nós, seres humanos, somos imperfeitos. Temos falhas, temos limitações, temos necessidades e, por tal razão, sempre estamos perseguindo objetivos para conseguir aquilo que nos falta. Estamos sempre lutando para chegar o mais próximo possível do estado que consideramos "ideal". Igualmente, no dia a dia, temos de enfrentar muitas adversidades para podermos sobreviver — precisamos buscar alimento, precisamos nos proteger, precisamos estar sempre supervisionando nossa saúde, e assim por diante. Em geral, são principalmente fatores dessa espécie que norteiam nossas ações.

Nessa ótica, à medida que nos aproximamos de nosso ideal, vai diminuindo a lacuna que separa o que somos do que gostaríamos de ser. Quanto mais próximos estamos de nosso ideal, menos coisas desejamos mudar e, portanto, menos objetivos temos. Por exemplo, uma pessoa feliz que vive numa sociedade totalmente pacífica, na qual há igualdade e justiça, que goza de saúde perfeita, que faz apenas o que gosta, que tem uma família próspera e que possui tudo o que deseja, provavelmente não encontrará muito o que fazer, senão desfrutar de sua plenitude. Não possuirá vontade de mudar coisa alguma, visto que tudo já está exatamente como deseja.

Então, quando chegamos à perfeição absoluta — que seria Deus —, fica impossível imaginar que motivo poderia existir para que ele visasse algum objetivo. Precisa fazer alguma coisa para garantir sua própria existência? Não: Deus é indestrutível e eterno. Possui imperfeições a serem corrigidas, defeitos a serem sanados, limitações a serem superadas? Não: Deus é perfeito e onipotente. Precisa de algo externo para completar-se? Não: pois, se ele é perfeito, logicamente também é autossuficiente. Pode ser melhorado em qualquer sentido imaginável? Não: ele é o máximo, é o suprassumo, é a perfeição infinita — ele tem e é tudo, e nada lhe falta.

O problema disso, obviamente, está no fato de que aquilo que nos motiva à ação é exatamente a diferença entre o que somos e aquilo que gostaríamos de ser. Nossa vontade é sempre "vontade de algo que nos falta" — pois não podemos desejar o que já temos, não podemos possuir "vontade de existir" ou "vontade de viver", pois já existimos e já estamos vivos. Em contrapartida, Deus é perfeito em tudo e não pode melhorar em nada; é o ser ideal por excelência. Por isso, em Deus, não há lugar para a vontade. A plenitude da perfeição torna-a estática. Um ser perfeito não faria coisa alguma exceto existir.

Então perguntemos: por qual motivo Deus criou o mundo e o homem? O que poderia levar a eterna perfeição infinita a desejar sair de seu equilíbrio autossuficiente e criar um mundo imperfeito com homens imperfeitos? Se tudo o que existia antes de Deus criar o mundo era ele próprio, em sua perfeição, então não havia nada externo para motivá-lo a qualquer ação. A tendência, naturalmente, seria a de que tudo permanecesse eternamente estático e perfeito. Sem mencionar que Deus, por definição, é um ser imutável e, portanto, seria uma contradição se, do nada, surgisse nele a vontade de fazer algo.

Não parece possível imaginar qualquer motivo lógico que justifique a criação do homem e do mundo. Será que Deus estava entediado? Solitário? Ou será que, devido ao marasmo, Deus dormiu, e nossa realidade é um sonho em sua mente? Será que Deus estava enfastiado de tanta perfeição e, assim, resolveu criar algum entretenimento imperfeito para desviar a atenção de si mesmo, improvisando um planeta repleto de seres vivos com livre-arbítrio para contemplar como passatempo?

Como podemos notar, trata-se de um paradoxo insolúvel. A criação divina é um grande mistério porque é uma grande contradição. Nenhum filósofo ou teólogo jamais foi capaz de explicar qual teria sido a razão pela qual um Deus perfeito se veria motivado a criar toda a "imundície imperfeita" que é o mundo material — pelo menos em comparação com seu "espírito ideal".

O PROBLEMA DA IMPERFEIÇÃO, DA BONDADE E DO LIVRE-ARBÍTRIO

O homem certamente é um ser muito sofisticado, de uma complexidade quase impenetrável. Entretanto, ele não é perfeito. Sem dúvida, temos inúmeras limitações, e isso é fato inegável. O único ser dotado de perfeição seria Deus, o qual, por definição, é perfeitamente livre, visto que é perfeitamente poderoso, de modo que nada pode opor-se à sua vontade. Supondo-se que Deus fosse impotente em fazer uma única coisa, ele já não seria perfeitamente livre, pois sua impotência seria fator restringente às ações que é capaz de perpetrar.

Naturalmente, não sendo o homem onipotente como Deus — aliás, muitíssimo inferior a ele —, decorre que a criatura humana possui um livre-arbítrio bastante estreito, pois possui muitas imperfeições limitantes. Digamos que o homem é livre, mas apenas para jogar com as cartas que Deus lhe deu.

Se fomos criados assim, imperfeitos, limitados e parcialmente livres, tal fato implica que Deus, no ato da criação, deliberadamente escolheu nos dar liberdade em alguns aspectos e nos tolher em outros. Assim, ele poderia ter feito de nós seres alados, mas não o fez; poderia ter feito de nós seres pacíficos, mas não o fez. Isso ilustra que não somos seres perfeitamente, mas apenas relativamente livres.

Na visão dos teístas, o alegado livre-arbítrio humano é um pressuposto necessário para que não sejamos simplesmente marionetes nas mãos de Deus. Entretanto, temos de admitir que, na mesma medida em que somos inferiores a Deus, fomos manipulados, determinados e amoldados por ele, pois essa inferioridade implica impotência, que por sua vez implica restrição, ou seja, ausência de liberdade — da qual Deus, por ser onisciente, tinha plena consciência ao nos criar. O fato é que Deus não podia nos criar perfeitamente livres, pois teria de nos criar como deuses, visto que somente seres onipotentes gozam de liberdade absoluta.

O problema a que isso nos conduz é apenas um: se Deus é bondoso, e nos fez impotentes e limitados em inúmeros sentidos, e nisso não houve problema algum do ponto de vista de nosso livre-arbítrio, então por que não nos fez impotentes de escolher o caminho do mal? Por que não deu ao homem a capacidade de escolher entre vários caminhos bons, mas nenhum mau?

O argumento do livre-arbítrio, nesse caso, só se aplicaria se o homem fosse plenamente livre. Mas acabamos de demonstrar que, além de o homem não possuir tal grau de liberdade, ela de fato é algo impossível. Consequentemente, só podemos chegar à conclusão de que Deus criou o homem com potencial para escolher o mal porque deliberadamente desejou que assim fosse, e tal fato entra em contradição direta com um atributo divino — a bondade. Um Deus que cria homens limitados e então lhes permite escolher o caminho do mal não pode ser bondoso.

O PROBLEMA DAS MÚLTIPLAS RELIGIÕES
E DA EVOLUÇÃO DA FIGURA DIVINA

Cada religião — ou indivíduo teísta com seu conceito particular de Deus — explica diferentemente a criação do Universo, a natureza do homem, o sentido da vida, os atributos divinos, os valores morais superiores, as verdades absolutas etc. Muitas das diferentes concepções divergem em questões tão fundamentais que se torna impossível conciliá-las de modo a encontrar uma espécie de fator-comum, um alicerce compartilhado — exceto o fato de basearem-se todas em fé.

Desde a Antiguidade, nasceu e ruiu um sem-número de religiões, divindades e crenças. Deuses de todos os tipos já foram concebidos pela mente humana, sendo utilizados para explicar o mundo, justificar regras e valores. Contudo, ao longo do tempo, o conhecimento evolui, as necessidades mudam, e os deuses, como são estáticos, vão se tornando obsoletos, e por fim acabam incapazes de responder as novas questões que eventualmente surgem. Nessa situação, ou é necessário adaptá-los às necessidades e aos conhecimentos novos, ou então se deve descartá-los como divindades falsas.

Um bom exemplo disso é o fato de que os feitos e a natureza do Deus bíblico do Velho Testamento, Iavé, refletem exatamente o grau cultural do povo que o adorava, isto é, os hebreus. Hoje muito do que era tido como uma "verdade divina" por estar na Bíblia já se tornou um fóssil mítico risível. Ademais, houve inúmeros outros deuses, religiões e crenças entre os povos antigos, e tudo isso foi sendo lentamente descartado e substituído por versões mais "modernas", ou então foram submetidos a reformas para continuarem compatíveis com sua época. Ninguém, por exemplo, acredita ainda em Zeus: essa entidade que, hoje, para nós, é apenas mitologia, já foi um deus de indivíduos civilizados. Não é brincadeira: Zeus era uma divindade digna de respeito como as que hoje estão na moda — e não temos nenhum motivo respeitável para pensar que o nosso caso é diferente.

Essa imensa quantidade de diferentes concepções de Deus, de diferentes religiões e crenças — contemporâneas ou extintas — é uma fortíssima evidência de que as "verdades divinas" não possuem raízes no transcendental. Parece óbvio que, se Deus fosse algo externo — e não interno, subjetivo —, se nosso conceito de Deus fosse fruto de nossa interação com a natureza, de nossa investigação da realidade, ele seria o mesmo para todos os indivíduos e para todos os povos — os familiarizados com o método científico, ao menos —, pois a lógica formal e o conhecimento derivado da experimentação são iguais para todos. As equações físicas valem para brasileiros, estadunidenses, chineses, japoneses, egípcios, alemães, franceses, angolanos e noruegueses. Por que o conceito de Deus não?

Porque, ao que tudo indica, Deus é um conceito subjetivo forjado em função de nossa necessidade profunda de obter explicações, de alcançar a resposta às "grandes questões" da existência. Logicamente, para tanto, baseamo-nos nos conhecimentos disponíveis sobre a realidade em que vivemos — isso para tornar a divindade coerente —, de modo que, por esse motivo, a própria divindade acaba refletindo as características culturais do povo que a criou.

Assim, todos os milhares de deuses já criados pela humanidade não parecem de modo algum incorporar a essência de uma entidade divina constante, única, derivada do "além", mas o grau de desenvolvimento, a cultura, os anseios e as necessidades particulares do povo que nele acreditava. Como nos disse Mencken, célebre iconoclasta:

> Onde fica o cemitério dos deuses mortos? Algum enlutado ainda regará as flores de seus túmulos? Houve uma época em que Júpiter era o rei dos deuses, e qualquer homem que duvidasse de seu poder era ipso facto um bárbaro ou um quadrúpede. Haverá hoje um único homem no mundo que adore Júpiter? E que fim levou Huitzilopochtli? Em um só ano — e isto foi há apenas cerca de quinhentos anos — 50 mil rapazes e moças foram mortos em sacrifício a ele. Hoje, se alguém se lembra dele, só pode ser um selvagem errante perdido nos cafundós da floresta mexicana. Falando em Huitzilopochtli, logo vem à memória seu irmão Tezcatilpoca. Tezcatilpoca era quase tão poderoso: devorava 25 mil virgens por ano. Levem-me a seu túmulo: prometo chorar e depositar uma couronne des perles. Mas quem sabe onde fica? (...) Arianrod, Nuada, Argetlam, Morrigu, Tagd, Govannon, Goibniu, Gunfled, Odim, Dagda, Ogma, Ogurvan, Marzin, Dea Dia, Marte, Iuno Lucina, Diana de Éfeso, Saturno, Robigus, Furrina, Plutão, Cronos, Vesta, Engurra, Zer-panitu, Belus, Merodach, Ubililu, Elum, U-dimmer-an-kia, Marduk, U-sab-sib, Nin, U-Mersi, Perséfone, Tammuz, Istar, Vênus, Lagas, Belis, Nirig, Nusku, Nebo, Aa, En-Mersi, Sin, Assur, Apsu, Beltu, Elali, Kusky-banda, Mami, Nin-azu, Zaraqu, Qarradu, Zagaga, Ueras. Peça ao seu vigário que lhe empreste um bom livro sobre religião comparada: você encontrará todos eles devidamente listados. Todos foram deuses da mais alta dignidade — deuses de povos civilizados —, adorados e venerados por milhões. Todos eram onipotentes, oniscientes e imortais. E todos estão mortos.

Atualmente, há um número quase inconcebível de divindades, e todas elas são "únicas" e "verdadeiras" para seus respectivos seguidores — mas apenas para eles. Essa é uma situação bastante absurda e, para resolvê-la, a única saída parece ser admitir que os deuses são criações humanas. Isso não apenas torna a questão muito menos problemática, mas de fato deixa perfeitamente óbvio o motivo pelo qual deuses sempre acompanham o desenvolvimento do homem. Assim, tudo leva-nos à conclusão que as religiões — com seus deuses, rituais, regras e valores — exercem um papel essencialmente social, funcionando também como um amálgama que tapa as lacunas explicativas de cada época.

Além disso, principalmente com o florescer da ciência, à medida que o conhecimento evoluiu rapidamente, quase todas as explicações religiosas sobre a realidade em que vivemos foram abandonadas. Todos os pontos de interrogação que a religião respondeu se mostraram equivocados quando a ciência conseguiu lançar alguma luz sobre eles. Hoje, sem dúvida, ainda restam muitos pontos de interrogação, mas por que deveríamos acreditar que as religiões estão certas a seu respeito, se nunca estiveram em relação aos outros?

O PROBLEMA DO MAL — PARTE I

O problema do mal é um dos mais poderosos argumentos a serem usados na contestação da existência de deuses pessoais. Tal argumento foi formulado há muito tempo. Epicuro apresentou-o de modo bastante claro e conciso nestes termos:

Deus deseja prevenir o mal, mas não é capaz? Então não é onipotente. É capaz, mas não deseja? Então é malevolente. É capaz e deseja? Então por que o mal existe? Não é capaz e nem deseja? Então por que lhe chamamos Deus?

É essa a base do raciocínio a partir do qual se desenvolve a argumentação ateísta em relação ao chamado problema do mal. Basicamente, o problema está no fato de que os teístas alegam que sua divindade é possuidora de certos atributos que são logicamente incompatíveis com a realidade em que vivemos, a qual supostamente seria sua criação.

Notemos que, a princípio, o mal não é incompatível com a existência de um Deus onipotente, onisciente e onipresente. Tal Deus, possuindo livre-arbítrio irrestrito, poderia fazer tudo o que desejasse a seu bel-prazer — inclusive criar um mundo como o nosso, cheio de sofrimento. Não haveria incompatibilidade alguma entre Deus e o mal se supuséssemos que Deus é uma entidade má e perversa — na verdade, faria até mais sentido. Contudo, como se insiste que Deus é um ente dotado de bondade perfeita, não vemos como seria possível compatibilizá-la com a realidade em que estamos. Os atributos divinos — particularmente a onipotência — parecem inconciliáveis com o atributo moral da bondade. Se Deus é todo-bondade e todo-poder, então por que não remove do caminho dos seus amados filhos os espinhos desnecessários?

Nenhum teólogo ou filósofo, até hoje, foi capaz de explicar de modo satisfatório a razão pela qual Deus permite que as criaturas que supostamente ama sejam desnecessariamente afligidas pelo sofrimento. Partindo-se do pressuposto de que a força criadora que nos originou seja bondosa, parece inconcebível a presença de mal no mundo. No caso do Deus bíblico, não há qualquer dúvida a respeito de qual é a fonte do mal, pois "Deus" afirma nela própria: *eu sou o Senhor, e não há outro. Eu formo a luz, e crio as trevas; eu faço a paz, e crio o mal; eu sou o Senhor, que faço todas estas coisas. (cf. Isaías 45:6-7)*. Entretanto, aqui não pretendemos nos restringir ao Deus bíblico, mas ao conceito geral de uma divindade enquanto possuidora dos atributos mencionados acima.

Sendo que foram apresentadas algumas teodiceias com o objetivo de compatibilizar a bondade divina com a presença do mal no mundo, faremos uma breve análise dos argumentos mais relevantes, pretendendo, com isso, demonstrar que todas as tentativas, até agora, falharam.

O mal não existe — tudo é bom

Alguns simplesmente negam a existência do mal, alegando que aquilo que o homem denomina mal, na verdade, resulta de uma interpretação errônea e limitada da realidade. Portanto, se o homem fosse capaz de enxergar os planos de Deus de modo mais "abrangente", veria que, na verdade, tudo é bom.

De nossa parte, só podemos dizer que parece uma atitude bastante ingênua fazer vista grossa à realidade patente que nos mostra exatamente o contrário. Segundo essa visão, um *serial killer* de crianças não está cometendo uma atrocidade ao torturá-las e matá-las. Entretanto, como não podemos compreender a razão pela qual isso é "bom", então poderíamos nos limitar a supor que, por exemplo, ele talvez esteja somente seguindo sua "vocação divina".

Também é possível fazermos algumas perguntas bastante incômodas: para que existem as prisões se, na verdade, criminosos são apenas filantropos incompreendidos? Se o mal não existe, exatamente o que estaríamos temendo quando alguém tenta nos assaltar? Do que estaríamos nos defendendo quando alguém tenta nos agredir? Do bem? Provavelmente também não lograria sucesso a tentativa de convencer um pai de família com câncer terminal de que, na realidade, a doença é para seu próprio bem. Entretanto, uma coisa é certa: se isso fosse verdade, todas as indústrias de cofres, alarmes, fechaduras e cadeados iriam à falência.

Então, como se vê, dizer que o mal não existe não é uma solução, mas uma evasiva que conduz a um comodismo bastante perigoso. Fechar os olhos não faz o mal deixar de existir.

O mal é a ausência do bem

Essa resposta sustenta-se na ideia de que somente o bem existe, sendo que o mal, na realidade, é apenas consequência da ausência do bem — provavelmente derivada da noção de que a escuridão é apenas a ausência de luz. Como tenta defender que o mal não existe por si mesmo, podemos perceber que tal ideia é um tanto semelhante à apresentada acima.

Sem qualquer dificuldade, podemos demonstrar que tal resposta é um jogo de palavras vazio, e que, portanto, não soluciona coisa alguma. Primeiramente, chamar o mal de "ausência do bem" ou a escuridão de "ausência de luz" não faz com que tais coisas deixem de existir, pois aqui estamos lidando com conceitos subjetivos, não objetivos. Talvez alguns exemplos tornem tal ideia mais nítida:

"A tristeza não existe; é somente a ausência de felicidade".

"O amor não existe; é somente a ausência de ódio".

"A paz não existe; é somente a ausência de conflitos".

"O prazer não existe; é somente a ausência de sofrimento".

"A pobreza não existe; é somente a ausência da riqueza".

"O albinismo não existe; é somente a ausência de melanina".

"A AIDS não existe; é somente a ausência de sistema imunológico".

Isso torna óbvio quão facilmente podemos reformular a maneira como as palavras são apresentadas de modo a colocar a existência de uma coisa como subordinada à de outra. Poderíamos também dizer que o bem é a ausência do mal. Essa afirmação é igualmente bem justificada, pois se baseia na mesma lógica — e certamente não temos motivos para julgar que a primeira é mais coerente, senão pela nossa notável simpatia pela bondade.

Por fim, também não poderíamos deixar de notar que, quando definimos o mal como a ausência do bem, isso nos coloca diante de um grande impasse. Por exemplo, suponhamos quatro ações tipicamente tidas como más: 1) Roubar dez reais de um transeunte; 2) Torturar um animal por prazer; 3) Espancar um amigo até a morte por um motivo fútil; 4) Matar a própria família com um machado. Pelo menos em nossa sociedade, isso tudo é comumente tido como algo negativo.

Agora vejamos: se o mal é apenas a "ausência do bem", somos forçados a escolher entre duas hipóteses: 1) Tecnicamente, uma pessoa que rouba dez reais e outra que destrincha sua família com um machado são más no mesmo grau, pois estão somente "ausentes de bondade"; ou 2) As ações vão ficando progressivamente piores à medida que aumenta a "ausência do bem", de modo que temos de admitir que deve haver algum grau de bondade presente no ato de torturar um animal por prazer — grau que estaria ausente no ato número quatro. Também temos de admitir que espancar um amigo até a morte não é uma maldade, mas na realidade apenas algo "menos bom" que roubar dez reais. Sem dúvida, ambas as conclusões são detestáveis e absurdas.

A construção do caráter

Alguns dizem que o mal existe para que possamos aprimorar nosso caráter. Sem o mal, nunca poderíamos saber realmente o que é o bem, visto que um não existe sem o outro. O mal seria necessário para nos nortear, para podermos evoluir nosso espírito no caminho correto — o caminho do bem.

Tal afirmação só é superficialmente coerente, pois é apenas compatível com pessoas normais que experimentaram pequenas doses de sofrimento e tiveram a chance de aprender com isso. Contudo, ela falha em explicar coisas como a razão pela qual bebês morrem com dois meses de idade. Ora, eles sequer têm um caráter para ser evoluído, nem mesmo sabem o que a palavra caráter significa — sem mencionar que nunca terão a chance de crescer para então escolher entre o bem e o mal.

Essa resposta também não é compatível com a existência de acidentes letais. Afinal, em que serve ao caráter de uma pessoa sofrer um acidente e ser instantaneamente transformada em uma massa vermelha e disforme? Isso não faz o menor sentido. Um amontoado de vísceras retorcidas não possui caráter para ser melhorado. Ademais, é simplesmente injusto permitir que um acidente tire a vida de uma pessoa inocente, fazendo dela um bode expiatório, apenas para que isso sirva de lição aos outros indivíduos.

Se refletirmos um pouco mais acerca dessa resposta, veremos que começam a insinuar-se muitas perguntas bastante embaraçosas: se Deus é onipotente e bondoso, por que simplesmente não cria pessoas com caráter benévolo em vez de torturá-las? Por que não inventou algum método diferente, em que a evolução do caráter fosse alcançada sem sofrimento? Por que o sofrimento experimentado não é proporcional ao grau de caráter do indivíduo? Será que consideraríamos bondoso um pai que procedesse com seus filhos de um modo tão indiferente, impassível e autoritário quanto Deus supostamente procede conosco?

O bem não pode existir sem o mal

Essa afirmação talvez seja válida no estreito sentido de que tendemos a valorizar mais o bem depois de passarmos por experiências ruins. Nessa perspectiva, trata-se de um argumento análogo ao da construção do caráter, em que, devido ao sofrimento experimentado pelos indivíduos, surgem em contrapeso sentimentos e valores tidos como elevados — valores de caridade, benevolência, compaixão, altruísmo, solidariedade etc.

Mas aqui se levanta um inconveniente: não é exatamente *devido* ao sofrimento que tais coisas são tidas como virtudes? Ora, o raciocínio claramente está invertido, pois é certo que julgaríamos insana uma pessoa que maltratasse seus amigos só para depois lhes possibilitar a prática da "ação virtuosa" que é perdoar. Não parece lógico o raciocínio de que é algo bondoso infligir sofrimento para que, com isso, a virtude e a bondade sejam fomentadas.

O fato é que, sem a existência do mal, a valorização das virtudes humanitárias — do bem —, não tem razão de ser, pois estas surgem como sua consequência. Portanto, o que podemos concluir não é que o bem não pode existir sem o mal, mas que o bem não é necessário sem o mal.

Ademais, se não admitirmos que o bem pode existir sem o mal, chegamos à conclusão de que: 1) Se Deus não é mau, também não é bom; ou 2) Se Deus é bom, também é mau. Desse modo, se podemos admitir a existência um Deus exclusivamente bom, que não possui a necessidade de um mal correlato à sua bondade, por que tal regra deveria ser diferente para os humanos, se Deus é onipotente e bondoso? Simples: não deveria.

O livre-arbítrio

Na realidade, nem precisaríamos tratar dessa questão, pois já vimos que, se Deus existe, o livre-arbítrio humano é algo impossível. Vamos, portanto, fazer vista grossa ao conflito que existe entre a onisciência e o livre-arbítrio, e fingir que a liberdade humana é de algum modo compatível com tal atributo.

O argumento do livre-arbítrio, sem dúvida, é o mais comum e, aparentemente, o mais poderoso. Todavia, se pensarmos um pouco a seu respeito, veremos que provavelmente é o mais absurdo dentre todos. A ideia que o fundamenta é esta: Deus, quando fez o homem, não queria criar robôs; por isso, deu-lhe a liberdade de escolher seu próprio destino, de trilhar o caminho do bem ou o caminho do mal, por livre vontade.

Contudo, a alegação de que o mal é proveniente do livre-arbítrio só responde a questão da escolha *pessoal* do mal. Ou seja, digamos que, se alguém quiser ser maldoso, se não quiser seguir a "Lei de Deus", esse alguém tem o direito de fazê-lo — e ninguém pode impedi-lo, visto que é livre. É somente isso que a resposta do livre-arbítrio soluciona.

Entretanto, tal resposta é claramente incapaz de justificar a existência do mal quando este se direciona aos inocentes. Argumentar que Deus não se manifesta contra a presença do mal no mundo para preservar a liberdade do homem parece algo razoável, mas não é. Vejamos uma pequena estorinha que elucida o problema do mal direcionado aos inocentes:

Havia uma família que vivia feliz, formada por um casal e seus três filhos — dois meninos e uma menina. Eram todos bondosos e seguidores dos mandamentos de Deus. Numa madruga, entrou na casa dessa família uma pessoa que, por possuir livre-arbítrio, decidiu ser maldosa e deliberadamente negou-se a seguir os mandamentos de Deus. Essa pessoa arrombou a porta dos fundos e dirigiu-se até o quarto onde as crianças estavam dormindo. Nesse meio tempo, o pai, que ouviu o barulho do arrombamento, pegou uma arma de fogo e foi verificar o que estava ocorrendo. A mãe encolheu-se em um canto do banheiro, por medo. O invasor estava portando uma faca e, com ela, matou uma das crianças enquanto dormia. Quando ouviu o grito desesperado dos outros filhos, o pai apressou-se em direção ao quarto e abriu a porta, deparando-se com a cena. Mas o criminoso, por estar concentrado no seu ato, não percebeu que estava sendo observado. Portanto prosseguiu, matando friamente outra criança com diversas facadas. Finalmente, restava apenas a garota, que não matou porque pretendia violentá-la antes. A criança estava totalmente indefesa e paralisada de medo. O criminoso, então, rasgou sua roupa e estuprou-a. Finalmente, quando o malfeitor estava prestes a tirar a vida da última criança, ela gritou "papai, me ajude". O criminoso, percebendo a presença do pai, que portava uma arma de fogo, fugiu. Depois de recuperar-se do estado de choque, a filha perguntou ao pai por que não havia feito nada para impedir o bandido. O pai, serenamente, respondeu: "Minha filha, você sabe que eu a amo do fundo do meu coração. Sei que poderia ter impedido que você fosse estuprada e que um de seus irmãos fosse morto. Mas você precisa entender a minha situação: não sou ninguém para dizer o que as outras pessoas devem fazer de suas vidas. A liberdade humana, minha filha, é algo sagrado, e eu não tinha o direito de intervir no livre-arbítrio do criminoso que a violentou. Mas saiba que a amo profundamente, e que apesar de esse incidente parecer puramente negativo, através dele, sem saber, você foi beneficiada: agora seu caráter será mais forte".

Quem seria suficientemente tolo ou cínico para afirmar que a inação do pai fundamentou-se em sua bondade? Tal atitude beira a completa insanidade. Entretanto, é exatamente essa a posição em que colocam Deus quando afirmam que, apesar de ser capaz e benevolente, não intervém no mundo com o "justo motivo" de preservar a liberdade do homem. Entretanto, o fato é que nenhuma pessoa ou entidade genuinamente bondosa preservaria a liberdade quando isso ocorre em profundo detrimento da justiça.

O PROBLEMA DO MAL — PARTE II

Se é certo que um Deus fez este mundo, não queria eu ser esse Deus: as dores do mundo dilacerariam meu coração.

— Arthur Schopenhauer

Nossa última objeção à existência de um Deus pessoal será baseada no *problema do mal gratuito* ou *natural*, que definitivamente não pode ser imputado ao homem. Por exemplo, se tivermos um filho sadio, devemos agradecer a Deus. Mas, se tivermos um filho com retardamento mental, a quem devemos reclamar? Por que doenças nefastas afligem pessoas bondosas, justas e honestas? Se há um terremoto que destroça milhões de pessoas ou um vulcão que incinera milhares de vidas, quem é o culpado? Seria irracional atribuir a causa de tais fenômenos naturais aos homens, pois eles mal têm controle sobre suas pequenas vidas, e nenhum sobre as leis físicas do Universo em que vivem, às quais eles próprios estão submetidos. Então de quem é a culpa por existirem catástrofes naturais?

Suponhamos que na Terra houvesse uma central de controle ambiental. Dentro desse local ficaria uma pessoa incumbida de controlar todos os fenômenos naturais. Ela controlaria as correntes de ar, as ondas do mar, o movimento das placas tectônicas, as chuvas, o vulcanismo, e assim por diante. Será que poderíamos considerar essa pessoa bondosa se permitisse que colheitas inteiras secassem por falta de chuvas enquanto, noutro local, estivesse ocorrendo uma inundação? Ou se deixasse as placas tectônicas chocarem-se, produzindo terremotos? Ou então, por desleixo, não evitasse a erupção de um vulcão que fica ao lado um vilarejo de pessoas pacíficas, honestas e trabalhadoras? Ou se permitisse que furacões despojassem a vida de milhares?

O que pensaríamos a respeito de tal pessoa? Certamente não a consideraríamos bondosa. No mínimo, diríamos que é completamente irresponsável e negligente para com seus semelhantes. O criador dos céus está exatamente na situação dessa pessoa. Se Deus é onipotente, ele tem poder de controle sobre os fenômenos naturais. Porém, apesar de ser bondoso, prefere não fazer nada para evitar as catástrofes que constantemente afligem a humanidade. Nessa situação, se Deus importa com suas criaturas, fica impossível imaginar qualquer justificativa para o fato de ele não intervir nos fenômenos naturais.

Ainda que a "política" de Deus seja a não-intervenção nas leis físicas, certamente não é possível eximi-lo da responsabilidade de tê-las criado. Todas elas são um reflexo direto de sua vontade, foram completamente determinadas por ele, pois leis físicas não são seres vivos, não têm nenhum "livre-arbítrio" para ser preservado. Desse modo, sendo onisciente, ele sabia, ele podia prever exatamente o que as leis naturais poderiam causar — sabia quais malefícios potenciais elas representariam às suas criaturas quando fez cada uma delas e cada metro quadrado da Terra. Isso significa que, se estamos vivendo no "melhor dos mundos possíveis", Deus é certamente um incompetente.

Ademais, esse Deus — que é "eternamente bondoso" e "perfeitamente compassivo" — criou uma natureza infinitamente cruel, em que a violência brutal é fator imprescindível à subsistência. No mundo em que estamos, a paz não é uma opção — e nunca será. Nasce-se num verdadeiro campo de batalha. A cadeia alimentar é um morticínio generalizado: a vida se alimenta da vida. A cada segundo, inumeráveis lutas estão sendo travadas. Em todos os cantos, o sofrimento de uma vida sendo destruída por outra, não por maldade, mas por necessidade, por natureza — para sobreviver.

Sobre nosso planeta há um exército armado até os dentes — literalmente! Uma multidão de máquinas de matar dotadas de dentes, garras, presas e bicos, todos finamente projetados para dilacerar a carne de outros seres vivos. Inúmeros predadores altamente eficientes, animais de rapina com sentidos especializados para apenas uma coisa: ceifar vidas. Outros possuem armas que matam em silêncio: serpentes com dentes modificados inoculam venenos letais, que paralisam em segundos; insetos que se reproduzem paralisando outros seres com ferroadas, depositando em seus corpos ovos dos quais eclodem larvas que os devoram ainda vivos; temíveis répteis com mordidas infecciosas; peixes, sapos, rãs, aranhas e escorpiões violentamente peçonhentos; enguias elétricas; parasitas que nos devoram vivos; bactérias, fungos e vírus que nos apodrecem por dentro. Na frente defensiva, também há espécies que sobrevivem apenas porque são verdadeiras fortalezas biológicas, blindadas por carapaças, por couraças quase impenetráveis — mostrando quão brutal é a realidade em que precisam sobreviver. E isso tudo é apenas uma pequeníssima amostra do grau quase inconcebível de crueldade que move as engrenagens da vida. Ingersoll, sem meias palavras, apresenta-nos seu raciocínio a esse respeito:

> Se um Deus bondoso e infinitamente poderoso governa este mundo, como podemos justificar os ciclones, os terremotos, a pestilência e a fome? Como podemos justificar o câncer, os micróbios, a difteria e o milhar de outras doenças que atacam durante a infância? Como podemos justificar as bestas selvagens que devoram seres humanos e as serpentes cujas mordidas são letais? Como podemos justificar um mundo onde a vida alimenta-se da vida? Será que os bicos, garras, dentes e presas foram inventados e produzidos pela infinita misericórdia? A bondade infinita deu asas às águias para que suas presas fugazes pudessem ser arrebatadas? A bondade infinita criou os animais de rapina com a intenção de que eles devorassem os fracos e os desamparados? A bondade infinita criou as inumeráveis criaturas inúteis que se reproduzem dentro de outros seres e se alimentam de sua carne? A sabedoria infinita produziu intencionalmente os seres microscópicos que se alimentam do nervo óptico? Pense na ideia de cegar um homem para satisfazer o apetite de um micróbio! Pense na vida alimentando-se da própria vida! Pense nas vítimas! Pense no Niágara de sangue derramando-se no precipício da crueldade! (...) Tais fatos aterrorizantes negam a existência de qualquer Deus que deseja e possui poder para proteger e abençoar a raça humana.

Desde seus primórdios, a Terra foi testemunha de uma guerra que perdura até hoje: Vida *versus* Vida. Apenas ao mais apto, ao mais egoísta, ao melhor estrategista, ao assassino mais eficiente é dado o direito de existir — o troféu da sobrevivência! Quem seria suficientemente estúpido para afirmar que esse esquema sanguinário e infernalmente diabólico foi criado por um ser infinitamente bondoso que ama todas as suas criaturas? "Matai-vos uns aos outros, e que os melhores sobrevivam e se reproduzam" — há algum traço de bondade nisso? Onde está o porquê da dor desnecessária e do sofrimento gratuito presentes na natureza?

Diante desse quadro, parece muito sensato aconselhar o seguinte aos defensores da existência de um Deus bondoso: observar mais e argumentar menos — e, quem sabe, depois de algum tempo, começarão a compreender o tipo de explicação que estamos esperando deles, bem como a magnitude do absurdo que estão tentando escudar com suas teodiceias.

O fato é que, se algum indivíduo se comportasse como Deus, nunca o consideraríamos bondoso — jamais consideraríamos bondosa uma pessoa que, tendo poder de criar um mundo livre de dor, cria deliberadamente o contrário com fins "educacionais". Ninguém julga sensato torturar um indivíduo para que aprenda a ser bondoso — mas Deus acha, e devemos achar isso "muito justo".

A situação está clara. Não foi o homem quem criou a Terra, não foi o homem quem criou a vida, não foi o homem quem criou as leis naturais, não foi o homem quem criou as doenças e todos os outros perigos que nos rondam constantemente. Se um prédio desaba porque foi mal projetado, ou melhor, porque foi projetado *para* desabar, matando seus habitantes, de quem poderia ser a culpa, senão dos propósitos obscuros do mestre da contradição, do supremo projetista da crueldade bondosa?

Em qualquer corte justa, Deus teria de responder por isso tudo. Segundo o direito penal, como a cadeia causal é infinita, o segmento relevante deve ser limitado pela culpa e pelo dolo (ex.: um fabricante de armas de fogo não pode ser acusado de homicídio, mas somente quem teve dolo ou culpa no crime). A cadeia causal dos fatos, obviamente, remete à causa primeira, que foi um ato intencional e premeditado, cujas consequências eram todas previamente conhecidas. A conclusão é óbvia: se um Deus onisciente e onipotente planejou e construiu tudo o que existe, então houve dolo na criação, na causa primeira, ou seja, *vontade conscientemente dirigida ao fim de obter um resultado criminoso ou de assumir o risco de o produzir*.

No banco dos réus, Deus teria de responder por todos os crimes — apesar de que apresentar a defesa às acusações de homicídio infinitamente qualificado e omissão de socorro já seria suficiente para ocupar o advogado celestial por alguns milênios. À parte essa pendenga, segundo as leis vigentes, quando interpretadas nessa ótica, Deus deveria estar apodrecendo numa penitenciária de segurança máxima, na qual ficam enclausurados os criminosos mais hediondos. Naturalmente, se a pena pelos seus crimes fosse provar um pouco do veneno que ele próprio criou, certamente preferiria nunca ter existido — e desaparecia num estalar de dedos!

A presença desse tipo de mal torna a existência de qualquer tipo de "força superior" que se importa com a vida na Terra algo profundamente incompatível com a realidade em que vivemos. A onipotência e a benevolência continuam imiscíveis como água e óleo. Até agora, a única desculpa capaz de salvar a reputação de Deus é a de que ele não existe — mas, se existisse, só seria digno de nosso mais profundo desprezo.

IV

RELIGIÃO COMO ALIENAÇÃO
E CONTROLE SOCIAL

Religião é uma coisa excelente para manter as pessoas comuns quietas.

— Napoleão Bonaparte

Como vimos, as primitivas e ingênuas noções antropomórficas de divindades pessoais são inconciliáveis com o grau de conhecimento atual. Apesar de as várias contradições internas existentes nos conceitos de um deus pessoal serem fortes argumentos, o principal motivo para desacreditar esse tipo de entidade continua sendo o problema do mal, que contradiz frontalmente a possibilidade lógica de sua existência e, portanto, desmonta a ideia de uma suposta Providência Beneficente que se preocupa com o destino da humanidade.

Por outro lado, também vimos que existem os conceitos de deuses naturais, que seriam responsáveis pela ordem e harmonia inerentes ao Universo em que vivemos. Mas o fato é que, se não podemos conceder a tais "inteligências cósmicas" qualquer grau de pessoalidade — para não caírem no absurdo irremediável dos deuses pessoais —, acabam relegadas a meras forças impessoais cegas, e desse modo tornam-se indistinguíveis das leis físicas que regem o Universo. *A ideia de que Deus é um gigante barbudo de pele branca sentado no céu é ridícula*, disse o astrônomo Carl Sagan, *mas, se com esse conceito você se refere a um conjunto de leis físicas que regem o Universo, então claramente existe um Deus. Só que ele é emocionalmente frustrante: afinal, não faz muito sentido rezar para a lei da gravidade.* Deuses impessoais não passam de jogos de palavras, de metáforas. São conceitos completamente dispensáveis, que não explicam coisa alguma.

Desse modo, mesmo vasculhando todos os cantos de nossa compreensão da realidade, não somos capazes de encontrar justificativas objetivas para a crença em algum deus, força superior, ordem moral do mundo ou qualquer espécie de realidade transcendental. Contudo, certamente seria um ingênuo engano pensarmos que a mera contestação da possibilidade lógica da existência de Deus seria suficiente para dissipar a crença de um indivíduo religioso — quando muito, provoca-lhe um sutil tremor, do qual logo se recupera.

A irracionalidade da crença claramente não é um fator obstrutivo à fé. Assim, mesmo sem qualquer respaldo racional ou empírico, sem qualquer razão objetivamente plausível para fazê-lo, legiões de indivíduos religiosos mostram-se convictas da existência de seus respectivos deuses. Não importa quantas incoerências apontemos em suas crenças, não importa que refutemos todos os argumentos que apresentam para justificar sua fé — em sua essência, ela permanecerá intocada, sem sofrer sequer um arranhão.

Como observamos, a fé e a racionalidade podem coexistir num mesmo indivíduo sem qualquer problema, desde que uma não invada o terreno da outra. E o mais interessante é notarmos que a mesma razão, a mesma lógica, o mesmo senso crítico que guiam um indivíduo ao longo de sua vida, quando se voltam à análise de assuntos justificados pela fé, acabam completamente embotados — perdem sua força, sua agudeza, sua sobriedade, e isso acontece apenas em questões relativas a tais assuntos. Assim, quando a questão é a existência de Deus, parece que até matemáticos tornam-se incapazes de calcular um simples troco. Trata-se de um fenômeno aparentemente estranho, mas cuja razão não é muito difícil de compreender. Como notou Sagan: *Não é possível convencer um indivíduo religioso de coisa alguma, pois suas crenças não se baseiam em evidências; baseiam-se numa profunda necessidade de acreditar.*

Nessa altura, qualquer pessoa de bom senso já deve ter adivinhado onde estamos querendo chegar: na ideia de que os motivos que conduzem à crença em algo superior não são em absoluto fundamentados na razão ou na realidade. A pedra angular de todas as religiões, de todas as crenças religiosas, sem dúvida, é a emoção. Ao longo de nossa vivência, podemos notar claramente que os afetos são forças poderosas e dominantes no ser humano. As "paixões", por assim dizer, são capazes de engendrar os mais variados tipos de crenças e ideais que, justificando objetivos, potencializam grandemente a determinação e a motivação humanas — e nessa equação a racionalidade só entra como um acessório.

Não sendo, portanto, o solo da racionalidade, mas o da afetividade, aquele sobre o qual se desenvolve a crença religiosa, quando um indivíduo teísta presta-se ao intuito de justificar racionalmente sua crença, esta já se encontra previamente estabelecida, de modo que, em sua gênese, a razão não lhe influenciou absolutamente. Isso nos leva à hipótese de que tais crenças estariam ancoradas em fortes fatores afetivos subterrâneos, sendo geradas de modo inconsciente por mecanismos que operam de modo alheio à vontade individual — em outras palavras, a crença satisfaz necessidades afetivas. Os afetos humanos, como veremos mais adiante em pormenores, possuem uma natureza que é perigosamente independente da razão, pois operam em níveis cerebrais inconscientes.

Facilmente notamos, então, que o enigma não está na *existência* de Deus, mas na mente humana, na *crença* em Deus — no porquê de tantos indivíduos acreditarem em sua existência, mesmo não havendo quaisquer evidências para justificá-la. Gustave Le Bon analisou de perto tal fenômeno, levantando muitos questionamentos que, aqui, são bastante pertinentes:

> Por que se observam, simultaneamente, em certos espíritos, ao lado de elevadíssima inteligência, superstições muito ingênuas? Por que é tão fraca a razão para modificar as nossas convicções sentimentais? (...) Como sábios ilustres e reputados pelo seu espírito crítico aceitam lendas cuja infantil ingenuidade desperta o sorriso? (...) Sem uma teoria da crença, essas questões e muitas outras ficam insolúveis. Somente com o auxílio da razão, não poderiam ser explicadas. (...) O raciocínio influi, em geral, tanto nas crenças como na fome ou na sede. Elaborada nas regiões subconscientes a que a inteligência não poderia chegar, uma crença se implanta no espírito, mas não se discute. (...) [N]enhum poder tem a

razão contra as crenças mais errôneas. (...) Sendo ilimitada a fé do místico, nenhum absurdo racional o poderia molestar. Ele é impermeável à razão, à observação e à experiência. O insucesso das suas previsões não lhe prova nada, pois as potências sobrenaturais são, por definição, caprichosas e não se submetem a nenhuma lei.

Portanto, vale lembrar que as nossas necessidades afetivas não são apenas um "capricho" de nossa personalidade. Antes, são algo indissociável da natureza humana e, ao contrário do que gostaríamos de acreditar, ocupam um nível muito mais fundamental que a própria racionalidade — não raro, até a obliteram. Por tal razão, *Uma visão da natureza humana que ignora o poder das emoções,* diz Daniel Goleman, *é lamentavelmente míope. O próprio nome* Homo sapiens, *a espécie pensante, é enganoso à luz da nova apreciação e opinião do lugar das emoções em nossas vidas que nos oferece hoje a ciência. Como todos sabemos por experiência, quando se trata de modelar nossas decisões e ações, o sentimento conta exatamente o mesmo — e muitas vezes mais — que o pensamento. Fomos longe demais na enfatização do valor e importância do puramente racional.*

Os comentários feitos acima serão úteis para facilitar a compreensão deste capítulo. Todavia, ele não versa diretamente sobre tais assuntos, aos quais daremos continuidade em um momento posterior.

Antes de abordarmos a questão da religião como alienação e controle social, faremos uma pequena digressão cuja finalidade é compreendermos um pouco melhor a natureza humana e, com isso, possivelmente, começarmos a vê-la numa perspectiva mais objetiva.

Nós, seres humanos, acalentamos a ilusão de que somos, por natureza, animais civilizados, predominantemente racionais, lúcidos, capazes de responder por nossos atos e, deliberadamente, exercer controle sobre nossas ações, opiniões e crenças. Sem dúvida, faz bem ao nosso ego pensarmos que o *Homo sapiens* é uma espécie tão livre e tão civilizada por natureza — faz bem, mas não faz sentido.

Nossa suposta civilidade não é inata. Pelo contrário, muito dela reside no fato de que somos detentores de um grande potencial cognitivo e também de uma grande maleabilidade comportamental. Por exemplo, supondo-se que um indivíduo com a constituição genética do homem atual tivesse nascido no Paleolítico, não pensemos que ele seria, nem de longe, civilizado e intelectualizado como os homens atuais. Sem dúvida, seria apenas mais um selvagem que, apesar de possuir uma carga genética moderna, não diferiria em quase nada dos outros indivíduos.

Assim, estando sujeito somente às pressões de um ambiente rústico e selvagem, seu raciocínio se veria preso a noções pragmáticas e singelas. O desenvolvimento de sua capacidade de abstração seria bastante pequeno. Sua expressividade seria muito reduzida — não saberia ler ou escrever. Como vestimenta usaria alguns pedaços de couro. Faria suas armas, ferramentas e utensílios com osso, madeira e pedra lascada. Seu pão de cada dia provavelmente seria conseguido por algo como uma clava, ou então faria coleta de frutos e raízes, pois na época eram todos nômades, visto que ainda não existia a técnica da agricultura.

Portanto, vemos que foi somente a nossa *civilização* que superou essa fase, não a nossa espécie. Não nos tornamos mais sofisticados porque a espécie sofreu algum tipo de evolução biológica desenfreada da época mencionada até a atualidade. A evolução orgânica ocorre num ritmo incrivelmente lento, medido em tempo geológico, de modo que seria inviável tentar justificar nosso avanço somente através desse mecanismo evolutivo.

Fazendo uma analogia, poderíamos dizer que o código genético — que contém todas as informações relativas à constituição do corpo humano — é uma espécie de legado informacional biológico que sintetiza, em nível molecular, toda a "sabedoria biológica" que foi sendo selecionada pela sua utilidade à sobrevivência. Esse *DNA*, portanto, representa o resultado final de milhões e milhões de anos de experimentação por tentativa-e-erro. Chamemos tal evolução orgânica em nível genético de "macroevolução", a qual é hereditária e funciona em longuíssimo prazo.

Os instintos biológicos, por se amoldarem ao ambiente em longuíssimo prazo, são pouco versáteis, isto é, possuem pequena maleabilidade. Por isso são pouco eficientes no lidar com as constantes e inumeráveis mudanças que ocorrem no meio ambiente. Seu ponto fraco, portanto, reside em sua rigidez.

Contrariamente aos instintos, sabemos que o intelecto humano é uma ferramenta magnificamente versátil. Essa versatilidade funciona de modo a permitir ao homem não apenas seguir seu legado biológico cegamente, como um animal instintivo e bruto. Nessa situação, os instintos presentes no homem não funcionam como tendências determinantes, mas como regras gerais difusas, relativamente frouxas e pouco específicas. Digamos que o instinto só nos diz qual é o objetivo a ser alcançando, qual é a necessidade a ser satisfeita, deixando os meios para fazê-lo por conta da inteligência.

Assim, como podemos notar, o intelecto foi a solução "encontrada" evolutivamente pela natureza para superar o impasse da inflexibilidade instintual, funcionando como um meio para aumentar a adaptabilidade humana ao ambiente através de uma maior lacuna comportamental a ser preenchida pela experiência. Com isso, o homem ganhou muito em maleabilidade e, por conseguinte, em especificidade potencial. A partir de então, os modos de satisfazer os instintos fundamentais, sendo mediados pela inteligência, passaram a poder ser amoldados, em curto prazo, às pressões específicas impostas pelo meio ambiente — e lembremo-nos sempre de que, quanto maior a capacidade de harmonizar seu comportamento com o meio em que vive, mais adaptada é a espécie.

Isso pode ser denominado nossa "carta na manga" em relação às outras espécies. Sendo o intelecto capaz de incorporar muitas novas informações sobre o meio em que vive e então utilizá-las para ajustar o comportamento em prol da sobrevivência, o homem, com ele, passa a não seguir apenas um rígido legado instintivo, que facilmente fica descontextualizado, mas possibilita-lhe uma espécie de "microevolução" adaptativa não-hereditária que se processa em nível individual.

No período Paleolítico, o conhecimento adquirido provavelmente baseava-se somente em experiências pessoais e em alguns poucos ensinamentos paternos ou tribais, aprendidos por observação ou tradição oral. Ou seja, o legado cultural, de geração para geração, era bastante pequeno. Posteriormente, a maior parte do conhecimento adquirido perdia-se com a morte do indivíduo, e esse era um grande empecilho ao desenvolvimento da cultura.

Contudo, após o surgimento da escrita — por volta de 4000 a.C. —, os povos tornaram-se capazes de registrar os conhecimentos adquiridos no período de suas vidas, de modo que, lentamente, foram acumulando-se e sofisticando-se. Assim, com o advento da escrita, a "microevolução" individual tornou-se hereditária, e passou a ser legada às gerações futuras. As tentativas-e-erros do passado, desse modo, passaram a ser cumulativas. Em outras palavras, para finalizar nossa analogia, assim como em nível genético existe o lento processo da evolução natural cumulativa, a escrita deu origem ao processo da evolução cultural cumulativa.

Tanto isso é verdade que nem precisaríamos mencionar que, atualmente, o legado cultural disponível é tão monstruoso que seria digna de riso a pretensão de absorvê-lo todo no período de uma vida. Mas o fato mais importante é que, devido à nossa capacidade intelectual, podemos absorver uma razoável parcela de um legado cultural conquistado arduamente por tentativa-e-erro ao longo de inúmeras gerações — uma quantidade de conhecimento que seria totalmente impossível alcançarmos individualmente. Por tal razão, se não tivéssemos absorvido parte do legado cultural deixado por muitas e muitas mentes brilhantes, provavelmente estaríamos na barbárie em vez de estarmos refletindo sobre a essência da natureza humana.

Sem dúvida, trata-se de um enorme progresso, mas com um inconveniente: muito do que aprendemos não vem diretamente de nossa experiência pessoal, mas da crença no testemunho e no conhecimento alheio. Por exemplo, nós nos veríamos em sérios problemas se alguém nos perguntasse como podemos ter certeza de que todas as coisas que aceitamos como verdades óbvias são de fato verdadeiras. Como um indivíduo comum poderia provar que existem átomos e, dentro desses, os prótons e, dentro desses, os *quarks*? E todas as inúmeras reações químicas da cadeia respiratória nas mitocôndrias — será que ocorrem realmente, como dizem os biólogos? Como poderíamos saber se todos os fatos históricos que os livros mencionam realmente ocorreram?

A maioria das pessoas não faz a menor ideia de como se dá o funcionamento dos componentes que constituem os computadores. Sabemos que processam informações, sabemos que usam eletricidade, semicondutores, mas nunca os investigamos a fundo para ver se realmente funcionam como nos dizem — simplesmente acreditamos, pois não temos tempo para averiguar e nem motivos para pensar que estão nos enganando. Igualmente, todos acreditamos que a Terra é redonda e gira em torno do Sol — mas não porque concluímos isso pessoalmente, e sim porque absorvemos em cinco minutos as conclusões finais de outrem, que levou muito tempo para inferir isso a partir de incontáveis observações, cálculos e reflexões.

Quem insistisse na autossuficiência se veria em maus lençóis quando ficasse doente. Estando enfermo, precisaria se tratar, mas como poderia confiar no diagnóstico dos médicos? E se o princípio ativo do medicamento receitado tivesse sido mal investigado? Negando-se a confiar no testemunho dos médicos e dos cientistas, teria de se formar em medicina e fazer investigações independentes no campo médico e farmacológico a fim de constituir ele próprio o seu conhecimento. Provavelmente tal indivíduo acabaria morrendo de velhice antes mesmo de descobrir qual era sua doença. Isso ilustra o que aconteceria se fôssemos excessivamente céticos em relação ao conhecimento.

Em contrapartida, tornar-se um receptáculo passivo de informações também não parece uma solução viável. Em vez disso, poderíamos utilizar alguns filtros simples. Por exemplo, como sugeriu Dawkins: *na próxima vez que alguém lhe disser algo que parecer importante, pense: "Será que isso é o tipo de coisa que as pessoas sabem por causa de provas? Ou será o tipo de coisa em que as pessoas acreditam apenas por causa de tradição, autoridade ou revelação?"*

De qualquer modo, o fato é que, no estágio atual de nossa civilização, é simplesmente impossível prescindir da crença no conhecimento alheio para guiar nossas vidas. Devido à enorme quantidade de conhecimento disponível, mesmo a contragosto, somos obrigados a ser um pouco crédulos e a nutrir alguns preconceitos por questão de praticidade — e, é claro, também por questão de sobrevivência.

Muito bem, levemos tais conclusões para o assunto que aqui nos interessa. Podemos perceber que a religião funciona em dois níveis. Em nível individual, ela satisfaz necessidades afetivas. Como afirmou Freud, ela *possui uma tríplice missão: exorcizar os terrores da natureza, reconciliar os homens com a crueldade do Destino, particularmente a que é demonstrada na morte, e compensá-los pelos sofrimentos e privações que uma vida civilizada em comum lhes impôs.* Isso significa satisfazer coisas como a necessidade de explicações especiais para a realidade em que vivemos — a origem e razão de ser do mundo e do homem, o sentido da vida etc. —, proporcionar um referencial moral e ético, isto é, uma espécie de "guia para o modo correto de se viver" e, é claro, também algum tipo de esperança, mesmo que *post mortem*. Por outro lado, em nível coletivo, a religião desempenha um papel social, ajudando a promover a integração e coesão do todo. A comunhão generalizada de ideias fundamentais faz a sociedade funcionar como um organismo, de modo mais previsível, ordenado e, por conseguinte, mais manobrável.

Naturalmente, na perspectiva em que estamos analisando essa questão, os assim chamados "livros sagrados" nada mais são que o legado cultural de um povo traduzido em termos religiosos — um corpo de conhecimentos que representa a sumarização da experiência, dos costumes, da sabedoria e da ética que um povo adquiriu ao longo do tempo, ou seja, o "modo correto de se viver" em sua visão.

Conhecimentos objetivos são passíveis de demonstração. Por exemplo, a veracidade de algum teorema matemático, de uma lei física, de algum mecanismo biológico etc. Entretanto, é praticamente impossível demonstrar a veracidade ou superioridade de uma moral, de um princípio, de uma máxima, de um costume. Razões e justificativas racionais não têm em que se apoiar para defender uma doutrina moral, pois há infinitos modos de encarar e de interpretar a realidade em termos de direitos e deveres, moralidade e imoralidade, certo e errado, bem e mal. Por isso torna-se extremamente difícil apresentar uma "sabedoria do bem viver" como sendo um conhecimento realmente verdadeiro, e não apenas uma opinião.

Para ser obedecida, tal "sabedoria" precisa apresentar-se num tom imperativo, precisa ser vista como algo acima de qualquer questionamento. Em outras palavras, para ser aceita, deve ser exposta não como uma opinião, mas como uma lei — e toda lei precisa da sanção de uma autoridade. É exatamente esse o artifício de que se valem os autores de "livros santos" para fazer com que as pessoas submetam-se às regras neles apresentadas. Nem seria preciso dizer que tal autoridade vem do criador do Universo — Deus. Depois de estabelecida a autoridade, então frequentemente a esta também se alia a tradição, com a qual passa a ter muito mais peso. Nietzsche apresenta, no seu modo de entender, as condições para a criação de um livro sagrado de leis definitivas:

*[O] que se deve evitar acima de tudo é o prolongamento da experimentação —
a continuação do estado no qual os valores são volúveis, sendo testados, escolhidos e criticados* ad infinitum. *Contra isso se levantam duas paredes: de um
lado, a revelação, isto é, a assunção de que as razões subjacentes às leis não
possuem origem humana, que não foram buscadas e encontradas por um lento
processo e após muitos erros, mas que possuem uma origem divina, foram feitas
completas, perfeitas, sem uma história, como um presente, um milagre...; do
outro lado, a tradição, isto é, a afirmação de que as leis permaneceram inalteradas desde tempos imemoriais, e que seria um crime contra os antepassados
colocá-las em dúvida. A autoridade da lei assenta-se sobre estas duas teses:
Deus a deu e os antepassados a viveram.*

Colocando tais verdades na boca de Deus, elas deixam de ser vistas como
simples "verdades humanas" passíveis de contestação, que foram sendo criadas
e aperfeiçoadas por um lento processo de tentativa-e-erro, e passam a ser leis
divinas que foram reveladas milagrosamente aos homens já completas,
perfeitas e acabadas. Representarão necessariamente o auge da sabedoria, a
qual nenhum homem possui "altura suficiente" para pôr em xeque.

A Bíblia foi inspirada por Deus — compreende-se agora o que isso significa? Mais um pequeno passo, e compreenderemos também qual é a verdadeira
intenção mascarada por detrás de conceitos tais como "pecado", "danação
eterna", "maldição", "expiação", "vontade de Deus", "salvação", "valor da fé",
"demônio", "tentação", e assim por diante. Deus — esse espião cósmico que
sabe até o que pensamos — é uma ficção que representa o fator de autoridade
utilizado para justificar imperativos ideológicos que têm como principal
função o controle social.

Richard Dawkins, sob uma ótica diferente, lança outra grande luz para
auxiliar nossa compreensão do fenômeno religioso, explicando uma das razões
pelas quais ele se mostra tão persistente ao longo das gerações:

*Uma criança humana é moldada pela evolução para se saturar da cultura de
seu povo. Obviamente, ela aprende os essenciais do idioma de seu povo em
questão de meses. Um dicionário grande de palavras para falar, uma enciclopé-
dia de informação para falar sobre, regras sintáticas e semânticas complicadas
para ordenar a fala são todos transferidos de cérebros mais velhos ao dela antes*

que ela alcance metade de seu tamanho adulto. Quando você é pré-programado para absorver informação útil a altas taxas, é difícil impedir ao mesmo tempo a entrada de informação perniciosa ou prejudicial.

A religião, impondo regras gerais de comportamento, fazendo com que os indivíduos acatem, desde a infância, de modo massivo uma linha de pensamento, lança alicerces padronizados para a construção das mentalidades. Como vimos acima, as pessoas são predispostas a absorver o conhecimento de seu contexto cultural quase passivamente e, por isso, tendem a internalizar, como suas próprias, as regras morais e as crenças vigentes na sociedade em que nascem. Desse modo, passam a acreditar no deus e nas tradições religiosas vigentes em seu contexto como a "grande resposta" para a realidade em que vivem, usando-a como sustentáculo para sua força de vontade, justificando através disso seus sonhos, seus objetivos, seus esforços, ou seja, suas vidas.

Entretanto, a religião não é largamente aceita somente devido à tradição. Sua contagiosidade está estritamente vinculada à natureza humana, vindo perfeitamente ao encontro de suas profundas necessidades afetivas: *O contágio mental constitui um fenômeno psicológico cujo resultado é a aceitação involuntária de certas opiniões e crenças. Todas as manifestações da vida psíquica podem ser contagiosas, mas são, especialmente, as emoções que se propagam desse modo. As ideias contagiosas são sínteses de elementos afetivos.* E, continuando, Le Bon deixa claro que as crenças de natureza afetiva não possuem qualquer vínculo necessário com a razão. Elas, por natureza, podem se estabelecer de um modo totalmente alheio às evidências, à lógica e à vontade:

Compreende-se bem a força das crenças quando se observa que elas escapam a qualquer influência de ordem racional. (...) Constituindo uma invencível necessidade da nossa natureza afetiva, a crença não pode, e nisso é como um sentimento qualquer, ser voluntária e racional. A inteligência não a forma nem a governa. Quaisquer que sejam a raça, o tempo considerado, o grau de inteligência ou de cultura, o homem sempre manifestou o mesmo anseio de crer. A crença parece ser um alimento mental, tão necessário à vida do espírito quanto os alimentos materiais à nutrição do corpo. O civilizado não a poderia dispensar, nem tão pouco o selvagem. (...) Se as crenças fossem acessíveis à influência da razão, teríamos visto desaparecer, há muito tempo, todas as que são absurdas.

Ora, a observação demonstra a sua persistência. Vemo-nos, pois, forçados a admitir que não há absurdos para um crente e que o homem não tem a liberdade de crer ou de descrer. Sendo todas essas crenças elaboradas no inconsciente, escapam, não somente à nossa razão, como também, necessariamente, à vontade.

Contrariamente à ciência, a religião não é fria e indiferente, não leva em consideração apenas fatores puramente racionais e objetivos em suas explicações. A religião faz do homem a criação suprema, dá um sentido subjetivo à realidade, explica o mundo em termos humanos, como se tudo girasse em torno de nossos umbigos. E, sem dúvida, o faz de modo muito astuto, a fim de preencher as mais íntimas lacunas afetivas de cada pessoa, fazendo com que o indivíduo literalmente se apaixone por tais ideias e as abrace de corpo e alma, na ilusão de que encontrou "aquilo que faltava" à sua vida. A religião, assim, além de conforto existencial, dá razão, importância e sentido às suas vidas — mas, em troca, toma-lhes sua liberdade.

Sob essa perspectiva, Nietzsche soube identificar claramente o fator que torna as religiões, principalmente as cristãs, extremamente atraentes ao nosso ego:

"Somente uma coisa é necessária"... Que todo homem, por possuir uma "alma imortal", tenha tanto valor quanto qualquer outro homem; que, na totalidade dos seres, a "salvação" de todo indivíduo possa reivindicar uma importância eterna; que beatos insignificantes e desequilibrados possam imaginar que as leis da natureza são constantemente transgredidas em seu favor — não há como expressar desprezo suficiente por tamanha intensificação de toda espécie de egoísmos ad infinitum, até a insolência. E, contudo, o cristianismo deve seu triunfo precisamente a essa deplorável bajulação de vaidade pessoal — foi assim que seduziu ao seu lado todos os malogrados, os insatisfeitos, os vencidos, todo o refugo e vômito da humanidade. A "salvação da alma" — em outras palavras: "o mundo gira ao meu redor".

Apesar de suas incoerências racionais, a religião sem dúvida funciona e continuará a funcionar, pois opera em nível inconsciente, que é independente da razão. Obviamente, a religião sabe explorar de modo exímio a típica fraqueza dos homens, que é a profunda necessidade de "acreditar" em algo, de possuir algum ideal superior a si mesmos — algo que funcione como um referencial independente para se localizarem no mundo em que vivem, que não esteja subordinado à sua vontade e em função do qual possam pesar o valor de todas as coisas com uma ótica precisa e infalível. Com isso, os indivíduos conseguem encontrar um significado para suas vidas e, por consequência, sentem-se importantes e necessários, como parte de "algo maior".

Não caem nessa armadilha apenas as pessoas pouco esclarecidas, de educação escassa, mas principalmente as inseguras, de vontade afirmativa fraca, que são incapazes de independência psicológica. Tais pessoas são ineptas em traçar objetivos próprios — precisam receber instruções, precisam de algum objetivo em que acreditar, pois só assim, enquanto servidoras de uma causa, de um propósito superior, conseguem alcançar a determinação necessária para levar suas vidas adiante, e por isso acreditam de bom grado em mentiras sagradas. Sua falta de firmeza psicológica lhes persuade a se agarrarem a verdades inabaláveis e inquestionáveis. Assim, o homem que não consegue conviver com a dúvida precisa considerá-la um mal, um pecado — ter fé, nessa ótica, literalmente significa entregar-se, doar-se a uma ideia, causa ou princípio, significa abdicar da independência e da imparcialidade para em troca receber uma espinha dorsal ideológica que ampara sua força de vontade.

Desse modo, por só conseguirem alcançar o bem-estar enquanto seguidoras, enquanto fiéis, acabam fazendo de si mesmas escravas de suas crenças e, por consequência, escravas dos interesses habilmente imiscuídos em tais crenças. Sem dúvida, é exatamente nesse ponto que reside a enorme força da religião enquanto ferramenta de controle social — isto é, a arte de fazer indivíduos seguirem e acreditarem em ideais alheios como sendo os seus próprios. É claro que religiosos hipócritas, políticos inescrupulosos e embusteiros em geral sabem disso melhor que ninguém. No dizer de Sêneca: *A religião é vista pelas pessoas comuns como verdadeira, pelos inteligentes como falsa e pelos governantes como útil.*

Não admira, portanto, que a História tenha nos ensinado a temer por nossa liberdade toda vez que a religião procura estender suas mãos ao poder e toda vez que o poder vigente hasteia a bandeira da religião para justificar-se. A religião, sendo fundamentada em fatores dogmáticos, possui uma natureza inerentemente inflexível e autoritária — ela é, por excelência, o símbolo da parcialidade e da intolerância. Assim, com um pouco de sagacidade, torna-se possível utilizá-la como a perfeita artimanha para lançar sobre as mais asquerosas pretensões o sublime véu da santidade. Nesse sentido, o pensador Ludwig Feuerbach corretamente asseverou que *Sempre que a moralidade baseia-se na teologia, sempre que o correto torna-se dependente da autoridade divina, as coisas mais imorais, injustas e infames podem ser justificadas e estabelecidas.* Dois exemplos lamentáveis de tal fato: a Santa Inquisição e as Cruzadas.

Na Idade Média, a Igreja Católica, sequiosa de poder, lançou mão da Inquisição para impor a ferro e fogo sua vontade sobre a massa. Para tanto, criou o *Index Librorum Prohibitorum*, um catálogo de livros de leitura proibida, a fim de evitar a incursão de ideias "heréticas" no rebanho, o qual era mantido na mais completa ignorância. Incinerou inúmeras bibliotecas "ímpias", privando-nos de uma enorme parte do legado cultural da Antiguidade. Torturou com uma crueldade absurda — usando instrumentos que chocariam até o coração de uma hiena — e queimou em praça pública um sem-número de indivíduos, normalmente por acusações de "bruxaria" ou "heresia" embasadas em motivos extremamente dúbios e, de quebra, passou a confiscar seus bens — para aumentar o patrimônio da Santa Igreja, obviamente.

O movimento cruzadista, por outro lado, usando a desculpa religiosa de "salvar dos infiéis" a Terra Santa onde supostamente Jesus nasceu, serviu para atrair o excedente populacional para fora da Europa — que estava superpovoada na época — e para conquistar novas terras. Também serviu, é claro, como pretexto para saquear as riquezas do Oriente, e teve como consequência a reabertura do comércio no Mediterrâneo.

Vejamos: pilhagem, violência e opressão em nome de Deus — seria preciso acrescentar algo mais para percebermos que, quando a religião une-se ao poder, a "vontade de Deus" passa a significar "a vontade de quem está no comando"?

Alguns pensam que os tempos em que a religião era perniciosa já acabaram, visto que atualmente todos têm liberdade de culto. Contudo, isso não passa de uma ilusão, de mais uma fraude muito bem forjada pela propaganda religiosa. Ainda hoje, ela promove a injustiça — e seu mecanismo, como vimos, consiste em imiscuir em suas respostas confortantes também fatores ideológicos de manipulação massificada.

O mecanismo básico é bem simples: caso apareçam dúvidas, partamos às ameaças — o fator medo cumpre o papel de manter o indivíduo sempre influenciável. Ademais, a religião, explicando a essência íntima da realidade em termos puramente místicos e metafísicos, consegue distorcê-la até o absurdo. Desse modo, passa a funcionar como uma ferramenta extremamente eficiente em alienar os oprimidos da realidade de sua opressão, fazendo com que passem a enxergar a desigualdade, a desgraça, o sofrimento e a pobreza como parte de uma "ordem natural" que é o desígnio de um deus que supostamente estaria "evoluindo seu caráter" ou "testando sua fé".

Logicamente, não é difícil compreender que é esse o motivo pelo qual a religião sempre enfatiza, sob a máscara da virtude, coisas como humildade, fé — ou seja, credulidade cega —, submissão, resignação, esperança, otimismo, paciência, pacifismo, simplicidade, esperança, perseverança e desprezo pelo materialismo. A ideia pode ser colocada nestes termos: *tolos são os materialistas, os cobiçosos, os ricos e os poderosos. Que importa, afinal, uma reles e efêmera felicidade terrena? Sigamos a vontade de Deus. Sejamos trabalhadores honestos e humildes. Aceitemos a labuta como o quinhão que nos cabe. A salvação vem pela fé! Deus nos recompensará por nossa virtude!*

Nietzsche soube fazer uma bela análise dos fatores ocultos por detrás dessa perversão do raciocínio que transforma a impotência em virtude com a finalidade de justificar e dourar a própria fraqueza:

> *Se os oprimidos, pisoteados, ultrajados exortam uns aos outros, dizendo, com a vingativa astúcia da impotência: "sejamos outra coisa que não os maus, sejamos bons! E bom é todo aquele que não ultraja, que a ninguém fere, que não ataca, que não acerta contas, que remete a Deus a vingança, que se mantém na sombra como nós, que foge de toda maldade e exige pouco da vida, como nós, os pacientes, humildes, justos" — isto não significa, ouvido friamente e sem prevenção, nada mais que: "nós, fracos, somos realmente fracos; convém que não façamos nada para o qual não somos fortes o bastante"; mas esta seca constatação, esta prudência primaríssima, que até os insetos possuem (os quais se fazem*

de mortos para não agir "demais", em caso de grande perigo), graças ao falsea-
mento e à mentira para si mesmo, próprios da impotência, tomou a roupagem
pomposa da virtude que cala, renuncia, espera, como se a fraqueza mesma dos
fracos — isto é, seu ser, sua atividade, toda a sua inevitável, irremovível reali-
dade — fosse um empreendimento voluntário, algo desejado, escolhido, um
feito, um mérito.

(Caso haja interesse em conferir, um célebre exemplo desse tipo de argumentação inversora pode ser encontrado no *Sermão da Montanha*. [Evan-
gelho segundo Mateus, cap. 5])

Há muito superamos a ilusão de que a religião — ou Deus, fé e coisas afins
— é necessária para explicar nossa realidade. A religiosidade já foi uma
tentativa honesta, porém ingênua, de explicar o mundo. Entretanto, agora, não
passa de uma ferramenta social, usada para nos manter sob controle. A
religião, assim, não tem nada a nos ensinar sobre o mundo. Porém, mesmo
assim, é importante que a compreendamos em profundidade, não para
compreendermos o mundo, naturalmente, mas para entendermos o ser
humano, a mente humana.

Atualmente é a ciência que guia o conhecimento humano, e a religião, agora reestruturada, subsiste apenas como uma ferramenta para domesticar e
oprimir as massas — e, temos de admitir, esse seu papel é representado com
indiscutível competência e objetividade. A felicidade eterna prometida no
paraíso do mundo do além — para onde vão apenas as almas dos "crentes da
verdadeira fé" — é um perfeito ardil. Com tal retórica, desviam-se os olhos dos
indivíduos da realidade em que vivem e deslocam-se as suas expectativas ao
além e, ao mesmo tempo, faz-se da simplicidade e da humildade coisas
virtuosas. Consegue-se, com isso, transformá-los em marionetes dos propósitos daqueles que continuam puxando os cordéis por detrás do fantoche de
Deus. E, incluindo também a abjeta retórica da "dignidade do trabalho",
conseguem criar uma casta de escravos que veem na sua força de trabalho seu
maior valor e, exatamente por isso, dão ensejo à perpetuação de sua exploração, como se a exaustão fosse, em si mesma, honrosa, e o ócio uma espécie de
situação vergonhosa. O "dogma do trabalho" continua sendo, de braços dados
à tirania religiosa, uma das ferramentas ideológicas mais eficientes já criadas

para que um paradoxal agrilhoamento autoimposto seja visto como algo natural — e não só natural, mas também valoroso e nobre.

Apesar de tudo, para alguns talvez a religião ainda seja um mal necessário. Enquanto as condições da sociedade forem perversas e desiguais, os indivíduos serão incapazes de suportar a existência como um fim em si mesmo, pois, nessa situação, qualquer sofrimento desnecessário se torna quase injustificável. O ópio sacrossanto continua sendo buscado como mais uma saída para amortecer todo o sofrimento e injustiça que são obrigados a suportar. E, sem dúvida, toda a lavagem cerebral que sofrem não se limita à religião, mas inclui também diversos outros meios: lascivos, automobilísticos, esportivos, televisivos, carnavalescos, narcóticos e assim por diante. Todo tipo de fuga acaba por se transformar numa muleta absolutamente necessária para tirarem a cabeça da miserável realidade em que estão inseridos. Para citar Bakunin quanto a essa questão: *As pessoas vão à igreja pelos mesmos motivos que vão à taverna: para estupefazerem-se, para esquecerem-se de sua miséria, para imaginarem-se, de algum modo, livres e felizes.*

Enfim, tire-se de um homem simples e honestamente religioso a crença em Deus e a esperança de uma recompensa futura, e então perguntemos: o que lhe resta — senão medo, sofrimento, desespero e impotência? Em outras palavras, não lhe resta absolutamente nada. Demos agora a palavra a Nietzsche:

O homem de fé, o "crente" de toda espécie, é necessariamente dependente — tal homem é incapaz de colocar-se a si mesmo como objetivo, e tampouco é capaz de determinar ele próprio seus objetivos. O "crente" não se pertence; apenas pode ser o meio para um fim; precisa ser consumido; precisa de alguém que o consuma. Seus instintos atribuem suprema honra à moral da despersonalização; tudo o persuade a abraçar essa moral: sua prudência, sua experiência, sua vaidade. Todo tipo de fé é em si mesma a expressão de uma despersonalização, de um alheamento de si... Após se ponderar sobre quão necessários à maioria são os regulamentos restringentes; sobre quão necessária é a opressão, ou, em um sentido mais elevado, a escravidão, para possibilitar o bem-estar ao homem de vontade fraca, e especialmente à mulher, então finalmente se compreende o significado da convicção e da "fé". Para o homem de convicção a fé representa sua espinha dorsal. Deixar de ver muitas coisas, não possuir imparcialidade

alguma, ser sempre de um partido, estimar todos os valores com uma ótica se-
vera e infalível — essas são as condições necessárias à existência desse tipo de
homem. Mas isso faz deles antagonistas do homem veraz — da verdade... O
crente não é livre pra responder à questão do "verdadeiro" e do "falso"; segundo
os ditames de sua consciência: a integridade, aqui, seria sua própria ruína.

Parece claro como o dia que tais indivíduos não têm escolha: acreditam por necessidade, precisam que suas crenças sejam verdadeiras, precisam torná-las inabaláveis por uma questão de autopreservação — sem um deus, seu mundo entraria em colapso. Ademais, a dor de abrir os olhos depois de uma vida inteira na escuridão metafísica é de tal modo excruciante que poucos são capazes de fazê-lo. Ainda, para piorar, esse abrir os olhos não é para uma realidade agradável e bela, mas antes de tudo dura, áspera, árida e sórdida. E mesmo aqueles que não têm uma vida de sofrimento vivem como prisioneiros que, tendo passado a vida inteira numa confortável cadeia ideológica, agora sentem horror e angústia ante a liberdade, tolhidos pelo medo de vislumbrar a dura realidade que há por detrás dos véus da ilusão. Tornaram-se covardes ante a existência, e por isso se refugiam no ideal, vendo-se como o centro das atenções de uma força divina beneficente, nunca superando a fantasia pueril de um afável "papai cósmico" que olha por eles. Justamente a esse respeito, disse Sigmund Freud que, para o homem, a religião representa um

sistema de doutrinas e promessas que, por um lado, lhe explicam os enigmas
deste mundo com perfeição invejável e que, por outro lado, lhe garantem que
uma Providência cuidadosa velará por sua vida e o compensará, numa existên-
cia futura, de quaisquer frustrações que tenha experimentado aqui. O homem
comum só pode imaginar essa Providência sob a figura de um pai ilimitada-
mente engrandecido. Apenas um ser desse tipo pode compreender as necessida-
des dos filhos dos homens, enternecer-se com suas preces e aplacar-se com os
sinais de seu remorso. Tudo é tão patentemente infantil, tão estranho à reali-
dade, que, para qualquer pessoa que manifeste uma atitude amistosa em rela-
ção à humanidade, é penoso pensar que a grande maioria dos mortais nunca
será capaz de superar essa visão da vida. Mais humilhante ainda é descobrir
como é vasto o número de pessoas de hoje que não podem deixar de perceber
que essa religião é insustentável e, não obstante isso, tentam defendê-la, item

por item, numa série de lamentáveis atos retrógrados.

Os mais esclarecidos e críticos dentre nós não podem se deixar seduzir por essas mentiras indecentes. A religião, em largo sentido, foi e continua sendo um grande descaminho à humanidade. Historicamente, beneficiou apenas uma minoria. Travou uma guerra de morte contra a emancipação intelectual do homem, paralisou seu cérebro, tolheu sua liberdade, enxertando em sua mente uma visão de mundo estupidamente estática, totalmente irreal, imaginária, falsificada, cheia de fantasias, almas, milagres, poderes e ficções, impedindo uma compreensão clara e objetiva da realidade.

Com seus valores morais dogmáticos, impostos pela autoridade e pela ameaça de punição divina, a religião despojou do homem a verdadeira consciência moral, o alienou da genuína origem dos conceitos de bem e mal, certo e errado, que devem provir da compreensão da própria natureza humana, do reconhecimento dos reais motivos e das vantagens de se agir de modo moral e social. Todo indivíduo lúcido e consciente sabe que o objetivo de toda moral e de todas as leis deveria ser a promoção do bem-estar de todos, e não a satisfação dos caprichos de um deus tirânico.

Quando a consciência da função dos valores e das regras na promoção de nosso bem-estar dá lugar ao respeito à autoridade, que os transforma em uma obrigação impessoal, é de todo óbvio que, sem um deus para compensar-nos por tais privações, tais regulamentos só poderiam nos parecer odiosos. Nessa ótica, se as pessoas compreendessem que os regulamentos, em teoria, não deveriam ser concebidos para dominá-las e oprimi-las, mas, pelo contrário, para servir aos seus interesses coletivos, lhes obedeceriam de bom grado em vez de nutrirem múltiplos ódios ocultos por eles. Criar essa consciência é um passo fundamental para que, sem Deus, em vez de destruí-los, se busque melhorá-los. Para tanto, é vital que sejam um corpo flexível de leis racionais, não uma tábua de mandamentos caídos do céu.

Assim, depois de a religião ter corrompido, alienado e pervertido todas as faculdades do homem, de ter enxertado valores morais artificiais e antinaturais em suas mentes, de ter forjado e declarado uma realidade completamente fictícia como a única verdadeira, de ter tornado o homem quase um analfabeto de si mesmo, em suma, depois de ter feito a vontade do homem enraizar-se sobre o solo infinitamente falso e nefasto da teologia, dizem que a religiosidade é necessária para manter a ordem da sociedade. Dizem-nos que a mentira tem valor porque serve a um propósito. Querem nos fazer acreditar que a religião e a "ordem moral do mundo" são o custo da manutenção de uma sociedade pacífica.

Entretanto, o fato é que as pessoas não conseguem viver sem religião porque, desde crianças, tiveram sua liberdade intelectual violentada pelo enxerto de imperativos de todos os tipos, em função dos quais aprenderam a justificar suas vidas — daí acharem inconcebível qualquer outro sistema de pensamento. Somente desses podemos temer alguma espécie de "reação vigorosa" contra a descrença. Entretanto, como indivíduos que tiverem uma educação não religiosa — uma educação para a realidade — poderão se ver revoltados contra a inexistência de algo que nunca pensaram existir?

Em todo caso, atualmente, sem dúvida é verdade que ainda necessita-se da religião: afinal, como não poderia ser perigoso abrir os olhos de escravos espezinhados que fatalmente descobrirão que sua própria condição de existência é uma injustiça divinamente mascarada? Não há dúvida de que, enquanto houver esse tipo de absurdo presente em nossa sociedade, a religião continuará a ser astuciosamente utilizada para justificá-lo, como uma espécie de *panem et circenses post mortem*.

Para ilustrar melhor esse ponto, vejamos a análise que Nietzsche fez da psicologia do escravo que, estranhamente, foi induzido aceitar sua situação abjeta e, ainda por cima, sentir-se satisfeito com isso:

> [E]mprega-se contra estados de depressão (...) a atividade maquinal. Está fora de dúvida que através dela uma existência sofredora é aliviada num grau considerável: a este fato chama-se atualmente, de modo algo desonesto, a "bênção do trabalho". O alívio consiste em que o interesse do sofredor é inteiramente desviado do sofrimento — em que a consciência é permanentemente tomada por um afazer seguido de outro, e em consequência resta pouco espaço para o sofrimento: pois ela é pequena, esta câmara da consciência humana! A atividade maquinal e o que dela é próprio — a absoluta regularidade, a obediência pontual e impensada, o modo de vida fixado uma vez por todas, o preenchimento do tempo, uma certa permissão, mesmo uma educação para a "impesso-

alidade", para o esquecimento de si, para a "incuria sui" —: de que maneira completa e sutil o sacerdote ascético soube utilizá-la na luta com a dor! Precisamente quando tinha de lidar com sofredores das camadas inferiores, com trabalhadores, escravos ou prisioneiros (ou com mulheres, que são geralmente ambos ao mesmo tempo, escravas e prisioneiras), necessitava ele de pouco mais que a pequena arte de mudar os nomes e rebatizar as coisas, para fazer com que vissem benefício e relativa felicidade em coisas até então odiadas.

Ademais, a religião sempre ensinou o desprezo à "sabedoria deste mundo", incitou o desapego à realidade natural, apregoou a credulidade como uma virtude, valendo-se de inumeráveis artimanhas vis para perpetuar-se. Não espanta, portanto, que represente um dos maiores empecilhos ao progresso do conhecimento e da civilização. Imaginemos todo o progresso que poderia ter ocorrido desde a Idade Média até os dias atuais, e que foi atravancado pela religiosidade que dominou a mente dos indivíduos e pela opressão do monstro dogmático que foi — e ainda é — a Igreja Católica e suas irmãs. No período medieval, não apenas o "sentido íntimo das coisas" era o enfoque da religião — praticamente tudo girava em torno de Deus, que era usado para explicar toda a realidade em que viviam. Por isso, todo crente em Deus sentia-se satisfeito em sua ignorância e jamais se preocupava em investigar a realidade, pois tinha certeza de que já sabia tudo o que havia para ser conhecido: e esse tudo se resumia à vontade de Deus. Se não fosse pelos heróis que tiveram coragem suficiente para opor-se à tirania religiosa, às vezes dando até suas vidas por isso, ainda estaríamos vivendo sob as mesmas condições, com uma população rebanhia, submissa, ignorante e ofuscada pelo medo da "ira de Deus" que era reservada aos ímpios — ou seja, aos que negavam submissão aos dogmas vigentes.

Para termos uma vaga ideia da magnitude dessa obstrução, precisamos apenas constatar que, nos dois últimos séculos, nos quais o homem começou a distanciar-se cada vez mais dos mitos e da superstição, passando a enfatizar a razão, houve mais progresso intelectual e material do que em toda a história da civilização. Todas as tecnologias avançadas de que dispomos — a informática, a telecomunicação, o transporte etc. Todo o progresso da medicina que foi possibilitado pelo estudo da anatomia e da fisiologia do homem. Todos os remédios e tratamentos que foram desenvolvidos para prolongar e melhorar nossa qualidade de vida. Todas as teorias que desvendam a vida e o nosso lugar no mundo. Todas as incríveis descobertas da Física, da Astronomia, da Biologia e da Química. Tudo isso, entre muitíssimas outras coisas, surgiu praticamente no século passado. Esse estupendo avanço científico só se concretizou após uma elite intelectual ter-se emancipado dos grilhões da superstição.

Por tempo demais a religião manteve o homem no escuro. Mas, agora que fomos capazes de nos livrar do jugo da mentira sagrada, não podemos permitir que o progresso seja novamente paralisado pelo dogmatismo. Se, a cada vez que nos depararmos com um mistério, apelarmos para explicações sobrenaturais, continuaremos tão ignorantes quanto nascemos. Somente entendendo a verdadeira natureza da vida poderemos tirar dela o máximo proveito. Devemos, portanto, educar as gerações futuras para a realidade — ensiná-las a viver pelo real significado da Terra e da vida, sem falsas promessas, sem ficções. Não podemos permitir que continuem relegando nosso mundo a uma casca descartável de uma outra realidade oculta que seria a "absoluta".

Que se atrevam os dogmáticos a discursar sobre os "benefícios humanitários" da religião — essa miserável mixórdia de dogmas antinaturais e escravizantes que conspiram contra o que há de mais humano na vida, que emperram todo o progresso que já é suficientemente penoso em si mesmo, que viram do avesso todas as noções sadias de moralidade humana, que lançam semelhantes uns contra os outros por motivos que não dizem nada, que alienam a vida de si mesma com ideais metafísicos e anêmicos, com ideologias nigromantes que se alimentam da miséria humana, que inventam elas próprias a miséria para se fazerem imortais.

E o além — que significa esse "além"? A vontade de fuga e de negação de toda a realidade por parte desses pregadores da morte — ou da "vida eterna", como preferirem —, desses verdadeiros frutos podres na árvore da vida, todos movidos pela covarde necessidade de falsificar a realidade a todo o custo; essa necessidade de autonegação patológica, sempre acompanhada por aquele repulsivo sorriso de satisfação pelo fato de a liberdade ter sido finalmente banida e seus "irmãos", como eles, tornados doentes, adestrados, domesticados como animais gregários, resignados numa alienação grotesca que espera, inofensiva, a morte, para então ingressar no "mundo verdadeiro" — essa é a fórmula perfeita para a decadência da espécie humana. São esses alguns dos "benefícios humanitários" que a religião tem a nos oferecer.

Alguns ainda objetarão que, sem Deus, a vida não tem valor nem sentido. Mas a verdade é que foram as próprias expectativas sedutoras semeadas pela religião que lançaram descrédito contra a vida e contra o que é terreno, com suas exuberantes promessas de um mundo idealizado — "bem-aventurança", "salvação", "vida eterna" —, ao lado das quais a própria vida forçosamente torna-se insípida, fazendo parecer que nenhum outro ponto de vista além desse possa ter valor.

Isso, entretanto, não passa de um mal-entendido. É necessário compreender que, se não existe um deus, somos nós mesmos que atribuímos valor às coisas — não há ninguém para nos dizer o que fazer. A vida só poderá possuir verdadeiro valor e sentido quando o homem tiver consciência de sua liberdade. Quando o homem esquecer a mentira transcendental e passar a viver para a realidade, para o presente — somente então a vida voltará a ter valor e sentido reais, isto é, humanos. Entretanto, enquanto o homem considerar de maior importância agradar a fantasmas ultramundanos — em troca de um apartamento com vista para o Éden —, isso continuará sendo algo impossível.

Portanto, não nos deixemos enganar: *A religião nunca poderá reformar a humanidade, pois religião é escravidão* — Ingersoll disse-o com perfeição. Se não houvesse essa falsificação, esse envenenamento da realidade, esse deslocamento das expectativas a um "além", a vida não seria relegada a um insignificante estágio. O ateísmo simplesmente traz o centro de gravidade da vida de volta a si mesma em vez de a caluniar em nome do além, em nome do *nada* — e, se o ateísmo representa uma maldição, sem dúvida é a da liberdade.

PARTE II

Ouvidos novos para uma música nova. Olhos novos
para o mais distante. Uma consciência nova para
verdades que, até hoje, permaneceram mudas.

— Friedrich Nietzsche

PART II

INTRODUÇÃO À PARTE II

Não, nossa ciência não é uma ilusão. Ilusão seria imaginar que aquilo que a ciência não nos pode dar, podemos conseguir em outro lugar.

— Sigmund Freud

Na primeira parte desta obra buscamos analisar os problemas tipicamente vinculados ao dilema da crença/descrença em Deus, de modo que nossas observações têm girado principalmente ao redor da plausibilidade da hipótese divina enquanto explicação para nosso mundo. Estivemos ocupados em explicar quais são os problemas conceituais presentes em tais noções — tanto de deuses pessoais quanto impessoais — e por quais motivos não devem ser aceitas como verdadeiras — ou pelo menos como racionalmente justificadas. Desfizemos alguns mitos, contestamos os mais frequentes argumentos que tentam respaldar a crença em entidades superiores, apresentamos um rápido esboço da anatomia das crenças e explicamos por quais motivos o ateísmo não deve ser encarado como um extremismo, mas como algo razoável e sensato.

Certamente não se deve entender que, com isso, destruímos a possibilidade da existência de um deus. Demonstramos apenas que o ateísmo, atualmente, é a perspectiva mais corroborada pela realidade em que vivemos e que em maior grau é capaz de sustentar-se racionalmente, pois todos os fatos que conhecemos até hoje apontam para uma realidade sem uma mente dirigente por detrás. Contudo, nunca podemos enfatizar isto o suficiente: mantenhamos sempre nossa mente aberta às novas evidências, às novas teorias que eventualmente surgirem, pois foi exatamente isso que nos ajudou a chegar até aqui. Assim, se nos tornamos ateus, ou se deixamos de sê-lo, isso é algo que, de certo modo, precisa permanecer alheio à nossa vontade pessoal.

Qualquer indivíduo sensato, ao declarar-se ateu, não o faz de forma alguma por realização pessoal. A assunção do ateísmo deve ser proveniente de sua sobriedade frente à realidade. Portanto, não devemos entender o ateísmo como uma escolha arbitrária, mas como um reflexo de uma consciência esclarecida e, antes de tudo, honesta consigo mesma. Precisamente por esse motivo, sempre maleável e disposta a mudar de ponto de vista — mesmo se fazê-lo for incômodo ou doloroso — se para isso houver motivos suficientemente bons, ou seja, superiores em força àqueles que apontam para um mundo natural e sem deuses. Assim sendo, se a hipótese de um deus criador vier a tornar-se a explicação mais plausível e mais condizente com os fatos e com o conhecimento, então deveremos forçosamente abdicar de nosso ateísmo, pois, se não o fizermos, certamente estaremos abdicando de nossa própria racionalidade.

Mas, dada a situação atual e todo o colossal esforço que, por séculos e séculos, foi feito no sentido de respaldar as crenças religiosas, podemos pensar em tais hipóteses, no melhor dos casos, como especulações infundadas, que não possuem nenhum motivo para serem levadas em consideração. Simples fábulas e quimeras da imaginação humana, as quais poderíamos multiplicar *ad infinitum* se para isso dispuséssemos nossa criatividade por tempo suficiente.

Em todo caso, o fato é que de nada adianta apenas criticarmos as visões equivocadas a respeito do mundo, de nada adianta apenas apontarmos erros. Após o trabalho de demolição, é inteligente refletirmos sobre qual foi a armadilha que nos conduziu ao erro a fim de evitar que, novamente, sejamos pegos por ela. Para tal fim, é necessário analisar a questão detidamente, nos esforçando no sentido de compreender quais foram as causas desses erros de interpretação. Depois de destruir, portanto, é necessário reconstruir: pular por cima do erro e, então, reestruturar nossa cosmovisão para que esta possua uma maior correspondência com a realidade.

Em nossa sociedade, por longos séculos, a figura divina tem ocupado um papel de importância central. Muitas das respostas às questões mais relevantes de nossas vidas tiveram sua origem na teologia. Todavia, como tais alicerces, aos nossos olhos, mostraram-se equivocados, julgamos de suma importância reavaliar os elementos que foram mais fortemente influenciados pelas explicações religiosas. Daremos assim início a uma revisão crítica dos aspectos mais relevantes da natureza humana — isso para entendê-los, analisá-los, confrontá-los à razão e às evidências, e assim verificar se nossas noções ainda possuem alguma consistência, algum conteúdo real, ou se não passavam de erros e fantasmas, se devem ser rejeitadas juntamente com a ideia de um deus.

Essa revisão é importante porque, mesmo racionalmente, sempre se lançou um véu de mistério sobre tais questões. Talvez isso aconteça porque representam algo muito importante para nós, e assim imaginamos que sua profundidade e complexidade deveriam estar à altura de sua relevância às nossas vidas — daí permanecerem incompreendidas e intocadas, como grandes "enigmas indecifráveis". O fato é que, se o homem não se despir de seus preconceitos, expectativas e anseios antes de lançar-se a tal objetivo, se não abordar essas questões de uma maneira desinteressada — entendendo por "desinteresse" o fato de não estar buscando qualquer resposta preestabelecida —, isso fatalmente o conduzirá a muitos erros de interpretação que realmente as tornam incompreensíveis.

Mas, felizmente, os fatos levam-nos a concluir que a humanidade encontrou o caminho que conduz à espécie mais segura possível de entendimento: o científico. Esperamos que disso ainda possamos colher muitos frutos. Entretanto, é bem verdade que nossa compreensão está apenas engatinhando. A realidade só recentemente começou a se mostrar aos nossos olhos com nitidez suficiente. A partir dos rudimentos desse processo, do pouco que conhecemos, tentaremos construir uma cosmovisão que, apesar de muito incompleta, já possui seus alicerces solidamente ancorados num mundo que é natural, no qual inexistem aquelas ficções que, por tanto tempo, povoaram nossas mentes.

Nos capítulos seguintes, nossa proposta será tratar de assuntos fundamentais da natureza humana que, em geral, têm de ser revistos quase totalmente após a cisão radical com o teísmo que a descrença implica. Como ponto de partida dessa revisão crítica, apresentaremos os conceitos básicos da Teoria da Evolução, que é uma teoria muito bem estabelecida no meio científico e que explica, em termos naturais e lógicos, a origem da diversidade da vida na Terra — de todas as espécies, inclusive nós — sem apelar para quaisquer "milagres". A partir de então, a perspectiva evolucionista servirá como norte para nossas reflexões seguintes, pois, como coloca o homem em seu verdadeiro contexto, isso tornará possível compreender coisas que, até agora, pareciam mistérios insondáveis.

V

OS FUNDAMENTOS
DA TEORIA DA EVOLUÇÃO

Num intervalo de tempo suficientemente longo, o impossível se torna possível, o possível, provável, e o provável, virtualmente certo. Basta esperar: o tempo, por si só, realiza milagres.

— George Wald

Evolucionismo é o nome dado à teoria que explica o processo que originou toda a miríade de espécies que existem ou existiram, inclusive nós, humanos. Em geral, admite-se que a evolução das espécies através da seleção natural tenha se iniciado a partir de um ancestral antiquíssimo e comum a todas as formas de vida, que teria surgido nos mares primitivos há cerca de 3,5 bilhões de anos. Posteriormente, esse foi ganhando complexidade, adaptando-se e difundindo-se geograficamente, colonizando ambientes diferentes até, por fim, tomar conta de todo o planeta nas formas mais variadas.

Apesar de os princípios básicos da Teoria da Evolução serem relativamente simples, há muitos equívocos difundidos que a distorcem e distanciam de seu verdadeiro significado. Por exemplo, muitos dizem que o Evolucionismo é a "teoria do acaso". Na verdade, não mentem, pois o acaso certamente se faz presente, e é um componente importante, mas significa apenas ausência de objetivo — ele em nada diminui a eficiência da teoria. Os seres vivos, nesse sentido, certamente evoluem ao acaso, mas sua seleção é feita por contingências ambientais que incorporam exatamente a antítese do acaso. Também muitos acreditam erroneamente que é o grau de inteligência que define quão evoluída é uma espécie. E o próprio nome da teoria é enganoso, pois comumente entende-se o termo "evolução das espécies" como "uma tendência constante ao aumento do grau de complexidade e sofisticação dos seres vivos", quando na verdade não significa mais que a adaptação da população ao meio em que vive através da seleção dos mais aptos.

Há também as sempre frequentes e dúbias objeções dos criacionistas, que inadvertidamente fazem analogias e mais analogias, quase sempre fora de contexto, para sustentar suas crenças dogmáticas — e ingenuamente devem imaginar que, se conseguirem refutar a Teoria da Evolução, isso imediatamente estabelecerá a veracidade do Criacionismo. Essa ideia é um erro, como já explicamos num momento anterior.

Quando aparecerem argumentos sérios e desinteressados, que contestam o Evolucionismo por questão de honestidade intelectual e com evidências sólidas, então poderemos levar tais objeções a sério. Contudo, aqueles que combatem o conhecimento científico com o objetivo de preservar suas crenças em mitos religiosos apenas demonstram uma lamentável parcialidade, a qual é totalmente incompatível com o verdadeiro espírito científico. Seria como defender o geocentrismo porque isso é dito na Bíblia — e, lamentavelmente, isso de fato foi feito, e até se chegou a queimar em fogueiras quem contestou tal "fato divino".

Assim, para não nos deixarmos enganar pelos ardilosos argumentos com que se armam, é necessário que tenhamos uma compreensão razoável dos conceitos que fundamentam a Teoria da Evolução, e esse é um segundo objetivo ao qual este capítulo se dedica. Deixemos, portanto, que as evidências falem por nós.

TENTANDO CONCEBER O INCONCEBÍVEL

Visto que o período de nossas vidas é infinitesimal em comparação às eras geológicas que estiveram disponíveis para a ocorrência dos fenômenos seletivos da evolução biológica, quando, depois de um belo almoço, nos voltamos à natureza e vemos tudo já acabado, funcionando de modo extremamente interdependente, somos vítimas da ilusão de que as espécies estão em harmonia com o meio ambiente, e que "um existe para o outro", ou então que foram criadas por alguma inteligência suprema do modo como são atualmente. Intuitivamente, parece-nos absurdo pensar que toda essa magnífica profusão de espécies apenas "aconteceu" por acaso.

Certamente as espécies estão em harmonia com o meio ambiente, mas não porque um existe para o outro nem porque foram criadas, mas porque o ambiente é um tirano que ceifa impiedosamente a vida daqueles que não são capazes de subsistir sob as condições impostas por ele. Claro que essa explicação não é muito intuitiva, tampouco apela às nossas sensibilidades poéticas.

Tal ilusão se deve principalmente à nossa incapacidade de conceber o que aquele monte de zeros que os evolucionistas usam significa na prática. A vida surgiu há 3.500.000.000 de anos — ninguém consegue conceber o que isso significa. O período de nossas vidas, quanto muito, alcança o primeiro dígito da terceira casa, e isso é *toda* a nossa vida. Por tal razão, é completamente ilógico querermos nos limitar ao tempo ridiculamente pequeno de nossas vidas para julgar como as coisas funcionam em longo prazo, usando somente nossa observação direta para definir o que pode ou não acontecer.

Para demonstrar como o alcance de nossa visão é pequeno, se representássemos um milênio inteiro pelo comprimento de apenas um metro, qual seria o equivalente em distância para representar o tempo desde a origem do planeta Terra? A imodestíssima distância de 4.500 quilômetros! Um humano percorreria, em média, seis a oito centímetros desse trajeto.

Portanto, evolutivamente, perde o sentido falarmos em períodos relativos ao tempo da vida humana. O Evolucionismo fala em linguagem geológica; não fala em anos, nem em décadas, nem em séculos; no mínimo, fala em milênios, sendo que as medidas mais frequentes são os milhões, as dezenas de milhões, as centenas de milhões e os bilhões de anos. Em relação a isso, nossa vida não passa de um mero piscar de olhos.

126

A ORIGEM DA VIDA

Esse assunto não pertence ao âmbito do Evolucionismo diretamente, mas é importante termos certa noção sobre ele. Estima-se que a Terra tenha surgido há aproximadamente 4,5 bilhões de anos e as primeiras formas de vida há 3,5 bilhões de anos. O processo exato pelo qual isso se deu ainda é matéria de muito debate, mas atualmente já existem teorias bastante razoáveis que explicam como a vida poderia ter surgido da matéria não-viva através de mecanismos naturais, explicados pelas leis da Física e da Química.

As três hipóteses mais debatidas sobre a origem da vida são a da criação especial, a da panspermia e a da geração espontânea gradual, também conhecida como abiogênese.

A primeira hipótese — a da criação especial — afirma que Deus criou todas as espécies como são atualmente. Os proponentes da teoria da criação especial são chamados de criacionistas ou fixistas. Naturalmente, ela não se baseia em evidências, mas em mitos de natureza religiosa. Uma vez que tal hipótese se baseia numa obscura singularidade miraculosa para explicar a origem da vida, ela não pode ser tratada como científica, pois o principal critério de avaliação científica fundamenta-se precisamente na verificação. Se a teoria não apresenta hipóteses passíveis de verificação, não é possível confrontá-la às evidências empíricas para que assim se possa comprovar ou refutar sua veracidade. A ciência, portanto, nada tem a dizer a respeito dessa hipótese.

A segunda hipótese — a da panspermia — defende que a vida originou-se em algum local fora de nosso planeta e, posteriormente, de algum modo, acabou sendo inseminada na Terra. Por exemplo, isso poderia ter ocorrido através de esporos trazidos por meteoritos, que gradativamente evoluíram, dando origem a todas as formas de vida que conhecemos atualmente. Sabemos que a Terra é frequentemente bombardeada por meteoritos, e em alguns deles já foram encontradas substâncias orgânicas, sugerindo que a ocorrência de tais compostos não é algo tão raro quanto se pensava. Os dois principais problemas enfrentados por essa teoria são: 1) Quando um corpo celeste, atraído pela gravidade, entra na atmosfera terrestre, este sofre um extremo aquecimento devido ao atrito com o ar atmosférico, e isso causaria a total aniquilação de qualquer forma de vida nele contida. Entretanto, devemos notar que observações recentes apontam a possibilidade de que, se o meteoro for suficientemente grande, seu aquecimento poderia ocorrer apenas superficialmente, possibilitando que seu núcleo ainda congelado chegasse à Terra intacto; 2) Essa hipótese, apesar de logicamente consistente, apenas responde a razão pela qual existe vida na Terra, mas empurra o problema da verdadeira origem, da gênese da vida para algures, e assim a incógnita de como a vida se originou continuaria sem resposta.

A terceira hipótese é a da geração espontânea gradual, ou abiogênese, que defende que a vida surgiu na Terra através de processos naturais que consistem na chamada evolução química. É a mais plausível das três, apesar de sua verificação ser um tanto problemática. Um dos motivos disso reside no fato de que é extremamente difícil fazer a reconstituição exata do perfil que a Terra tinha há vários bilhões de anos. Contudo, as tentativas feitas pelos cientistas no sentido de simular as condições primitivas da Terra mostraram-se prósperas, apontando para a conclusão de que a geração espontânea gradual é teoricamente possível.

O primeiro defensor da abiogênese foi o bioquímico russo Aleksander Oparin, autor das pesquisas que lançaram os alicerces para estudos minuciosos sobre a origem física e química dos processos vitais na Terra. Segundo ele, a atmosfera de nosso planeta, em tempos primitivos, era composta por amônia, metano, vapor d'água e hidrogênio. A crosta terrestre, nessa época, ainda era extremamente quente, e por isso toda a água encontrava-se na forma de vapor. Aos poucos, essa água se condensava, causando chuvas que, ao entrarem em contato com a crosta, evaporavam-se novamente, num ciclo incessante, causando muitas tempestades e relâmpagos. Visto que nesses tempos remotos a camada de ozônio ainda não existia, as radiações solares mais energéticas não eram filtradas. Isso servia, juntamente com os relâmpagos, como energia de ativação para reações químicas entre os componentes existentes na atmosfera. Essas reações produziam, entre várias substâncias, também compostos de natureza orgânica, como aminoácidos, por exemplo. Tais aminoácidos eram carregados pela água das chuvas até a crosta; então a água evaporava-se, deixando os aminoácidos na superfície quente, que funcionava como um catalisador das reações químicas que os combinavam entre si. Atualmente, sabe-se que cadeias de aminoácidos formam-se naturalmente pelo processo de desidratação.

Posteriormente à fase em que a crosta encontrava-se acima de 100° C, começaram a formar-se os mares primitivos, e as moléculas orgânicas sintetizadas na superfície da crosta foram sendo arrastadas para dentro deles através das chuvas. Já na água, tais substâncias orgânicas simples passaram a reagir mais intensamente, formando moléculas de maior complexidade. Essas substâncias orgânicas, por sua vez, formaram agregados maiores, denominados por Oparin de coacervados — uma espécie de pré-célula muito primitiva, capaz de exercer algumas funções bastante simples. Após reagirem por um tempo suficientemente longo nos mares, algum coacervado teria adquirido, de algum modo, a capacidade de replicar-se de modo organizado, e a partir daí a vida teria se desenvolvido.

De fato, temos de admitir que se trata de uma hipótese bastante rebuscada, que depende de muitos fatores ocorrendo em harmonia para que o resultado final se consume. Entretanto, na ciência, nenhuma hipótese permanece em voga por acaso. São várias as evidências que convergem para respaldar a teoria da evolução química.

Um ponto fundamental que condiz com tal teoria é o fato de que os elementos que constituem predominantemente os seres vivos atuais são exatamente o carbono, o hidrogênio, o oxigênio e o nitrogênio, ou seja, os mesmos elementos que o circundam no meio ambiente. Tenhamos em mente que a única diferença entre matéria viva e matéria inanimada diz respeito à sua organização.

Várias pesquisas laboratoriais foram usadas para verificar a hipótese da geração espontânea gradual. Stanley Miller, também um bioquímico, simulou dentro de um sistema fechado as condições previstas por Oparin da Terra primitiva. Dentro do sistema havia um reservatório de água fervente, que fazia circular as quatro substâncias propostas por Oparin. Também havia nele um dispositivo que liberava descargas elétricas, simulando as radiações solares e os relâmpagos da atmosfera primitiva.

Deixando tal sistema em funcionamento por alguns dias, posteriormente constatou-se a formação espontânea de moléculas orgânicas simples. Atualmente, com experimentos análogos e previsões mais modernas sobre os prováveis componentes da atmosfera primitiva, conseguiu-se sintetizar muitas substâncias, como nucleotídeos, ATPs, glicídios, lipídeos, ácidos graxos e aminoácidos.

Nucleotídeos são os componentes básicos do material genético; o ATP é a molécula que carrega a vida nas costas, pois é dela que todos os organismos retiram a energia para sobreviver; glicídios, em geral, são uma ótima fonte de energia, e combinam-se para formar polissacarídeos; ácidos graxos e lipídeos compõem as gorduras; os aminoácidos são os componentes básicos das proteínas, um elemento imprescindível na constituição dos seres vivos.

Desse modo, se as condições primitivas da Terra tivessem sido favoráveis, ficou comprovado experimentalmente que poderiam ter se formado, sem problema algum, por simples leis da Física e da Química, os tijolos fundamentais que alicerçam a vida.

Supõe-se que todas essas substâncias foram sendo sintetizadas — principalmente devido às radiações solares, ao calor da crosta terrestre e às propriedades catalíticas da argila — por um período extremamente longo, e posteriormente foram arrastadas aos mares pela água, onde continuaram a interagir, formando substâncias cada vez mais complexas. Esses mares repletos de nutrientes essenciais à vida são o que normalmente se denomina "caldo primordial".

Dentro do contexto do raciocínio de Oparin, percebemos que, se jogarmos um punhado de aminoácidos em água aquecida, eles não se dispersam aleatoriamente, mas tendem a constituir agregados — chamados microesferas — que possuem propriedades interessantes. Por exemplo, tais agregados de moléculas são capazes de se individualizar do meio através de uma película de água e proteínas, conservando o meio interno aquoso — algo que se assemelha vagamente à estrutura básica de uma célula. Esses agregados são capazes de alguns atos metabólicos bastante rudimentares, como, por exemplo, a tendência de concentrar algumas substâncias em seu interior. Eles também são capazes de fundir-se entre si, formando estruturas mais complexas. Também podem se dividir e, posteriormente, continuar a crescer individualmente.

Na prática, acredita-se que proteínas e outras moléculas orgânicas presentes nos mares primitivos formariam os coloides, como prevê a Química, que por sua vez seriam responsáveis pela formação dos coacervados, que possuem, entre outras, a capacidade de catalisar reações químicas em seu interior. Tudo indica que no caldo primordial havia muitíssimos deles interagindo entre si — mares inteiros.

Apesar de não serem realmente estruturas vivas, os coacervados já estavam sob a ação de um tipo de seleção: a dos mais estáveis. Dadas as situações apropriadas, os coacervados tendem a concentrar certas substâncias, eliminar outras, englobar gotículas menores etc. Nesse processo, os que fossem mais estáveis físico-quimicamente e mais "agressivos" tendiam a permanecer.

Essa competição, por fim, selecionou aqueles que eram mais estáveis, organizados e eficientes em seus atos metabólicos. Em tal estágio, eles passam a ser chamados de protobiontes. Contudo, isso ainda está muito longe de algo vivo. Eles precisavam, além disso, adquirir a capacidade de se autoduplicar de modo organizado — isto é, de criar réplicas de si mesmos. Essa capacidade teria sido proporcionada por algum tipo de molécula informacional primitiva atualmente extinta — algo análogo ao *DNA* moderno, que funcionaria como gerenciador das atividades metabólicas dos protobiontes, mas com uma estrutura muitíssimo mais simples. Provavelmente essa molécula era feita de *RNA*, que possui propriedades catalíticas e autoduplicantes — e, no caldo primordial, certamente havia as substâncias necessárias para sua formação. Vale lembrar que, atualmente, já se consegue sintetizar em laboratório moléculas de *RNA* capazes de autorreplicação espontânea. Uma grande dificuldade, entretanto, consiste em saber como um ácido nucleico teria vindo a apossar-se do controle das atividades metabólicas de um protobionte, para que então se transformasse num ser vivo de fato.

Naturalmente, nunca poderemos verificar esta última fase em experimentos de forma realística, pois precisaríamos saber como eram as condições primitivas exatas e, depois, construir um laboratório do tamanho da Terra e deixar as substâncias reagindo por alguns milhões de anos. Contudo, notemos que apesar de tal evento parecer — e, de fato, ser — muito improvável, ele só precisaria ter ocorrido *uma única vez* para desencadear todo o processo — e havia mares inteiros repletos dessas substâncias reagindo incessantemente, não por um, dez, ou cem anos, mas por milhões e milhões de anos. Assim, após o surgimento do primeiro ser vivo primitivo, o caminho estava praticamente desimpedido para a explosão reprodutiva desses novos seres, que contavam com todo o alimento abundantemente disponível no caldo primordial para crescerem, reproduzirem-se e, ao longo do tempo, se diversificarem. Como explicou George Wald, *O ponto importante está na origem da vida pertencer à categoria dos fenômenos do "pelo menos uma vez". Por improvável que julguemos esse evento, ou qualquer de suas etapas, um intervalo de tempo suficientemente longo permitirá quase com certeza que aconteça pelo menos uma vez. E para a vida que conhecemos, com a sua capacidade de crescimento e reprodução, uma vez pode ser o bastante.*

Como isso tudo ocorreu, e se foi assim realmente, é provável que nunca saberemos. Mas, aqui, o importante não é sabermos exatamente como aconteceu, mas percebermos que a realidade nos mostra que, sem dúvida, a vida pode ter surgido naturalmente, através da evolução química. Para concluir isso nos baseamos em simples leis físicas e químicas que explicam, passo a passo, sua formação de modo perfeitamente plausível e racional, sem apelar para qualquer milagre probabilístico.

Assim, se quisermos, honestamente, entender a realidade em que vivemos, e também a nossa origem, sempre devemos olhar para a direção em que as evidências apontam, nunca perdendo de vista o fato de que a ciência não busca as quiméricas certezas absolutas — ela busca o mais provável.

A IDEIA DE DARWIN

Foi no livro *A Origem das Espécies* que Charles Darwin apresentou a principal ideia do Evolucionismo, que se fundamenta na seleção do mais apto — à sobrevivência e à reprodução. A tese central desenvolve-se mais ou menos nestes termos: numa população normal de indivíduos, existem pequenas diferenças naturais entre os membros que, a princípio, seriam pouco relevantes. Mas, vendo-se que as populações crescem em progressão geométrica (1, 2, 4, 8, 16, 32, 64...), logo seus membros ultrapassariam em número a quantidade que o meio ambiente é capaz de sustentar. Na prática, isso significa que deixa de haver alimento para todos.

Nessa situação, entram em cena as pequenas diferenças entre os indivíduos. Todo ser vivo, por natureza instintiva, quer viver, mas há indivíduos demais, e o ambiente não pode sustentar todos. O que acontece? Começa uma acirrada *competição* pela sobrevivência. As pequenas diferenças entre os seres vivos, nesse momento, podem fazer toda a diferença — entre quem vive e quem morre.

Por exemplo, imaginemos uma população de leões. Suponhamos que a velocidade máxima padrão deles seja de 60 km/h. No ambiente em que estão, há gazelas cuja velocidade máxima é de 65 km/h, e é apenas delas que eles se alimentam. Suponhamos que o único modo de se agarrar uma gazela seja vencê-la na corrida. Os leões vão lutar para alcançar as gazelas e as gazelas, igualmente, vão lutar para escapar dos leões. Como em toda população há variações sutis de indivíduo para indivíduo, normalmente encontraremos leões mais rápidos e leões mais lentos, e o mesmo para as gazelas. Nesse contexto, o fator seletivo é a velocidade. Os leões que forem mais lentos não conseguirão alcançar nenhuma na corrida e, ficando sem seu alimento, acabarão por morrer de fome; os leões mais rápidos alcançarão as gazelas mais lentas; e as gazelas mais rápidas não serão alcançadas por nenhum leão. Como, a cada geração, apenas os melhores — nesse caso, os mais velozes — sobrevivem, então a tendência será a de que os predadores fiquem cada vez mais rápidos. Em contrapartida, o mesmo ocorre com as gazelas: a tendência será a de que apenas as que conseguem escapar da predação sobrevivam para se reproduzir, e assim as mais rápidas dentre elas serão igualmente selecionadas.

O exemplo acima serve como paradigma para a Teoria da Evolução através da seleção dos mais aptos, que é movido pelo refrão que, ironicamente, encontramos na Bíblia: *vida por vida, olho por olho, dente por dente, mão por mão, pé por pé* (*cf.* Deuteronômio 19:21). Sua mola propulsora é a luta impiedosa pelo direito de existir. Na lógica da vida, portanto, o critério da verdade é a sobrevivência.

INCORPORANDO AS NOVAS DESCOBERTAS: NEODARWINISMO

Darwin criou a Teoria da Evolução baseando-se puramente em sua intuição e em suas cuidadosas observações feitas ao redor do mundo. Entretanto, visto que ele viveu no século XIX, ainda não dispunha do instrumental tecnológico necessário para compreender a origem da variabilidade entre os indivíduos de uma mesma população. Ele admitia sua existência, e também que era através dela que a evolução funcionava, mas não entendia qual era o mecanismo que a originava.

Atualmente, sabe-se que a presença de variações entre os indivíduos deve-se à recombinação gênica e às mutações, que podem ocorrer espontaneamente, mas que também podem ser induzidas por diversos outros fatores, como os raios ultravioleta, os raios-x, a radioatividade etc. À versão aperfeiçoada da Teoria da Evolução, que incorpora as descobertas sobre a função do material genético na promoção da variabilidade fenotípica das espécies, dá-se o nome de Neodarwinismo ou Teoria Sintética da Evolução — que, paralelamente, também incorpora a teoria da Deriva Continental.

É nesse contexto que entra a questão do acaso na evolução das espécies. A recombinação gênica e as mutações, sem dúvida, ocorrem por acaso, ou seja, sem qualquer objetivo traçado — mas, para permanecer, elas devem passar pelo rigoroso filtro da competição.

Por exemplo, se certa mutação tornar o indivíduo mais apto à sobrevivência, este terá, por sua vez, mais chances de deixar descendentes, repassando seus genes à geração seguinte. Por outro lado, se a mutação for perniciosa, o indivíduo será prejudicado, e isso diminuirá sua probabilidade de se reproduzir, fazendo com que essa variedade mutante tenda a desaparecer da população.

Para ilustrar o mecanismo, podemos retomar o exemplo acima. Se uma mutação benéfica fizesse com que um leão fosse capaz de correr não a 60 km/h, mas a 70 km/h, então ele seria mais apto à sobrevivência naquele meio. Se, por outro lado, um leão nascesse com um material genético que contém uma mutação perniciosa que alterasse, por exemplo, o comprimento de suas pernas, e isso reduzisse sua velocidade máxima a 50 km/h, então seria incapaz de alcançar suas presas, e a seleção natural descartaria esse indivíduo — seus genes malsucedidos desapareceriam da população de leões. Desse modo, percebemos que a adaptação da espécie ao meio não ocorre em nível individual. Na realidade, tal fenômeno se processa em nível de composição populacional.

É importante também salientar que as mutações funcionam em pequenos passos. Nunca veremos um chimpanzé parindo um homem ou *vice versa* — não é assim que as coisas acontecem. Quando ocorrem mutações de grandes proporções, há uma grande tendência de que sejam perniciosas, pois é muito improvável que uma porção significante de material genético recombine-se ao acaso na exata proporção necessária para engenhar uma característica positiva, dado que o número de combinações perniciosas é infinitamente maior. Assim, o que podemos esperar de uma mutação bem-sucedida é algo bastante modesto, como pernas mais curtas ou longas, pelos mais claros ou escuros, mais ou menos densos, uma enzima digestiva modificada, dentes mais afiados ou embotados, e assim por diante.

Por isso, não seria necessária uma mutação milagrosa para dar origem a todos os órgãos extremamente especializados de hoje. É bastante plausível que tenham surgido gradualmente, em vários pequenos passos. Por exemplo, é astronomicamente improvável que algo como o olho humano tenha "brotado" do nada, de uma só vez, por pura sorte. Mas não é improvável que tenha se derivado de algo levemente menos sofisticado, de um olho predecessor um pouco mais rudimentar que o de hoje, que não enxergava tão bem. Esse olho rudimentar, por sua vez, teria vindo de outro ainda mais simples, e assim por diante, numa enorme série extremamente gradual, até chegar a algo como, digamos, uma pequena estrutura toscamente fotossensível, que seria simples o suficiente para ter surgido por acaso, de uma única mutação.

Dawkins apresenta-nos uma analogia entre arcos de pedra e o funcionamento da evolução, explicando com bastante clareza como estruturas simples podem servir de base ao surgimento de dispositivos especializados:

Um arco feito de blocos de pedra, por exemplo, é uma estrutura estável, capaz de resistir por muitos anos, mesmo que não haja qualquer argamassa para lhe conferir resistência. A construção de uma estrutura complexa por meio da evolução é como construir um arco utilizando um bloco de cada vez, sem argamassa. Se pensarmos nessa tarefa superficialmente, ela parecerá impossível. Quando a última pedra estiver em seu lugar, então o arco ficará estável; só que os estágios intermediários são instáveis. Entretanto, é relativamente fácil construir o arco se pudermos adicionar e também subtrair blocos. Começamos edificando alicerces sólidos, depois construímos o arco sobre eles. Então, quando todo o arco estiver em posição, incluindo a pedra principal no topo, basta remover cuidadosamente as bases e, com um pouco de sorte, o arco permanecerá intacto. O Stonehenge é incompreensível até percebermos que seus construtores se valeram se algum tipo de armação, ou talvez aclives ou declives de terra, que foram removidos. Podemos ver somente o produto final. Temos de inferir qual era a armação, que não existe mais.

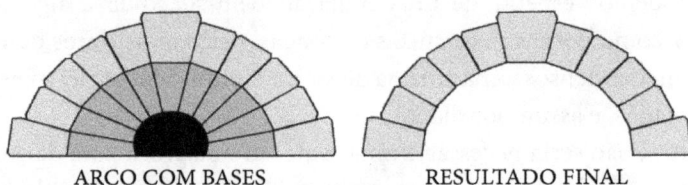

ARCO COM BASES   RESULTADO FINAL

Como podemos notar, a complexidade da vida atual é incompreensível se não levarmos em consideração seus alicerces históricos, o modo como os organismos e suas características surgiram e modificaram-se no decorrer de sua evolução. Essa foi uma das lacunas explicativas mais importantes que a Teoria da Evolução respondeu.

Ao longo de inúmeras gerações, vão ocorrendo os mais variados tipos de mutações e recombinações genéticas, e o resultado é sempre forçado a atravessar a peneira da aptidão reprodutiva. Desse modo, percebermos que a evolução é cumulativa. As pequenas mudanças favoráveis vão sendo selecionadas e, pouco a pouco, acumulam-se. Com o tempo, engendram novas características, dispositivos, órgãos etc. Se as condições necessárias se verificarem, podem também surgir novas espécies, como veremos a seguir.

SIMULANDO A EVOLUÇÃO CUMULATIVA
As mutações e a adaptação

Para termos uma melhor noção de como a seleção natural cumulativa funciona na prática, usemos um exemplo simples. Suponhamos que a aptidão reprodutiva dos seres vivos fosse representada por formas geométricas. Num certo ambiente, existe uma espécie que denominaremos "espécie quadrada".

Tiraremos essa espécie do ambiente em que vive e a colocaremos num ambiente que possui uma pressão seletiva cujo critério é a "redondez" — ou seja, quanto mais redondo o indivíduo, mais adaptado estará para sobreviver nesse meio ambiente.

Estatisticamente, a probabilidade de haver mutações, de geração para geração, é bastante pequena. Mas, para tornar o exemplo didático, suponhamos que elas ocorressem a cada geração. Pela figura abaixo, podemos perceber que a reprodução, nesse caso, é somente assexuada. Para evitar complicações, foi postulado no exemplo que cada reprodução produziria apenas dois indivíduos, e que, dos dois, apenas um sobreviveria, e que a seleção, como dito, seria feita pelo critério da redondez do indivíduo.

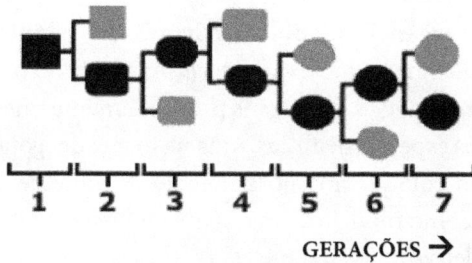

GERAÇÕES →

Como podemos notar, na primeira geração o ser era completamente quadrado, pois estava adaptado ao seu ambiente antigo. A segunda geração é formada por um indivíduo igual ao pai e outro levemente arredondado, que sofreu mutação; o ambiente, naturalmente, favoreceu o mais arredondado, que sobreviveu. Na terceira geração ocorreu o mesmo, sendo selecionado o indivíduo mais redondo; o outro foi descartado. Na quarta geração notamos que houve uma mutação desfavorável, ou seja, um indivíduo ficou mais quadrado, enquanto o outro se manteve igual ao pai; sobreviveu aquele que permaneceu mais redondo. Seguindo o esquema, vemos que a tendência dos indivíduos, por um fator de seleção do mais apto em longo prazo, é chegar à redondez completa, que significa adaptação. Como explicamos, o indivíduo mais redondo tem maiores chances de sobreviver e de reproduzir-se porque o meio favorece os indivíduos que estão mais adaptados a ele.

Esse processo ilustra como as pequenas mudanças favoráveis que ocorrem devido à mutação vão acumulando-se ao longo das gerações, de modo que a tendência da espécie é amoldar-se às exigências impostas pelo meio. A redondez completa, em nosso exemplo, significa que a espécie está plenamente adaptada para sobreviver nesse dado ambiente — e assim a competição vai ficando cada vez mais acirrada e especializada.

Essa "redondez completa", na prática, poderia ser ilustrada pelos animais que comumente denominamos "fósseis vivos", ou seja, espécies que, por estarem extremamente bem adaptadas ao meio em que vivem, permaneceram praticamente inalteradas durante enormes períodos de tempo. Um bom exemplo é o Tatuara, um réptil que foi contemporâneo dos dinossauros e que vive em algumas ilhas da Nova Zelândia.

Convergência adaptativa e irradiação adaptativa

O mecanismo denominado *convergência adaptativa* explica as semelhanças morfológicas entre espécies de origens profundamente diferentes. Por exemplo, tomemos duas espécies distintas, uma na forma de "gota" e outra na forma de "losango", e as coloquemos no ambiente do qual retiramos a "espécie quadrada" usada como modelo acima — um ambiente que possui a "quadratura" como fator seletivo.

Ao longo do tempo, ocorrerá que as duas espécies terão as características de suas mutações selecionadas de acordo com os mesmos critérios, de modo que tenderão a se assemelhar em termos funcionais. Vejamos o esquema:

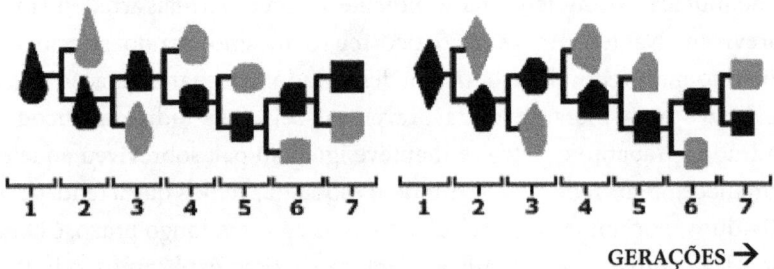

1 2 3 4 5 6 7   1 2 3 4 5 6 7

GERAÇÕES →

Exemplos vivos desse processo são os tubarões e os golfinhos. O tubarão é um peixe cartilaginoso que respira por brânquias, enquanto o golfinho é um mamífero que respira por pulmões. No tubarão as nadadeiras são carnosas; no golfinho, elas possuem ossos. A semelhança funcional de seus formatos é não casual — ela se deve às pressões ambientais semelhantes. Ou seja, visto que ambos estavam sob as pressões do mesmo meio ambiente específico, ao longo do tempo evoluíram de modo convergente, pois, através da seleção genética, encontraram soluções análogas para os problemas ambientais impostos à sua sobrevivência enquanto espécie.

No caso da *irradiação adaptativa*, ocorre justamente o oposto. Se separássemos uma população de indivíduos da mesma espécie em dois grupos distintos e os colocássemos em ambientes diferentes, por exemplo, um numa floresta equatorial e outro num cerrado, e supondo-se, é claro, que ambos os grupos sobrevivessem para se reproduzir, aconteceria que, com o tempo, cada grupo se especializaria progressivamente ao seu novo ambiente, e por fim evoluiriam de modo tão divergente que passariam a constituir novas espécies. Devido às diferentes pressões seletivas dos ambientes em que estão, elas vão se diferenciando através da acumulação progressiva de diferenças que são adaptativas no meio específico em que estão inseridas. Quando os grupos chegam a um nível de diferenciação tal que são incapazes de se entrecruzar, mesmo se forem novamente reagrupados, diz-se que ocorreu o surgimento de uma nova espécie, processo tecnicamente denominado *especiação*.

Um exemplo clássico desse processo é a observação que Darwin fez dos tentilhões — pássaros parentes dos pardais — habitantes das várias ilhas de Galápagos. Tais pássaros eram muito parecidos entre si. Entretanto, possuíam bicos com formatos diferentes que, não por acaso, eram especializados à obtenção do tipo de alimento disponível na ilha que respectivamente habitavam, indicando fortemente que todas as variedades haviam evoluído de modo divergente a partir de um ancestral comum, que colonizou as ilhas num período anterior.

Como podemos notar, toda a diversificação que ocorreu a partir da primeira forma de vida que surgiu na Terra deu-se através do processo da irradiação adaptativa. Isto é, à medida que a vida primitiva desbravava novos ambientes, difundia-se pelo mundo, ela confrontava-se com desafios específicos de cada local. Essa profusão de grupos de indivíduos, sob inúmeras pressões seletivas distintas, lenta e progressivamente, resultou e resultará no surgimento das mais variadas espécies.

ALGUMAS EVIDÊNCIAS DA EVOLUÇÃO

A Teoria da Evolução, em si, faz sentido. Contudo, isso não teria importância alguma se não houvesse evidências para confirmar sua veracidade. Tais evidências existem? Sim, e são fortíssimas.

Evidências paleontológicas. Os fósseis são vestígios ou restos de seres vivos que, de algum modo, foram conservados. Eles são uma ótima evidência da Evolução. É através deles que podemos descobrir quais seres viveram antes de nós, mas que atualmente estão extintos — os dinossauros, por exemplo. Através da datação dos fósseis por isótopos radioativos, podemos reconstruir a história evolutiva dos seres vivos e descobrir quais foram os ancestrais das espécies atuais, em que época viveram, e assim por diante. A distribuição de milhões de fósseis encontra-se nas exatas profundidades previstas caso a evolução tivesse ocorrido — as camadas mais inferiores de sedimentos com as espécies mais simples e as camadas mais recentes com formas de vida mais sofisticadas e especializadas, indicando que houve um processo gradual de evolução adaptativa. Ademais, a Paleontologia tem descoberto muitos fósseis de formas transicionais, fato este que vai diretamente ao encontro das ideias que fundamentam o Evolucionismo.

Evidências genéticas. Todos os seres vivos — com exceção de algumas bactérias e alguns vírus — usam o mesmo tipo de molécula informacional: o *DNA*, ou ácido desoxirribonucleico, sugerindo fortemente que todas as formas de vida evoluíram a partir de um ancestral comum. Estudos comparados entre espécies próximas e distantes indicam que o parentesco genético segue os padrões previstos pela Teoria da Evolução. Análises laboratoriais modernas revelaram que compartilhamos aproximadamente 99% de nosso material genético com os chimpanzés. Outra evidência é o material genético do trigo, que possui variedades com 14, 28 e 42 cromossomos, correspondendo a indivíduos haploides, diploides e triploides, um fato que só pode ser explicado de modo plausível através da ocorrência de mutações cromossômicas.

Evidências citológicas. Em nível macroscópico, os indivíduos variam enormemente, mas, em nível microscópico, vemos que são todos formados pelos mesmos componentes básicos: as células. Estas, por suas vez, são todas compostas basicamente pelos mesmos elementos orgânicos: proteínas, lipídios, glicídios e ácidos nucleicos.

Endossimbiose. Em células eucarióticas, as mitocôndrias e os cloroplastos são organelas que possuem material genético próprio e reproduzem-se independentemente do resto da célula. Se destruirmos todas as mitocôndrias de uma célula, ela não será capaz de sintetizar uma nova — ou seja, tais organelas vivem como se fossem "hóspedes" dentro das células. É provável que, muito tempo atrás, células eucarióticas primitivas tenham "engolido" organismos procarióticos, e nessa situação ambos teriam se beneficiado, continuando a viver em simbiose. No caso da mitocôndria, isso foi vantajoso porque a célula eucariótica passou a ser capaz de respirar oxigênio, aumentando muitíssimo o seu grau de aproveitamento energético. O único modo de explicar tal fato de modo verossímil é através da evolução.

Homologia e analogia. Essas são noções vinculadas à convergência e à irradiação adaptativas. Uma explicação clara e simples, pelo biólogo Sezar Sasson, será suficiente compreendermos sua força como evidência:

[Homologia e analogia são] ambos utilizados para comparar órgãos ou estruturas existentes nos seres vivos. A homologia designa a semelhança de origem entre dois órgãos pertencentes a dois seres vivos de espécies diferentes, enquanto a analogia se refere à semelhança de função executada por órgãos pertencentes a seres vivos de espécies diferentes. Dois órgãos homólogos poderão ser análogos caso executem a mesma função. A cauda de um macaco sul-americano e a cauda de um cachorro são estruturas homólogas (os dois animais são mamíferos) e não desempenham a mesma função. Já as asas de um beija-flor (ave) e as de um morcego (mamífero) são homólogas por terem a mesma origem e análogas por desempenharem a mesma função. Por outro lado, as asas de uma borboleta (um inseto, artrópode) são análogas às asas de um pardal (uma ave) por desempenharem a mesma função, porém não são homólogas, já que a origem destas estruturas é muito diferente. Note que os casos de homologia revelam a atuação do processo de irradiação adaptativa e denotam um parentesco entre os animais comparados. Já os casos de analogia pura, não acompanhados de homologia, revelam a ocorrência de convergência adaptativa e não envolvem

parentesco entre os animais exemplificados. Assim, as nadadeiras anteriores de um tubarão são análogas às de uma baleia e ambas são consequência de uma evolução convergente.

Projeto ilógico. Nosso nervo óptico contém cerca de três milhões de fios que formam um feixe que conduz ao cérebro as informações captadas pelas fotocélulas, para serem processadas. Naturalmente, seria lógico supormos que as fotocélulas deveriam estar voltadas à luz e que os fios que conduzem os impulsos elétricos gerados por elas deveriam sair de sua região posterior, todos em mesma direção, convergindo entre si de modo a constituir o nervo óptico, como um "rabo de cavalo" das fotocélulas. Mas, estranhamente, o que encontramos é o oposto: os fios partem do lado mais próximo da luz e, então, passam por cima da retina até agruparem-se no orifício chamado ponto cego. A luz, desse modo, precisa atravessar uma obstrução constituída por um emaranhado de fios antes de alcançar as fotocélulas. É claro que isso não compromete muito nossa visão, pois enxergamos relativamente bem, mas o fato é que, diante de tal *design*, um engenheiro competente só conseguiria rir. Isso é mais uma clara evidência de que o homem não foi concebido por algum projetista inteligente, mas é fruto da evolução, como qualquer outra espécie.

Embriologia comparada. Os embriões fornecem evidências fortíssimas a favor da Teoria da Evolução. Em fases equivalentes de desenvolvimento, os embriões dos vertebrados são extremamente semelhantes — uma indicação nem um pouco modesta de que somos parentes. Vejamos a figura:

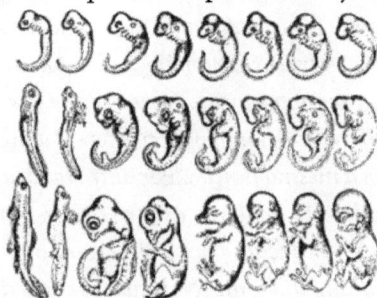

No esquema vemos, da esquerda para a direta, embriões de peixe, salamandra, tartaruga, galinha, porco, vaca, coelho e homem, em três fases equivalentes de desenvolvimento.

Poderíamos citar várias outras evidências. Por exemplo, as da anatomia comparada, as bioquímicas, as geológicas, as da deriva dos continentes, as estruturas vestigiais e assim por diante. Porém, para nossos fins, parece desnecessário entrarmos aqui em tantos detalhes. Para finalizar esse ponto, Richard Dawkins faz uma breve consideração a respeito da sólida fundamentação que a Teoria da Evolução obteve através da ciência, sugerindo que os dados obtidos são suficientes para que se atribua a essa teoria um alto grau de plausibilidade:

> *Milhões de fósseis são encontrados exatamente nos locais e profundidades calculadas caso a evolução tivesse ocorrido. Jamais foi encontrado um fóssil que serviu de evidência contra a teoria da evolução: a descoberta de um mamífero incrustado em rochas mais antigas que os peixes, por exemplo, seria suficiente para refutar o evolucionismo. Os padrões de distribuição dos animais e plantas nos continentes e ilhas são exatamente os previstos caso houvessem evoluído de um ancestral comum através de um processo lento e gradual. Padrões de semelhança entre animais e plantas são exatamente os esperados caso tivessem parentesco próximo a alguns e distante a outros. O fato de o código genético ser o mesmo em todas as criaturas sugere fortemente que descendemos de um ancestral comum. As evidências da evolução são tão contundentes que o único modo de "salvar" a teoria criacionista seria argumentar que Deus, deliberadamente, plantou enormes quantidades de evidências para nos enganar, fazendo com que a evolução apenas parecesse ter acontecido.*

Todas as evidências de que dispomos, até agora, convergem perfeitamente, indicando que a evolução orgânica não é apenas uma hipótese, mas um fato respaldado cientificamente por um número esmagadoramente grande de evidências. O problema agora enfrentado pelos evolucionistas contemporâneos não é *se* a evolução ocorre, mas como ocorre.

ALGUNS MITOS EVOLUTIVOS

O homem, com sua típica arrogância, quase sempre tenta fechar os olhos para sua verdadeira natureza. Sempre se vendo como uma "superespécie à parte", não consegue admitir que possui um sentido tão humilde — um mero meio para a perpetuação da espécie. Provavelmente isso acontece porque essa verdade não insufla sua vaidade, não o engrandece perante o mundo e, por isso, tende a ser posta de lado.

Em meio a esse desvario de grandeza, há quem acredite que o homem é o "objetivo", a "coroa" da evolução orgânica. Entretanto, isso transborda uma tremenda incompreensão de como a vida funciona. Para começar, a evolução das espécies não tem qualquer objetivo fixo. O "objetivo" da evolução — se é que podemos usar esse termo — é qualquer coisa que sobreviva. Portanto, dentro de dez milhões de anos, os homens não estarão parecendo alienígenas, todos com uma inteligência descomunal, cabeças gigantescas, olhos grandes e negros, corpos cinzas e franzinos. Simplesmente não há qualquer modo de saber como o homem será dentro de dez milhões de anos, pois isso dependerá dos fatores seletivos que estiverem atuando sobre a espécie humana durante esse período. Por isso, igualmente, os macacos não se transformarão em humanos se esperarmos tempo suficiente.

Muitos pensam também que o homem é o animal mais evoluído da Terra. A origem de tal ilusão provavelmente está em nosso orgulho antropocêntrico. O homem não é a medida de todas as coisas, e não tem nada de especial — é só uma espécie como qualquer outra, lutando pela sobrevivência. Também não é a capacidade intelectual que define quão evoluído é um animal — nosso intelecto é apenas uma ferramenta evolutiva eficiente, assim como nossos dentes. Não existe, portanto, qualquer tendência necessária à "intelectualização" das espécies à medida que o tempo passa.

O fato de a complexidade de um animal ser superior à de outro também não implica maior grau de evolução. No melhor dos casos, uma espécie pode apenas estar mais adaptada a um dado ambiente ou possuir um maior grau de adaptabilidade a diferentes meios, mas isso não significa, de modo algum, que esta espécie é mais "evoluída". O homem é mais complexo que uma bactéria, mas é tão evoluído quanto ela. Na realidade, não há como definir o grau de evolução de qualquer ser vivo, pois todos vêm evoluindo há 3,5 bilhões de anos a partir de um mesmo ancestral comum — as bactérias, os rabanetes, os salmões, as salamandras, os cactos, os elefantes, os homens e todo o resto. Tenhamos em mente que o fato de todos esses outros seres vivos coexistirem ao lado do homem significa que, assim como nós, eles estão bem adaptados ao meio em que vivem e, portanto, enquanto espécie, não têm nada de inferior a nós.

Finalmente, temos de desfazer um dos maiores mitos: o homem não descende do macaco. Isso é um grande equívoco. Macacos são macacos; homens são homens. São apenas espécies distintas e em igual grau de evolução. Não somos uma versão "aprimorada" dos macacos e nem eles uma versão "tosca" do homem. Na verdade, os macacos não são nossos "avôs primitivos", mas algo como nossos primos. Ambos evoluíram de modo divergente a partir de um ancestral comum que não era nem macaco nem homem, mas outra espécie distinta.

VI

A REPRESENTAÇÃO DA REALIDADE

O mundo é minha representação. — Esta proposição é uma verdade para todo ser vivo e pensante, embora só no homem chegue a transformar-se em conhecimento abstrato e refletido. A partir do momento em que é capaz de o levar a este estado, pode dizer-se que nasceu nele o espírito filosófico. Possui então a inteira certeza de não conhecer nem um sol nem uma terra, mas apenas olhos que veem este sol, mãos que tocam esta terra; em uma palavra, ele sabe que o mundo que o cerca existe apenas como representação, na sua relação com um ser que percebe, que é o próprio homem.

— Arthur Schopenhauer

Um ponto de suma importância para compreendermos qual o lugar do homem nesta imensa incógnita chamada mundo é termos, antes de tudo, uma noção o mais cristalina possível da natureza do próprio mundo em que o homem vive, e de como se processa a sua interação com ele, para que assim possamos compreendê-lo dentro do contexto geral, e não apenas como um pequeno "milagre" autossuficiente.

Isso, naturalmente, é uma tarefa bastante confusa, visto que tal distinção nunca será rigorosamente clara. Estamos diante de um paradoxo de incompreensão, que poderia ser colocado nestes termos: para compreender a si mesmo é necessário compreender o mundo e, para compreender o mundo, é necessário

146

compreender a si mesmo. Isso torna a investigação, de início, desnorteada, enfraquecida pelo relativismo. Mas, posteriormente, conforme avançarmos nas inferências, no intercruzamento de informações, haverá a recuperação de algumas referências e da força em nossos raciocínios. O resto, aquilo que se perder no caminho, as ideias abortadas, as teorias aleijadas, tudo o que for incapaz de sobreviver por si mesmo ante os fatos — nada disso nos interessa.

Portanto, se a meta não é compreender somente o mundo nem somente o homem, precisamos olhar não apenas para dentro de nós mesmos nem apenas para o mundo que nos circunda, mas fitar principalmente esse tênue limiar — e fazê-lo com imparcialidade, com olhos críticos e sóbrios —, pois apenas assim descobriremos a verdadeira distinção que existe entre o subjetivo e o objetivo, o interno e o externo, o pessoal e o impessoal, a natureza do homem e a natureza do mundo.

Muitas pessoas acalentam a ilusão de que a realidade é tal como se apresenta a nós, tal como a percebemos, e de que tudo nela funciona como um conjunto porque há uma "razão de ser", repetindo o velho chavão de que nada acontece por acaso. Enxergam o Universo como um grande conjunto de forças harmoniosas que interagem de modo propositalmente exato a fim de permitir que este milagre — ao mesmo tempo tão magnífico e tão frágil — chamado vida possa existir. Julga-se que a luz do Sol existe para aquecer a Terra e para podermos ver a beleza das flores. Julga-se que o objetivo do homem aqui é ser feliz e viver em harmonia com a mãe natureza, e assim por diante, numa série interminável de explicações fantasiosas sobre a natureza da vida e do mundo. São ideias particularmente tocantes e agradáveis, mas que, infelizmente, encontram mais respaldo em nosso gosto pela poesia que na razão ou nas evidências.

Por exemplo, frequentemente dizem aos "materialistas" que, se a rotação da Terra fosse dez vezes maior ou menor que a atual, ou se a Terra estivesse mais ou menos distante do Sol, então a vida como a conhecemos seria impossível. Ao que respondemos: qual problema há nisso? De onde se pode tirar a absurda ideia de que a vida precisa existir necessariamente ou, ainda mais, que precisa existir tal qual a conhecemos? Ora, se as condições da Terra fossem inóspitas à vida, ela sequer teria surgido — assim como não surgiu em vários outros planetas, como Vênus, Mercúrio, Saturno, Netuno, Júpiter etc.

Explicações que tentam dar sentido a eventos casuais *a posteriori* são fáceis de desmascarar. Por exemplo, vá até um campo aberto, pegue em suas mãos uma bola de bilhar e a arremesse. Depois vá até a gramínea sobre a qual ela caiu e grite: "Olhem que milagre! Dentre todas as *milhões* de gramíneas sobre as quais a bola poderia ter caído, ela caiu exatamente sobre esta! Que espantoso! Isso não pode ser simplesmente coincidência — tem de haver uma razão para esse evento ter acontecido!" No melhor dos casos, as pessoas ao nosso redor pensarão que não andamos muito bem da cabeça. O mesmo, naturalmente, se aplica à existência da vida. Depois de tudo haver acontecido casualmente ao longo de bilhões de anos, o homem olha para trás e diz: "Como é espantosa a série de acontecimentos que permitiu a existência da vida! Tem de haver uma explicação sobrenatural para isso!" Incorrem no mesmo erro lógico, só que dessa explicação não riem, pois tal ideia os conforta, visto que lhes coloca como o objetivo do mundo.

Assim, de modo bastante impensado, a maior parte das pessoas imagina que a vida é a coisa mais importante do Universo, e que nele tudo funciona de modo similar à vida, ou seja, que tudo gira ao seu redor. Por isso, é sempre comum vermos teorias que tentam explicar o Universo objetivo através de analogias com o subjetivo humano, sem perceber nisso qualquer problema ou incoerência.

São feitas comparações realmente ingênuas, como, por exemplo, a de que, entre os homens, são os legisladores que fazem as leis para governar e regrar nosso comportamento como um todo. Portanto, se o Universo como um todo também "segue" leis físicas que permitem a existência da vida, se funciona de modo tão organizado, então certamente deve possuir um "legislador cósmico" que criou e mantém a harmonia que o permeia. Faz-se, assim, uma analogia com o fato de haver uma mente por detrás da "harmonia da sociedade" e conclui-se, a partir disso, que, se a natureza é similarmente harmoniosa, então deve ser comandada por alguma "supermente" que fica por detrás dela. Obviamente, essa suposta "supermente" seria Deus.

Há outra analogia comum, usada frequentemente para sustentar a hipótese do projetista inteligente. Seus proponentes descrevem um carpinteiro e todo o processo envolvido na criação de uma cadeira. Através disso imaginam demonstrar como é necessário que, por detrás de toda criação, haja anteriormente uma mente superior ao ente criado. E então, começando a analogia, dizem que afirmar que a vida não teve um criador seria tão absurdo quanto dizer que aquela cadeira aconteceu por acaso, sem uma mente por detrás. Portanto, tem de existir uma "supermente" que projetou e criou a vida, pois, de outro modo, seria inconcebível que nós, que somos muito mais complexos que uma cadeira, existíssemos. Nessa situação, a única saída "lógica" seria admitir que tudo foi planejado e arquitetado por um "carpinteiro do Universo".

Não é difícil perceber que tais argumentos colocam a vida sempre como algo que incorpora a própria essência do ser. Como se, para o Universo, a vida fosse algo extremamente importante, como se fosse a medida de todas as coisas, a essência e o objetivo último da existência. Certamente são argumentos sedutores, mas não ao nosso cérebro, e sim ao nosso ego, que adora ser acalentado por ilusões antropocêntricas.

Pretendemos, nas páginas seguintes, demonstrar que a atribuição de características humanas ao mundo sempre conduz a conclusões necessariamente falsas. Que essa atribuição, na realidade, é fruto de um lamentável antropocentrismo míope. Como veremos, na maioria das vezes, é a confusão entre a realidade objetiva e a realidade subjetiva que engendra tais equívocos.

Para compreendermos o erro que existe em tais analogias, primeiramente precisamos compreender como o homem percebe a realidade. Assim, precisamos delinear o que é a realidade separadamente do componente humano, ou seja, a realidade pura, não-interpretada, que existe independentemente de nós. Para tanto, lançaremos mão de alguns exemplos que são facilmente compreensíveis, e que deixam bastante claro como se dá o funcionamento desse mecanismo responsável pela interação homem/realidade.

Precisamos, antes de tudo, deixar claro que o homem definitivamente não é capaz de apreender a realidade em si mesma, diretamente. O que ele faz, na verdade, é apenas uma *representação mental* dessa realidade através dos sentidos e do intelecto. Podemos usar o exemplo das cores para elucidar esse mecanismo de representação.

O espectro visível, para nós, vai do violeta — com comprimento de onda igual a 400 nanômetros — até o vermelho — com 700 nanômetros (nanômetro ou *nm* equivale à bilionésima parte do metro, isto é, 10^{-9} ou 0,000.000.001 m). Nós vemos objetos pretos, vermelhos, brancos, azuis, amarelos etc. Entretanto, tais objetos não "são" realmente pretos, vermelhos, brancos, azuis, e assim por diante. O que vemos, na verdade, não são os objetos, mas a luz que esses objetos refletem. Objetos pretos, por exemplo, são aqueles que absorvem todas as cores do espectro visível; objetos brancos são aqueles que refletem todas as cores; objetos vermelhos, azuis, amarelos e verdes são aqueles que absorvem todos os comprimentos de onda, refletindo, respectivamente, apenas os vermelhos, azuis, amarelos e verdes.

Normalmente se usa a luz branca, que é a mistura de todas as cores — por exemplo, a luz do Sol ou de uma lâmpada — como o parâmetro para definir as cores "reais" dos objetos. Entretanto, o fato é que nenhum objeto tem uma cor em si, previamente definida. Por exemplo, se iluminarmos um objeto branco com uma luz vermelha, ele será percebido pela nossa visão como um objeto vermelho. Por outro lado, se iluminarmos um objeto vermelho com uma luz azul, aos nossos olhos ele será preto, pois estará absorvendo toda a radiação luminosa que chega a ele na forma de luz azul. Assim, se a luz liberada pelo Sol e pelos nossos artefatos de iluminação fosse apenas vermelha, estaríamos acostumados à ideia de que todos os objetos brancos na realidade "são" vermelhos. Claro que, em nosso caso, utilizamos a luz branca como referencial apenas porque nossa espécie evoluiu uma visão especializada para captá-la, pois é muito rica em informações e também é a mais abundante em nosso meio.

Nosso corpo, quando recebe um estímulo do ambiente na forma de luz, traduz fisiologicamente esses estímulos externos na forma de sensações visuais, nos dando a sensação do verde, do preto, do branco, e assim por diante. Nosso sistema visual capta as informações do meio externo, que chegam na forma de energia luminosa, para construir, na forma de imagens mentais, uma representação do que é a realidade. Nosso cérebro, inconscientemente, processa e traduz a informação contida na luz, e então apresenta o resultado final já pronto à nossa consciência, sem que entendamos qualquer coisa do que a maquinaria de nosso cérebro está fazendo por debaixo dos panos da consciência. O resultado disso é que temos a falsa impressão de que os objetos verdes são inerentemente verdes e de que os vermelhos são inerentemente vermelhos — ou seja, nossa percepção da realidade, além de incompleta, também é, de certo modo, enganosa, pois grande parte do processo da percepção sensorial ocorre nos bastidores da consciência, ao qual não temos acesso.

Nessa perspectiva, poderíamos fazer algumas perguntas complementares: por que não conseguimos enxergar a frequência ultravioleta? Por que nossos ouvidos só captam certa amplitude de ondas sonoras — entre 20 e 20.000 Hz? De onde surgem as "vozes-fantasma" que atormentam indivíduos com problemas mentais? Por que, quando olhamos trilhos de trem, estes parecem convergir, apesar de sabermos que são paralelos? Por que o gás sulfídrico, que é liberado por alimentos em decomposição, quando detectado pelo nosso sistema olfativo, é representado como uma sensação desagradável, a de um cheiro nauseabundo?

Com isso, compreendemos melhor que as nossas percepções sensoriais não são a própria realidade, mas uma representação parcial e indireta da realidade construída por nossos cérebros. Ou seja, o verde, o vermelho e o azul não são coisas reais, não possuem existência própria. As cores só existem para a nossa consciência, são apenas a linguagem para a qual a área de nossos cérebros responsável pela visão traduz a realidade, a qual fala em "linguagem cifrada", isto é, fala no idioma dos "comprimentos de onda". O sentido da visão funciona, por assim dizer, como um transdutor biológico com certas programações de conversão: "ondas de 400 a 430 nanômetros, traduzir para violeta", "ondas de 500 a 570 nanômetros, traduzir para o azul", e assim por diante.

A respeito do modo como percebemos e interpretamos o mundo, o psicobiólogo Victor S. Johnson fez uma colocação interessante:

A nossa consciência é uma realidade virtual. Ela evoluiu para impor uma interpretação específica das energias e matérias que estão à nossa volta. Nada no Universo é vermelho ou verde em si mesmo. O que existem são ondas eletromagnéticas de determinadas frequências que são captadas pelos nossos olhos e interpretadas de modo a facilitar a identificação. Assim, os objetos que emitem determinadas ondas são chamados de vermelho e outros, com ondas quase na-

*da menores, são chamados de verdes, apenas para facilitar a identificação. Ao
longo do tempo, a evolução permitiu adaptarmos nossas emoções ao que é benéfico para nós. Da mesma forma, a perda de um companheiro é triste, o açúcar
(que fornece energia) é gostoso e o sexo (que perpetua a espécie) é prazeroso.
Não existem cores, cheiros, gostos ou emoções sem um cérebro consciente. O
mundo da nossa consciência é uma grande ilusão.*

Desse modo, compreende-se que tudo o que existe para nossa consciência
na realidade não está em lugar nenhum, senão nela própria. As imagens que
vemos não são a coisa em si — não vemos o ente real. O "estar vendo" é um
fenômeno mental, uma tradução adaptada, não uma realidade exterior. Dito de
outro modo, as cores não existem, elas apenas *acontecem* em nossa mente. À
primeira vista, isso pode parecer estranho, mas, se fizermos uma outra
pergunta, isso ficará mais claro: onde está o "correr" quando não estamos
correndo? Em lugar nenhum, pois o correr é uma ação, um ato, é o fenômeno
de "estar correndo". Assim, o correr não é um objeto, mas a ação de um objeto.
Igualmente, cores, sons, cheiros e sensações em geral são apenas fenômenos
mentais, "atos cerebrais", por assim dizer. Perguntar onde está nossa consciência seria tão errôneo quanto perguntar onde está a imagem de uma televisão.
Ambas não têm existência objetiva, mas apenas fenomênica, subjetiva —
existem enquanto resultado final de um processo feito por componentes
eletrônicos, no caso da televisão, ou neurais, no caso de nosso cérebro.

Assim, tudo o que nos é apresentado pelos sentidos não é algo exterior, mas
interior — é parte da própria consciência. Quando, por exemplo, observamos
uma maçã, aquela imagem não está realmente fora de nossas cabeças. Ela
certamente parece exterior, parece objetiva, mas é apenas uma representação
mental interior e totalmente subjetiva que nosso próprio cérebro cria a partir
dos dados que recebeu da realidade. Nosso aparato sensorial responsável pela
visão faz o papel de "mediador" entre a luz que a maçã refletiu e a imagem dela
em nossa consciência.

Nesse sentido, se pensarmos bem, notaremos que até aquilo que vemos não
é realmente o presente, mas o passado. A luz percorre um trajeto até chegar aos
nossos olhos, é processada pelo nosso aparelho sensorial, e só então é apresentada à consciência uma imagem daquilo que ocorreu, não sendo o presente

absolutamente aquilo que vemos. Claro que, para todos os fins, esse detalhe não é muito relevante, pois a velocidade com que isso tudo ocorre é quase o mesmo que o presente. Porém, essa discrepância temporal torna-se muito mais acentuada quando nos lembramos das estrelas — sua luz pode demorar milhões e milhões de anos para chegar aos nossos olhos, sendo que, quando isso ocorre, a estrela pode até não existir mais.

Nesse ponto, às vezes ficamos um pouco confusos, pois talvez imaginássemos que víamos algo real ou que nosso "eu" subjetivo existia objetivamente — e não apenas "acontecia". Entretanto, o fato é que nosso "eu", nossa consciência do mundo e de nós mesmos, existe apenas na forma de uma nuvem de impulsos elétricos de um sistema nervoso. O mundo sensorial de cores, sons, odores, texturas e sabores em que vivemos e que pensamos existir independentemente de nós é interior, mental, totalmente subjetivo. Tudo o que conhecemos, pensamos, vemos, sentimos está apenas em nosso cérebro, e em nenhum outro lugar.

É por isso que, com muita propriedade, podemos chamar todos os sentimentos e sensações de "ficções". Pode parecer agressivo e extremista, mas não é. Todos os sentimentos e sensações são fenômenos que não têm existência própria. São apenas classificações de estados mentais que, por sua vez, são um reflexo de nossa fisiologia cerebral. Em outras palavras, todos os nossos sentimentos e sensações são apenas ficções mentais subjetivas. O amor não existe independentemente do homem, nem a vaidade, o orgulho, o ódio, a tristeza, o prazer, o sofrimento, o doce ou o azedo. As chamadas "dimensões temporais", como as concebemos, também não existem: nosso passado não fica guardado num cantinho do Universo — ele só existe porque temos memória e o futuro só existe porque temos imaginação. Tudo isso são realidades subjetivas que só existem no contexto do corpo humano, todas criadas por nossas mentes, assim como as cores. Lembremo-nos das palavras de Schopenhauer: *O mundo é minha representação*.

Agora temos de levar tais conclusões um passo adiante. Assim como os objetos que refletem a luz verde parecem inerentemente verdes devido ao modo como nossa mente funciona, a vida também parece possuir um valor inerente. Parece-nos que a vida é a coisa mais importante do Universo. Mas, naturalmente, isso não se deve ao fato de que temos uma importância cósmica, tampouco ao fato de que tais objetos são realmente verdes.

Isso acontece apenas porque somos a própria vida e, assim, somos incapazes de enxergar a realidade de outro modo senão através dela. Devemos ter em mente que todos os valores e significados que imputamos ao Universo não lhe são próprios, mas derivam de um ponto de vista que não é imparcial — o ponto de vista de um ser vivente possuidor de necessidades biológicas, as quais foram forjadas por sua história evolutiva. Somos, por isso, naturalmente parciais.

De fato, é uma tarefa infrutífera à mente humana tentar conceber o que seria a realidade em si mesma, de modo imparcial. Tentá-lo somente nos conduz à famosa e frustrante conclusão: o homem não é capaz de pular por cima de sua própria sombra — não podemos fugir de nossa condição humana. É precisamente devido a essa inescapável parcialidade que se origina a ilusão de que o Universo curva-se à vida, quando na realidade a vida curva-se ao Universo. Sem dúvida, a vida não é a medida de todas as coisas — entretanto, ela as mede como se fosse. E, visto que somos a vida, essa medição nos parece a própria realidade, quando na verdade é apenas uma representação subjetiva da mesma, que é o único meio que temos de concebê-la.

Olhando essa ideia na perspectiva evolutiva, vejamos as interessantes palavras de James Alcock:

Nosso cérebro e nosso sistema nervoso evoluíram ao longo de milhões de anos. É importante perceber que a seleção natural não seleciona diretamente de acordo com a razão ou a verdade, ela seleciona de acordo com o sucesso reprodutivo. Nada em nosso aparelho cerebral dá um valor especial à verdade. Imagine um coelho na grama alta, e lhe conceda por um instante um grão de intelecto consciente e lógico. Ele ouve um ruído suave na grama, e tendo aprendido no passado que isso eventualmente é o sinal de uma raposa com fome, o coelho se pergunta se é uma raposa mesmo desta vez ou se uma lufada de ar causou o ruído. Ele espera por evidências mais conclusivas. Embora motivado pela busca da verdade, esse coelho não sobrevive por muito tempo. Compare esse falecido coelho com um outro, que responde ao ruído com uma forte reação do sistema nervoso autônomo e foge o mais rapidamente possível. Este tem mais chances de sobreviver e se reproduzir. Portanto, buscar a verdade nem sempre favorece a sobrevivência, e fugir baseado em uma crença errônea nem sempre é ruim.

Nota-se que todas as programações do corpo humano não tiveram seu valor definido pela sua veracidade, sua lógica ou sua coerência. O valor delas foi definido tão somente pela sua eficiência, pela sua capacidade de garantir a sobrevivência e a reprodução. Originalmente, nada no homem tem relação necessária com a verdade. O homem não evoluiu a fim de que seus sentidos ou seu intelecto apreendessem obrigatoriamente a realidade de modo mais ou menos acurado. Assim, de modo resumido, podemos dizer que o "critério da verdade" do corpo é a sobrevivência. Se pudéssemos "perguntar" ao nosso *DNA* "que é bom?", ele responderia prontamente: "bom é tudo aquilo que sobrevive e é capaz de se reproduzir". À pergunta "que é ruim?", ele responderia: "ruim é tudo aquilo que não sobrevive, tudo aquilo que é contrário à perpetuação da vida".

Como vemos, a finalidade fundamental da vida é apenas garantir a sobrevivência, garantir sua própria perpetuação — sendo todo o resto dispensável. Custa a nós pensar que sejamos apenas isso, efêmeros pedaços de carne condenados à extinção e ao esquecimento. Essa compreensão chega a nós como uma realidade corrosiva, como um pesado golpe contra nosso orgulho e nosso senso de importância. Afinal, sob essa ótica, o que, de fato, somos nós? Robert Wallace apresenta-nos uma resposta:

Guardiões genéticos? Alojamentos temporários de cromossomos? Escravos de minúsculas moléculas enroladas, que nos operam por controle remoto? Pesados robôs, cheios de racionalizações, explicações, superstições e escusas, mas seguindo cegamente o Imperativo Reprodutivo? Que dizer do fato de estarmos aprendendo a tocar guitarra clássica? De estarmos interessados em dança de sapateado e podermos começar a tomar lições logo? De sermos ordeiros e responsáveis, e termos empregos extraordinariamente bons? De termos lido Camus e não pronunciarmos o "s" de seu nome? De termos bons amigos, realmente bons? De sermos grandes pessoas e nossos pais se orgulharem de nós? Que dizer de tudo isso? Cromossomos levam-nos a fazer isso? "Não", vem a resposta da montanha, "mas eles não se importam que você faça" — desde que isso não interfira em sua reprodução. Ser uma pessoa esplêndida pode até mesmo ajudá-lo a en-

contrar mais facilmente um parceiro e deixar ainda mais genes. "Eles não se
importam com o que eu faço?" Grita você. "Estúpidas moléculas enroladas não
se importam? Essa é muito boa! Homem, você está doido!" Mas é ainda pior
que isso. As moléculas não são sequer estúpidas. São simplesmente indiferentes.
Elas sequer sabem que existem.

A princípio, isso nos parece um pouco radical, pois fere nossas suscetibili-
dades poéticas, despoja nossos sonhos e ideais de qualquer importância real.
Entretanto, como vimos, os motivos para fazermos tais afirmações são simples
e sólidos: quem não age de acordo com tais regras simplesmente desaparece da
Terra no período de uma geração, pois morre sem deixar descendentes, sendo
que os que se preocuparam em sobreviver e reproduzir-se tomarão o lugar dos
que não deram importância a isso. Ou seja, se estamos aqui, isso aconteceu
porque somos filhos de seres humanos que tendem a agir como bons reprodutores — não porque isso é bom ou natural, mas apenas porque quem não o faz
desaparece. É assim que a natureza seleciona os mais aptos: medindo seu valor
pela sua capacidade de sobreviver e de se reproduzir, sem levar mais nada em
consideração. Certamente é por isso que temos esse aferro irracional e apaixonado pela vida — porque quem não tinha não lutou para preservá-la e, desse
modo, desapareceu sem deixar descendentes. O mesmo pode ser dito a
respeito de nosso tremendo medo da morte.

Com isso, percebemos mais uma coisa: que a nossa representação da realidade tem um objetivo específico — promover a sobrevivência. Por sermos
seres vivos, como foi dito, isso já implica uma perspectiva que equivale a um
posicionamento em relação à realidade, posicionamento esse que pesa todas as
coisas na balança da utilidade à vida. Por exemplo, a comida parece-nos algo
de suma importância. Entretanto, ela é formada por amontoados de átomos,
como qualquer outra coisa. Um amontoado de entulho ou um amontoado de
alimento são feitos igualmente de matéria. Entretanto, para nós, a comida não
é só um "amontoado de matéria", pois é dela que retiramos a energia para
sobreviver. Por isso, para nós, ela apresenta-se como algo importante, como
algo distinto da matéria que não nos serve de alimento. Contudo, se nos
alimentássemos de algum outro tipo de substância — digamos, de pedregulhos
—, então olharíamos todos os compostos orgânicos que nos servem de

alimento com a mesma indiferença com que olhamos pedregulhos na rua, pois não nos teriam qualquer utilidade muito fundamental.

Sem dúvida, é exatamente o fato de a vida ter sido amoldada pelos imperativos da sobrevivência e da reprodução que nos faz vítimas da ilusão de que tudo gira em torno de nós. Para a vida, o importante é apenas a própria vida. Mas, para o Universo como um todo, a vida não é importante. Contudo, a vida não é imparcial. Muito pelo contrário, ela é dotada de um egocentrismo quase megalomaníaco, pesando o valor das coisas e interpretando o mundo sempre em função de si mesma.

Agora certamente fica fácil entendermos por que os alimentos em putrefação são malcheirosos. Não porque a molécula H_2S liberada por eles é "inerentemente fétida", mas porque nossos sentidos foram criados dentro de um sistema orientado à sobrevivência, e assim interpretam a realidade em função dessas diretrizes biológicas que foram programadas pela evolução em nossos circuitos cerebrais.

Por consequência, é óbvio que nosso corpo interpretará e traduzirá a realidade em termos de utilidade à sobrevivência. Assim, nosso corpo nos diz, através de uma sensação desagradável, que o gás sulfídrico é sinal de perigo, pois é liberado por alimentos em decomposição, que seriam tóxicos se ingeridos. Mas, por outro lado, podemos supor que o odor de carniça é algo "inebriante" a um abutre, pois foi nesse tipo de alimento que seu organismo — ou seja, seu *DNA* — especializou-se evolutivamente.

Levando em consideração tudo o que vimos acima, somos capazes de compreender algo mais. Podemos dizer que, *a priori*, não existem quaisquer verdades objetivas — e menos ainda quaisquer verdades subjetivas. É claro, isso significando que verdades não existem por si mesmas, independentemente de nós, como ideias humanamente inteligíveis pairando sobre nossas cabeças até que um cérebro as capture num *insight*.

Independentemente de nós só existem os fatos, os fenômenos, o ser, a efetividade. Assim, é à interpretação dos fatos e da realidade — em termos que são compreensíveis à mente humana — que comumente se dá o nome "verdade" que, todavia, é somente um juízo humano, e não a verdade propriamente, entendida como a realidade objetiva. Portanto, ninguém nunca encontrou nem encontrará qualquer verdade. O que fazemos é somente uma interpretação intelectual dos fatos, e quando os juízos que emergem dessa nossa interpretação podem ser verificados, e correspondem à realidade, chamamos tais juízos de "verdadeiros" ou de "verdades". Nesse sentido, por mentira (intencional) ou erro (ignorância) entenderíamos alguma proposição que não possui correspondência na realidade.

Naturalmente, a noção de verdadeiro enquanto um juízo que corresponde à realidade, assim como as várias outras características da subjetividade humana, é algo que existe apenas em nossa mente. As "verdades" só poderiam ser classificadas como objetivas no estrito sentido de que se referem ao mundo objetivo. Entretanto, todas elas estão inteiramente contidas no mundo subjetivo criado por nossos cérebros, nunca na realidade objetiva exterior ao homem.

A objeção mais comum a essa ideia é a de que a verdade existe independentemente do homem, apenas esperando para ser descoberta. Mas desde quando a verdade se encobre? Talvez desde quando o homem percebeu sua limitação e, tentando justificar sua ignorância, culpou a realidade. Se, no caso, a palavra "verdade" for equivalente a *realidade* e a palavra "descoberta" significar *interpretada* ou *traduzida*, então chamá-la de objeção não faz sentido. Entretanto, tomada ao pé da letra, tal objeção lembra Platão, pois pressupõe a existência independente de algum tipo de "mundo de ideias" feito à medida do homem, o que é um absurdo.

Friedrich Nietzsche estava correto ao afirmar que *não há fenômenos morais, mas apenas uma interpretação moral dos fenômenos*. Nesse contexto, poderíamos também dizer, com a mesma segurança, que não há fenômenos matemáticos, mas apenas uma interpretação matemática dos fenômenos. Sem dúvida, é um equívoco pensar que a realidade fala em "linguagem humana". Nada da realidade é apreendido em si mesmo, diretamente, mas tão somente através de associações e inferências indiretas, de natureza intelectual. O que somos capazes de conceber são apenas descrições, modelos teóricos e fórmulas representativas de como a realidade aparentemente funciona.

Por isso, podemos dizer que a proposição "1+1=2" é apenas uma representação numérica da realidade, não uma "verdade indiscutível", como muitos afirmam. Ela expressa uma ideia aparentemente irrefutável porque o homem, obviamente, inventou a matemática em conformidade com os fatos, e desse modo fica bastante difícil imaginar uma situação em que ela seja falsa.

Assim, por exemplo, para quantificar laranjas, o homem toma-as como referencial de unidade e, então, através da contagem, converte, intelectualmente, uma realidade objetiva numa abstração numérica, valendo-se dos símbolos matemáticos para construir expressões que representam uma coisa real, que se comporta segundo leis objetivas. Por tal razão, podemos concluir que todas as regras lógicas que norteiam as operações matemáticas não têm como finalidade apenas manter a coerência interna dos raciocínios, mas principalmente mantê-los em correspondência com o mundo real, pois não faria qualquer sentido inventar uma matemática esdrúxula que segue regras internas que, apesar de coerentes, não possuem correspondência na realidade, pois tal matemática seria algo profundamente inútil. Contestar a proposição "1+1=2", portanto, não é contestar simplesmente a matemática, mas o que ela representa, ou seja, a própria natureza, o funcionamento de nossa realidade.

Igualmente, a água não ferve a exatos cem graus Celsius a nível do mar — ela ferve quando suas moléculas recebem energia suficiente para volatilizarem-se. Foi o homem quem inventou a escala termométrica que vai de zero a cem, com o valor "100" correspondendo à temperatura que faz a água ebulir e com o valor "zero" vinculado à temperatura em que ela se funde — isso no nível do mar —, e então passou a usar isso como referencial, por convenção. Do mesmo modo, quando em queda livre, a aceleração dos corpos sob a ação da gravidade da Terra não "obedece" a fórmula 9,8 m/s². A gravidade é só uma consequência das propriedades da matéria. Mas o homem, com sua sede de racionalizar tudo, elaborou uma fórmula abstrata que representa seus efeitos matematicamente. O metro, o quilo, o litro, o segundo, o ano-luz etc. — tudo isso são invenções.

Em ciência, a abstração possui um caráter bastante importante, pois pretende prever o comportamento de uma realidade que é objetiva. Por exemplo, ela tenta, através de experimentos controlados, inferir leis inerentes à natureza que são fixas e constantes. Devido a essa fixidez, torna-se possível que se formulem teorias gerais, ou seja, explicações globais capazes de abarcar toda uma variedade de fatos naturais aparentemente diferentes, mas que a experiência pode demonstrar estarem submetidos às mesmas leis e princípios.

Na produção desse tipo de conhecimento são essenciais as noções de dedução e indução. A *dedução* é uma forma simples de raciocínio que parte do geral (premissa) ao específico (conclusão). Por exemplo: *todo ateu é chato; Charles Chaplin era ateu; logo, Charles Chaplin era chato* — o que nos faz lembrar que nem todo raciocínio lógico é necessariamente verdadeiro, isto é, condizente com os fatos. A *indução*, por outro lado, parte de casos específicos para casos gerais, e consiste de generalizações e abstrações tornadas estatisticamente confiáveis pela uniformidade de resultados experimentais. Por exemplo, podemos induzir a conclusão geral de que todos os metais se dilatam quando aquecidos depois de aquecermos todos os metais repetidas vezes e constatarmos que sempre se dilatam. Os conceitos de leis naturais, reações químicas, instintos, reflexos condicionados etc., envolvem ambas as noções: são construídos indutivamente, mas podem ser utilizados dedutivamente para determinar casos específicos.

Aliadas à experimentação controlada, a dedução e a indução — apesar de esta última estar implicada num dos maiores problemas conceituais da ciência — tornam possível ao homem formular regras gerais sobre um solo suficientemente sólido para permitir a construção de um conhecimento confiável e, ao mesmo tempo, capaz de estender-se às especificidades. Tais noções foram importantíssimas para que o conhecimento científico adquirisse a magnitude que possui atualmente.

Como se vê, muito da ciência se baseia em generalizações. Elas possibilitam, por exemplo, uma visão de maior alcance quanto ao futuro — a Genética, a Meteorologia, a Astronomia — e quanto ao passado — a Geologia, a Arqueologia, a Paleontologia. Ademais, a Física e a Química também se baseiam em abstrações; a Medicina baseia-se no modelo genérico do homem. Entretanto, convém nunca nos esquecermos de que todo o conhecimento humano não passa de uma representação intelectual da realidade. Os conhecimentos são derivações que os homens constroem *a partir* da realidade baseados na experiência. Assim, além de qualquer teoria sempre estar sujeita a erros, certamente a realidade tem sempre primazia sobre as ideias — de tal forma que, se uma teoria e a realidade entrarem em conflito, a realidade vence.

Por isso, caso surgisse algum indivíduo nos dizendo ser capaz de demonstrar logicamente que "1+1=3", talvez por algum sofisma matemático isso possa até vir a ser possível, mas certamente não poderíamos atribuir maior valor à abstração matemática que à própria realidade, pois, quando levamos à prática, vemos que tal proposição não representa qualquer realidade. Uma laranja mais uma laranja, não importa quanto se demonstre matematicamente o contrário, são duas laranjas. A proposição será verdadeira se e somente se estiver descrevendo o funcionamento da realidade. A matemática também se curva ao mundo efetivo, pois não é mais que sua representação numérica.

Em suma, o homem utiliza sua racionalidade para traduzir a realidade em ideias e, depois, as representa por símbolos — como as palavras escritas neste papel — que, por convenção, estão associados a essa certa ideia. Como sabemos, a capacidade de conceber ideias abstratas constitui somente uma peculiaridade da natureza humana. Assim, na verdade mais "objetiva" dos homens ainda há muito do subjetivo, e a alegação de que as verdades possuem uma existência independente pode ser tranquilamente descartada como uma humanização da realidade.

Quanto aos nossos sistemas convencionados de representação simbólica — como a matemática e a linguagem alfabética —, por um lado, permitem ao homem registrar e comunicar informações de modo bastante dinâmico, mas, por outro, não parecem ser muito funcionais no dia a dia sem incorporar elementos que terminam por solapar sua objetividade — e o campo da vivência é algo que definitivamente não tem compromisso com a verdade.

A linguagem carrega toda uma série de palavras consideradas antônimas que, entretanto, não passam de sutis gradações de um *continuum*. Por exemplo, quente e frio são, aparentemente, sensações antagônicas. Na realidade, só existem em relação à temperatura corpórea que temos de manter constante a fim de que nossa fisiologia permaneça em ordem. Analogamente, habitam nosso vocabulário diversas dicotomias falsas que a linguagem incorpora como objetivas, quando, na verdade, estão totalmente embebidas em antropocentrismo.

Realmente não é novidade dizer que projetamos no mundo objetivo as características e peculiaridades que somente dizem respeito à vida. Orgânico e inorgânico, grave e agudo, positivo e negativo, real e imaginário, lógico e ilógico, rígido e flexível, racional e irracional, bem e mal, áspero e liso, leve e pesado, vivo e morto — tudo isso são dicotomias falsas que não se opõem absolutamente. Não espanta que Nietzsche tenha dito: *Temo que não venhamos a nos ver livres de Deus porque ainda acreditamos na gramática.* O distanciamento inconsciente que sofremos da objetividade através do uso de uma linguagem viciada por um antropocentrismo que nos parece de todo natural é apenas a ponta do *iceberg.* São inúmeros, talvez inumeráveis os modos através dos quais nos iludimos sem perceber.

E aqui chegamos a outro ponto bastante importante, que talvez esclareça algumas questões muito debatidas. Devido à distinção que delineamos entre o mundo objetivo e a subjetividade humana, podemos dizer que muitas questões tidas como profundas mostram-se completamente despropositadas quando postas sob a presente ótica. Por exemplo, podemos dizer, sem hesitação, que não faz nenhum sentido perguntar qual é a "razão de ser" da existência, das leis físicas ou da vida, pois perguntar "por que razão" existe a vida seria como perguntar por que a gravidade da Terra "quer" que os objetos caiam ou qual é a personalidade de uma pedra — em outras palavras, são indagações que pressupõem uma similaridade entre a objetividade e a subjetividade que na verdade não existe. Esse tipo de pergunta mal formulada chama-se *falácia de pressuposição* ou *falácia de interrogação.* Evidentemente, não pode haver uma "razão de ser" para o mundo em si mesmo porque a razão é uma característica humana, não uma característica do mundo — não é algo que está incrustado na realidade e, portanto, não faz sentido pensar que a razão é algo que a rege.

Apresentar questões em nível de realidade é algo muito distinto e requer um distanciamento teórico maior. Primeiramente, é necessário reduzir a noção de intencionalidade própria da vida àquela que é própria da realidade — nenhuma. Os porquês não se aplicam ao mundo, pois foram criados por nós com pressupostos incompatíveis com esse tipo de investigação. "Por que há seres em vez de nada?" é um questionamento muito diferente de "por que pintaram esta casa de azul?". Interrogar o ser em si mesmo diretamente utilizando a razão humana não nos leva a conclusão alguma — não conseguimos obter informações a partir disso. O ser não fala: somos nós que falamos por ele com nossas interpretações, as quais sempre giram em torno de descrições que são respostas a perguntas que começam com *como*. Como os objetos caem? Como o azul é azul? Como o metal se funde? Como o pensamento ocorre? Como os corpos interagem? Esse tipo de questionamento nos leva a situações em que o ser apresenta indícios passíveis de investigação, pois estaremos voltando nossos olhares aos *fenômenos* do ser. Esse é o nosso modo de compreender o mundo.

Como somos incapazes de apreender a realidade nua e pura como coisa-em-si, temos de recorrer à experimentação, e a utilização da experiência envolve problemas praticamente incontornáveis, que nos distanciam muito do ideal do conhecimento. Todo entendimento implica uma interpretação, que é sempre uma aproximação parcial feita pelo sujeito do conhecimento em relação ao objeto a ser conhecido. Essa interpretação, impossivelmente neutra, envolve muitas variáveis específicas — desde as metodológicas até as fisiológicas —, as quais determinam o nosso modo exato de interagir com o mundo. E muitas dessas variáveis sequer ficam subentendidas — elas de fato nos escapam, tornando objeto e observador inextricáveis, inseridos numa relação obscura. A margem para erros, naturalmente, é imensa, pois nossas faculdades apenas nos permitem algo como cutucar a "caixa preta" do ser com uma vareta, para vermos o que acontece. Nessa situação, parece fatal que todo conhecimento implicará necessariamente distorções e falsificações em algum nível.

Como se isso não fosse suficiente, também não temos garantias da veracidade dos pressupostos sobre os quais erigimos nosso conhecimento, daquilo que admitimos sobre as características da realidade objetiva — ou seja, da existência efetiva de uma objetividade independente, com propriedades que, mesmo não sendo totalmente determináveis, se mantêm constantes em suas formas e procedimentos. Quem garante a veracidade desses alicerces, dessas premissas? Ninguém. Só tendo meios indiretos de investigar o mundo, não temos referenciais seguros em função dos quais estabelecer noções sólidas do que é a objetividade — nem meios de obtê-los. Nosso conhecimento não passa de uma grandiosa suposição. Assim, se um tijolo teórico for colocado no local errado, se uma premissa que utilizamos para interpretar os fatos for falsa, isso fará ruir todo o edifício do conhecimento. É por isso que aquele que questiona a veracidade das premissas fundamentais sente um enorme peso sobre suas costas.

Essa questão não admite soluções definitivas, mas também não é algo impenetrável. Deduzimos fatos particulares baseados em como a objetividade funciona e induzimos o modo como a objetividade funciona através da observação dos fatos. Essa indução, no caso, se refere aos fundamentos da realidade material, criando uma regra geral que é uma lei necessária e universal, como a lei da Ação e Reação, por exemplo, que se apresenta nestes termos: *A toda ação corresponde uma reação igual e em sentido contrário.* Isso quer dizer que, se empurrarmos uma parede, a parede nos empurrará com a mesma força, na direção oposta. Para ilustrar, imaginemos um cubo de ferro sobre uma mesa. Ele está sendo atraído pela gravidade da Terra, exercendo assim uma força sobre a mesa — isso seria a ação. A reação da mesa seria aplicar uma força igual e em sentido contrário à do cubo. Como as forças se anulam, ele fica onde está. Noutro caso, ao arremessar uma pedra contra uma vidraça, os corpos interagem, trocam forças, e há um resultado físico: a vidraça se quebra. A força exercida pela pedra, nesse caso, excedeu a resistência da estrutura da vidraça à deformação plástica. A reação, aqui, não anulará as forças — o que ocorreria caso o vidro fosse resistente o bastante —, mas apenas desacelerará a pedra.

Ação e reação? Talvez isso seja uma ilusão. Há realmente uma relação direta? Pode ser que, entre a ação e a reação, haja etapas imperceptíveis de caráter igualmente necessário, mas só percebemos o resultado final e, por contiguidade temporal e uniformidade experimental, estabelecemos que há uma relação direta de ação e reação. Entretanto, poderia ser que a pedra arremessada, ao entrar em contato com a vidraça, sofresse uma reação em sentidos aleatórios; poderia acontecer de a pedra ficar parada, grudada na vidraça, e uma reação ocorrer em 35,91 segundos, num ângulo de noventa graus; poderia acontecer de a reação da vidraça ser uma força dez vezes maior que a aplicada pela pedra. Isso não é impossível, apenas nunca observamos objetos comportando-se de tal modo. Todas as vezes em que arremessamos uma pedra contra uma vidraça, o resultado foi o mesmo — se o resultado sempre fosse, digamos, uma dançazinha aleatória e depois seu derretimento, e se esse fenômeno, de algum modo, se aplicasse a todo o mundo natural, isso também seria uma lei. O importante é que, até agora, pudemos observar que os fenômenos do tipo ação-reação ocorrem com regularidade e constância universais, e que se aplicam ao modo de ser de toda a realidade conhecida. A partir disso, foi formulada, indutivamente, a lei da Ação e Reação que, por descrever uma constante universal, é considerada uma lei natural.

Ao menos fomos sensatos quando conferimos às nossas investigações um caráter predominantemente experimental, já que a razão, considerada isoladamente, está de mãos atadas nessas questões. Fomos capazes de perceber que o nosso único modo de vincular juízos à realidade é pragmático: assumimos que, se as conclusões inferidas pela experimentação são consistentes e constantes, se funcionam, se estão de acordo com o corpo de conhecimentos adquiridos — ou se o complementam ou superam —, então são verdadeiras. Trata-se de um conhecimento provisório, é claro, como qualquer saber. Porém, sendo humanos, é o melhor que podemos fazer.

Quando admitimos tais limitações, para permanecermos coerentes, temos de limitar nossas investigações ao que é mais provável, abandonando os devaneios sobre um conhecimento imparcial, absoluto e puro. Mesmo assim, o fato de que qualquer conhecimento acerca da realidade precisa sustentar-se sobre premissas passíveis de contestação não é uma objeção — se nossos conhecimentos carecessem de pressupostos eles seriam dogmas, não teriam perspectivas, não teriam um ponto de partida nem de chegada, estariam condenados à estagnação. O medo que temos de que nosso conhecimento possa, amanhã, vir a ser posto por terra e taxado como retrógrado é o que faz essa ideia parecer tão inquietante. Contudo, não deveríamos ter esse receio, pois que sentido faz lamentarmos pelo fato de que uma teoria pode sucumbir vítima do que nós próprios buscamos erradicar — o erro?

Já deve estar bastante claro que nós, de fato, não explicamos a realidade, mas apenas descrevemos seu funcionamento. Os seres humanos têm a razão apenas como uma faculdade intelectual que lhes permite entender como a existência funciona, e tão somente: aqui, a tentação de indagar *por que* a realidade funciona dessa maneira particular já seria a expressão de nosso incurável antropocentrismo tentando enxertar razão na existência. Por exemplo, a constante gravitacional de Isaac Newton diz que os corpos se atraem na razão direta dos produtos de suas massas e na razão inversa do quadrado da distância entre eles — isso é uma descrição, não uma explicação. Por que os corpos se atraem na razão direta do produto de suas massas e não na razão direta da *soma* de suas massas? Ninguém saberia explicar o porquê. Apesar de ser perfeitamente possível imaginar que assim fosse, o fato é que simplesmente não é, e ponto final. Novamente, vemos que o erro estaria no fato de estarmos interrogando diretamente o ser, que não é nem um pouco tagarela. Como nunca constatamos modificações nas leis naturais para que desse tipo de evento pudéssemos recolher dados para formular uma teoria, nem saberíamos por onde começar, e por um bom motivo: porque, de começo, essa questão se equivoca em seus pressupostos, tornando qualquer investigação inútil.

Nesse sentido, David Hume demonstra claramente que nenhum conhecimento da realidade poderia ser inferido *a priori*, a partir de um raciocínio embasado numa razão pura, visto que nossas noções de como a realidade funciona necessariamente passam pela experiência, condição fundamental do conhecimento humano:

Para nos convencermos de que, sem exceção, todas as leis da natureza e todas as operações dos corpos são conhecidas apenas pela experiência, as reflexões que seguem são sem dúvida suficientes. Se qualquer objeto nos fosse mostrado, e se fôssemos solicitados a pronunciar-nos sobre o efeito que resultará dele, sem consultar observações anteriores, de que maneira, eu vos indago, deve o espírito proceder nesta operação? Terá de inventar ou imaginar algum evento que considera como efeito do objeto; e é claro que esta invenção deve ser inteiramente arbitrária. O espírito nunca pode encontrar pela investigação e pelo mais minucioso exame o efeito na suposta causa. Porque o efeito é totalmente diferente da causa e, por conseguinte, jamais pode ser descoberto nela. O movimento na segunda bola de bilhar é um evento bem distinto do movimento na primeira, já que não há na primeira o menor indício da outra. Uma pedra ou um pedaço de metal levantados no ar e deixados sem nenhum suporte caem imediatamente. Mas, se consideramos o assunto a priori, descobrimos algo nesta situação que nos pode dar origem à ideia de um movimento descendente, em vez de ascen-

dente, ou de qualquer outro movimento na pedra ou no metal? (...) Em uma
palavra: todo efeito é um evento distinto de sua causa. Portanto, não poderia
ser descoberto na causa e deve ser inteiramente arbitrário concebê-lo ou imagi-
ná-lo a priori. E mesmo depois que o efeito tenha sido sugerido, a conjunção do
efeito com sua causa deve parecer igualmente arbitrária, visto que há sempre
outros efeitos que para a razão devem parecer igualmente coerentes e naturais.
Em vão, portanto, pretenderíamos determinar qualquer evento particular ou
inferir alguma causa ou efeito sem a ajuda da observação e da experiência.

Assim, duplamente indeterminada, nossa visão de mundo é apenas mental. Constitui-se de ideias e noções abstratas — falsas ou verdadeiras — inferidas a partir da realidade. Dentro do que denominamos realidade, o "racional" é aquilo que o nosso aparelho intelectual consegue concatenar em termos logicamente consistentes. No modelo científico, pelo fato de certos eventos seguirem um determinado padrão de funcionamento que já conseguimos compreender, rotulamos nossas noções sobre tais eventos de racionais. "O plástico derrete-se com o calor" é uma noção racional. Como vemos, a razão não determinou a realidade, mas apenas nossa compreensão dessa realidade.

Os constantes erros de raciocínio em que a razão é apresentada como algo objetivo provavelmente se devem à nossa incompetência em discernir, através da intuição, qual é a verdadeira distinção entre o objetivo e o subjetivo. Mas o fato é que a realidade não está submetida à razão — somos nós que empregamos a razão na tentativa de compreendê-la. Portanto, o ser não tem razão, o homem tem razão. Isso implica que o mundo, em sua essência, é irracional e sem significado — se nele procurarmos por uma essência humanizada, é claro.

Até onde sabemos, a essência de todas as coisas é a sua própria existência. O ser, em si mesmo, não carrega qualquer razão, valor ou significado incrustado em seu âmago — portanto, tampouco nossas vidas. Fora dela própria, a vida não pode ser reconhecida como algo importante, tampouco necessário. Estarmos aqui é fato puramente contingente, de modo que, se não estivermos olhando pela perspectiva humana — ou seja, despejando nossos juízos na realidade —, nada pode diferenciar uma pedra rolando montanha abaixo ou uma vida nascendo. Para o universo impessoal, externo a nós, à nossa realidade subjetiva, a vida não se distingue de um amontoado de matéria sem significado. Estarmos aqui, vivos e pensando, é algo totalmente vazio de qualquer significância objetiva.

À parte isso, podemos fazer o que quisermos, decorar a existência com a roupagem que preferirmos. Podemos dizer que a vida é tudo; podemos dizer que a vida é nada; que é uma bênção com espinhos ou sem espinhos; que é uma maldição completa ou incompleta; podemos inventar regras para definir e julgar os seres; podemos importunar os demais com teorias sobre como devemos nos comportar e no que devemos acreditar etc.; podemos gritar nossas opiniões ou permanecer calados. Nada disso despertará o interesse dos átomos. Como humanos, o *nonsense* essencial consiste em acreditar naquilo que inventamos e fingir que a realidade estava de férias quando decretamos a verdade absoluta.

Obviamente, de longe já se podem ouvir as vozes lamuriantes levantando-se com suas reprovações em coro, recitando mecanicamente seus pomposos lugares-comuns de exaltação do valor da vida. Mas o fato é que não importa realmente o discurso: são palavras inúteis. E, se não forem hipócritas, então são ingênuas, pois ninguém está afirmando que a vida é boa ou ruim, nem que não vale ser vivida, mas apenas que estar vivo, universalmente, não significa coisa alguma.

Nosso surgimento foi um acontecimento fortuito em um universo regido por leis impessoais, sem um fundo humano, cujas entranhas funcionam como engrenagens de uma máquina impassível. Se a matéria que compõe nossos corpos, em vez de estar organizada como seres vivos, estivesse flutuando pelo espaço na forma de poeira, isso não faria qualquer diferença — pois faria diferença para quem, se a vida sequer existiria? A matéria inanimada flutuando no vazio do espaço não liga para nós. Para ela, tanto faz se somos felizes ou tristes, se temos filhos ou não, se morremos jovens ou velhos, e tanto faz se a Terra explode em um bilhão de pedaços e a vida se extingue. O Universo é indiferente a isso tudo, pois, sendo impessoal, não possui objetivos.

A única distinção entre a matéria inanimada e a matéria viva é a forma como está organizada. A vida aconteceu e se mantém como um processo material que possui características autossustentáveis e autorreplicantes. A morte, nessa ótica, representa somente a ruptura, o fim desse processo, como uma equação que perde o equilíbrio e se desnatura, pelo motivo que for. A matéria de nossos corpos, então, passa a estar organizada de outro modo — aquilo que consideramos "estar morto" e, depois de um tempo, "ser adubo". Portanto, a morte não é nada, pois a vida também não é nada para conceder-lhe algum *status*.

Nessa ótica, fica claro que não podemos considerar a vida como algo que existe objetivamente, pois não passa de uma categorização que fizemos de um estado específico de organização da matéria. A vida não existe, ela apenas está acontecendo — e, em si mesma, ela não tem valor, não tem razão, não tem significado.

Depois de toda essa extensa digressão, temos de retornar ao problema que nos conduziu a essas reflexões e investigações. O que estávamos tentando demonstrar era o porquê de aquelas analogias entre as leis dos homens e as leis do Universo serem errôneas.

O engano, evidentemente, consiste na admissão tácita de que a natureza da vida e a natureza do Universo são análogas. Visto que a vida é naturalmente egocêntrica, utilizar a intuição subjetiva como método de investigação do mundo objetivo acaba por nos conduzir a esse tipo de equívoco, fazendo parecer que a realidade objetiva está assentada sobre os mesmos alicerces de nossa realidade subjetiva.

Quando compreendemos que o misterioso mundo transcendental, na verdade, nasce da projeção de nossas características subjetivas no meio externo, fica quase transparente a origem do equívoco do qual se originam todas as elucubrações metafísicas sobre uma "ordem moral do mundo" e sobre todos os deuses pessoais, que parecem feitos por encomenda para as necessidades humanas. Tais divindades são, sem dúvida, reflexos de nosso antropocentrismo. Xenófanes, que tinha consciência desse fenômeno, afirmou, com alguma ironia, *que se os bois e os cavalos tivessem mãos e pudessem pintar e produzir obras de arte similares às do homem, os cavalos pintariam os deuses sob forma de cavalos e os bois pintariam os deuses sob forma de bois.* Prefeririam o Sermão do Pasto, quem sabe? Bem-aventurados os ruminantes...

Nessa perspectiva, podemos concluir que divindades em geral — deuses pessoais, deuses legisladores, deuses carpinteiros etc. — não são mais que reflexos de um ego hipertrofiado, mas com vista curta. Também o mesmo erro pode ser encontrado no panteísmo e similares ao divinizar o Universo, transformando em "vontade de Deus" o conjunto de leis físicas que supostamente estariam "conspirando harmoniosamente" para nossa existência enquanto seres vivos. A respeito dessa característica da mente humana, de nossa tendência inata à antropomorfização a realidade, Freud diz que:

> A humanização da natureza deriva da necessidade de pôr fim à perplexidade e ao desamparo do homem frente a suas forças temíveis, de entrar em relação com elas e, finalmente, de influenciá-las. (...) O homem primitivo não tem escolha, não dispõe de outra maneira de pensar. É-lhe natural, algo inato, por assim dizer, projetar exteriormente sua existência para o mundo e encarar todo acontecimento que observa como manifestação de seres que, no fundo, são semelhantes a ele próprio.

As explicações extremamente antropocêntricas do ser humano podem ser compreendidas enquanto uma consequência de seus primeiros esforços para explicar o mundo, mas, ao mesmo tempo, sem possuir qualquer tipo de preparação para isso. Sua incompreensão do mundo e de si mesmo acabam por desembocar num conhecimento que confunde ambas as esferas, resultando numa visão de mundo baseada e centralizada no homem, não no mundo. Talvez seja por isso que praticamente todas as civilizações, em suas explicações a respeito do mundo, invocaram respostas quiméricas, repletas de divindades e baseadas em noções sobrenaturais que sempre se centram na perspectiva humana. Nesse estado de ignorância a respeito da realidade e da vida, esse tipo de fenômeno, essa "falsificação inocente" do mundo, talvez possa ser tido, de certo modo, como natural em nós, dado o egocentrismo natural da vida.

Mas e quanto à também universal noção de um mundo dualístico e da crença em uma existência *post mortem*? Que tipo de explicação poderia haver para a existência da crença nesse tipo de ilusão? Certamente são ideias atraentes, e isso explica por que são tão populares. Mas precisamos, além disso, encontrar a causa, o motivo pelo qual surgiram independentemente em tantos povos. Como nossa mente é propensa a um pensamento polarizado — prazer e dor, real e falso, corpo e alma etc. —, Nietzsche explica, de um modo bastante engenhoso, que tal crença provavelmente teve um grande respaldo na má compreensão do sonho:

Nas épocas de cultura tosca e primordial o homem acreditava no sonho conhecer um segundo mundo real; eis a origem de toda metafísica. Sem o sonho, não teríamos achado motivo para uma divisão do mundo. Também a decomposição em corpo e alma se relaciona à antiquíssima concepção do sonho, e igualmente a suposição de um simulacro corporal da alma, portanto a origem de toda crença nos espíritos e também, provavelmente, da crença nos deuses: "Os mortos continuam vivendo, porque aparecem em sonho aos vivos": assim se raciocinava outrora, durante muitos milênios.

Sem dúvida, tais enganos seguem a mesma regra geral que estivemos afirmando repetidamente: o homem sempre tende a interpretar o mundo objetivo em função de seu subjetivo. Ideias de divindades conscientes, de leis físicas com objetivos, de uma ordem moral do mundo, de realidades transcendentais etc., na verdade são apenas projeções das características da vida na interpretação da realidade objetiva, a qual não tem, em seu funcionamento essencial, qualquer compromisso com a vida — pois o Universo, como vimos, não apresenta qualquer evidência de uma mente dirigente, mas sim de uma completa impessoalidade, a qual é de todo indiferente à existência ou não-existência da vida.

Tal interpretação errônea, devido à sua profunda parcialidade, invariavelmente conduz o homem àquele exaltado antropocentrismo que o faz pensar que a vida é algum tipo de pedra preciosa encravada na testa do cosmos — ilusão que dá ao homem a sensação de uma importância que na realidade não possui. Claro que, em todo caso, é fato inegável que são ideias realmente sedutoras, dada a sede que todos têm de possuir uma importância eterna, real, objetiva — e crenças desse gênero vêm perfeitamente ao encontro da satisfação da vaidade humana.

A religiosidade, nessa ótica, nada mais é que uma forma de expressão, uma faceta de nosso antropocentrismo, visto que, no fundo, toda divindade nada mais é que o homem olhando a si próprio no espelho de suas crenças. Assim, mais claro que o dia, é o fato de que, em tudo o que o homem faz, cria, crê e enxerga, oculta-se sempre o reflexo da essência de seu ser — de sua inescapável humanidade.

VII

SOBRE O FUNDAMENTO DA MORAL

consideremos quão ingênuo é dizer: "o homem deveria ser de tal ou de tal modo!" A realidade nos mostra uma encantadora riqueza de tipos, uma abundante profusão de jogos e mudanças de forma — e um miserável serviçal de um moralista comenta: "Não! O homem deveria ser diferente". Esse beato pedante até sabe como o homem deveria ser: ele pinta seu retrato na parede e diz: eis o homem!

— Friedrich Nietzsche

No campo da moral, o ateísmo é tipicamente acusado de imoralidade; o teísmo, por outro lado, é sempre acusado de dogmatismo. A moral é um terreno certamente problemático, isso porque não há qualquer modo de demonstrar nem verificar racionalmente a validade das ideias propostas. As teorias morais não conversam muito bem entre si. Por isso, se não se admitem certas premissas fundamentais, se não se está em concordância quanto a alguns pontos básicos — como a origem e natureza dos valores morais —, então qualquer discussão acerca do tema fatalmente reduz-se a uma divagação estéril e inútil.

Todavia, nossa proposta aqui não será apresentar soluções para dilemas de natureza moral. Tentaremos apenas delinear os fundamentos humanos da moral, compreender o que exatamente *é* a moral e qual sua função, para que

172

assim possamos pensar com mais clareza sobre tais assuntos. Será feito o máximo esforço para evitar "colorir" o estudo com preferências pessoais. Não tentaremos defender ou dourar quaisquer valores morais, enfatizando algum ponto de vista específico em detrimento de outro. A única ênfase estará na objetividade. Portanto, aqui não cabem preocupações melindrosas de natureza ética a respeito das consequências potencialmente perniciosas dos raciocínios, tampouco sobre suas possíveis consequências benignas. Interessa-nos apenas sua veracidade, sua consistência — ficando o resto por conta do que cada indivíduo julgar apropriado.

Sabemos que muito do que os homens costumam usar para guiar suas ações deriva-se da ideia de que existe uma "força superior" sustentando certos valores, considerando-os positivos ou negativos, constituindo algo que poderia ser denominado uma espécie de "ordem moral do mundo". Contudo, aqueles que prescindem da crença em um deus pessoal não podem respaldar suas noções de moralidade nesse tipo de ficção. Se precisamos de noções morais, convém que sejam racionais, úteis, palpáveis, não empedernidas como cristais divinos. Nessa situação, quem compreende o que são valores humanos pode dispensar qualquer ajuda dos deuses, dos mitos ou dos místicos "gurus do bem viver" para guiar suas ações. Podemos dispensar todas essas ficções metafísicas do "bom por si mesmo", que não passam de quimeras da imaginação humana, de resquícios de uma época passada em que o homem era incapaz de compreender suficientemente bem a realidade que o circundava e sua relação com ela.

Primeiramente, levantamos a questão de que, no âmbito da moral, a assunção do ateísmo — ou, mais especificamente, a transição do teísmo para o ateísmo —, a nosso ver, arrasta consigo certas consequências inescapáveis, mas que muitas vezes não são levadas em consideração — um equívoco muito comum dos que *gostariam de eliminar Deus com o mínimo de danos possível*, como colocou Sartre. Com a descrença, a autoridade divina que legitimava os valores deixa de existir. Desmorona todo o castelo de crenças morais que havia sido erigido sobre alicerces dogmáticos — e agora é preciso que nos livremos desses entulhos. A situação seria como a de uma árvore que, tendo suas raízes metafísicas extirpadas, já não pode mais sustentar-se e tampouco alimentar seus ramos com os "nutrientes do além-mundo".

Nessa situação, todos os sistemas absolutistas de valoração entram em colapso, a rígida unidade divina esfacela-se, transfigurando-se em multiplicidade e devir. O julgamento valorativo que Deus "fazia" por nós agora cada homem deve fazer por si mesmo. A liberdade que o ateísmo traz consigo é simplesmente fruto da rejeição de todos os referenciais externos em relação aos quais poderíamos nos situar de modo universalmente seguro. De fato, se toda a distância que separa o teísmo e o ateísmo pudesse ser apreendida num só golpe, seria realmente vertiginosa a visão do enorme abismo que jaz entre essas duas perspectivas antitéticas: de um lado, as sublimes alturas ideais, com sua unidade e fixidez; do outro, um desfiladeiro, relativismo completo.

Como definimos anteriormente, uma proposição é verdadeira quando possui correspondência na realidade. Entretanto, o fato é que, sem a crença num deus pessoal, deixa de existir uma "realidade moral" independente, à qual as afirmações dessa natureza possam referir-se. Desse modo, a rigor, não existem verdades morais e, assim sendo, qualquer afirmação de cunho moral feita impessoalmente é falsa, pois não pode encontrar qualquer respaldo na realidade objetiva.

Tentemos ilustrar melhor esse ponto. Se, através do pensamento abstrato, por um instante nos distanciarmos da realidade, se nos imaginarmos elevados ao topo de uma montanha e de lá observarmos calmamente as cenas da vida, estaremos nos situando, de certo modo, além do bem e do mal, vendo a questão moral objetivamente. Desse ângulo, a perspectiva que se apresenta diante de nós é algo bastante diverso da realidade na qual vivemos mergulhados. Alheios, vemos nossa situação, nossas posições ao lado de incontáveis outras, sem qualquer distinção. Estamos livres para não precisarmos de opiniões, para não precisarmos nos posicionar diante de coisa alguma, mas somente observar. O que se desvela? Que a moral só existe e só faz sentido enquanto uma valoração subjetiva do homem, um posicionamento diante da realidade em que está inserido. Que não pode haver qualquer bem ou mal, certo ou errado, virtude ou vício pré-definidos; que não há valores absolutos guiando nossas vidas. Tudo o que diz respeito à moral e à ética — virtude e vício, direitos e deveres, princípios, valores etc. — são pontos de vista, e nada mais. Juízos morais só podem possuir valor subjetivo — não podem existir senão como a expressão do ponto de vista de quem o criou. Aliás, se não estivéssemos comprometidos com qualquer valor, com qualquer perspectiva, por que haveríamos de pensar que, em si mesma, a bondade tem mais valor que a maldade, ou *vice versa*?

Imaginemos agora um universo sem qualquer tipo de vida, totalmente estéril. Suponhamos que, num planeta qualquer desse universo, exista um vulcão localizado numa área de grande atividade sísmica. Nós, como seres humanos frágeis, costumamos associar uma imagem negativa a vulcões ativos, já que representam um enorme perigo potencial às nossas vidas. Entretanto, haveria qualquer diferença se esse vulcão permanecesse quieto ou vomitasse cinzas e magma furiosamente e engolisse os arredores, se não houvesse qualquer vida para ser consumida? Não, de fato não haveria. Pedras não se importam em ser tostadas pelo magma, a água não se importa em ser evaporada, a terra não se importa em ser recoberta de cinzas. Esse planeta poderia até ser destroçado por um colossal meteoro errante, mas ainda assim nada disso poderia ser considerado um "mal" se não houvesse um ser ao qual isso tudo prejudicasse.

Nessa situação o bem e o mal existem? Não, pois não há qualquer tipo de referencial em relação ao qual poderíamos estabelecê-los. Entretanto, colocando-se na superfície desse planeta um indivíduo dotado de vontade — vontade de sobreviver, por exemplo —, e concedendo-lhe alguma inteligência, então esse indivíduo se posicionaria *em relação* aos fenômenos naturais desse planeta, declarando-os bons ou maus em função de serem favoráveis ou desfavoráveis aos seus objetivos.

Suponhamos, agora, dois contextos diferentes. No primeiro, um homem está em alto-mar num barco frágil, pescando para sustentar sua família. No segundo, está um pobre agricultor à beira de perder sua colheita por falta de irrigação. Se houvesse uma tempestade que atingisse ambos simultaneamente, isso significaria que a tempestade é algo bom ou mau? Dizer que a tempestade é boa implicaria que a bondade pode naufragar gratuitamente o barco de um indivíduo inocente sem deixar de ser boa. Por outro lado, dizer que a tempestade é inerentemente má nos coloca numa situação onde a maldade nos salva da miséria e nos conduz à plenitude — e isso, por qualquer definição razoável, seria um bem, não um mal.

Como se vê, não parece possível responder essa questão sem antes explicitar algum *referencial*. Assim, provavelmente responderíamos: boa ou ruim para quem? Isso desloca a questão de algo ser bom ou ruim para o sujeito. Nessa perspectiva, todos os fatos objetivos, em si mesmos, mostram-se destituídos de qualquer valor ou significação moral. É claro que a maioria das situações não se apresenta a nós de modo tão cristalino, mas tais exemplos são certamente úteis para podermos compreender como proceder numa investigação em busca da origem e natureza de nossos valores morais.

Desse modo, um fenômeno simplesmente acontece, e o fato de ele representar algo bom ou ruim depende somente dos olhos, da situação, do julgamento do sujeito. No âmago do mundo objetivo não há juízos, não há recompensa nem castigo: há apenas consequências físicas.

Tais considerações demonstram algo de suma importância: que toda valoração é sempre subjetiva, e que a objetividade é sempre impessoal e amoral. Portanto, concluímos que não há fundamentação objetiva para valorações subjetivas, e também que valores surgem e desaparecem sempre vinculados à vontade. A vontade, como sabemos, é uma característica exclusiva da vida, implicando a impossibilidade de existir de qualquer valor à parte desta. Tentar suspender acima da vida qualquer espécie de valor como algo supostamente independente de nós e de nossa vontade é uma consequência daquele tão lamentável antropocentrismo míope que não consegue enxergar a distinção entre o objetivo e o subjetivo.

Se os valores só existem subjetivamente, e sempre em relação a uma vontade, então, em termos de valoração, tudo forçosamente desenrola-se em nível pessoal e tão somente pessoal. Entretanto, os homens são seres sociais. Por isso, sem dúvida, existem convenções entre eles. Ademais, o intelecto é capaz de alguma abstração dos fatos relativos à natureza humana, dando luz a fórmulas genéricas que representam algo que poderia ser denominado, de modo mais ou menos preciso, de uma "regra geral da subjetividade humana". Em relação à moral, tudo isso certamente é válido, mas somente numa perspectiva pragmática e estatística. Pretender que a possibilidade de se abstrair a partir do ser humano alguma regra geral demonstre qualquer objetividade, qualquer autossuficiência dessa regra geral — isso não passaria de um disparate.

Percebendo toda essa relatividade que existe no campo moral, vemos que estamos diante de um impasse um pouco problemático. É ante esse tipo de impasse que frequentemente se recorre a um "referencial absoluto" que é denominado "vontade de Deus" — ou algo do gênero. Inventar uma consciência superior dotada de vontade é um modo de tentar estabelecer valores absolutos. Esse deus seria como uma consciência humana idealizada, isto é, infinitamente sábia, representando um referencial superior de valores em função do qual o homem deve se localizar.

Nessa situação, o ideal é colocado como objetivo — o real, subjetivo. Essa inversão permite que o ideal seja usado como referencial para guiar as ações com grande solidez. No ideal não há relativização — ele não é encarado como um ponto de vista. Assim, valores ideais equivalem, em termos de consistência, à realidade objetiva.

Esse "sentido moral da realidade", sendo independente de nós, empurra a validade dos valores para além do alcance de nossos questionamentos e de nossa vontade, do mesmo modo, digamos, que as leis físicas estão além de nossos questionamentos e de nossa vontade. Através dessa idealização, o homem cria uma "subjetividade objetiva", uma "abstração pura da vontade humana" na qual pode ancorar suas metas impessoalmente, suprimindo o angustiante problema da ausência de referencial.

Como se pode notar, a artimanha sempre consiste na tentativa de criar uma abstração pura e impessoal de algo subjetivo, para assim conceder-lhe credibilidade. A partir da negação do caráter subjetivo desses valores, está pronto o terreno para transformá-los em princípios, princípios em leis — e estas, por sua vez, justificando, de modo impessoal e objetivo, a crença em valores que determinam a conduta humana. Trata-se de uma falácia circular tão simplória que chega a ser risível, mas que é sempre utilizada para satisfazer a insegurança de egos irresolutos, que precisam de uma espinha dorsal externa para sustentar suas vidas.

Naturalmente, toda essa história de "vontade de Deus" não passa de um devaneio e de um rodeio que o homem emprega para dourar e dar autoridade suprema às suas próprias opiniões, atribuindo-as a Deus e então "se esquecendo" de que foi ele quem o criou — um subterfúgio utilizado para transformar opiniões humanas em leis divinas. Assim, vê-se que qualquer objetividade valorativa sempre se apoia no dogmatismo, na idealização de um conceito relativo, dourado pela autoridade. Diga-se de passagem, é nessa ótica, como vimos, que podemos perceber onde reside o grande poder coercitivo da religião, que funciona como método de controle social.

Felizmente, sabemos que isso tudo não passa de um aglomerado de quimeras. Por isso, estamos conscientes da plena impossibilidade de se encontrarem referenciais racionais para nortear qualquer sistema de valores que seja universalmente válido. Entretanto, é comum depararmo-nos com indivíduos que afirmam, com suposto ar de entendimento, que "as pessoas deveriam ser mais assim ou menos assado". De fato, não há como expressar suficiente desprezo por esse tipo de atitude — tal indivíduo não passa de um moralista megalomaníaco. Defender qualquer espécie de ideal humano supostamente universal é uma tarefa que deveria ser deixada aos poetas e aos hóspedes de manicômios.

Uma proposição subordinada a um fim é uma coisa. Dizer "se quiseres vencer, treina!", por exemplo, coloca o treinamento como um meio para se atingir um fim ao qual podemos atribuir valor arbitrariamente. Deliberamos sobre a possibilidade de a vitória ser ou não interessante para nós e, em função disso, decidimos se vamos treinar. Em contrapartida, qualquer espécie de "tu deves" incondicional é um castelo de vento sobre o solo do dogmatismo. Seria como dizer apenas isto: "treina!" — uma ordem com fim em si mesma. Mas treinar para quê? E por que treinar é bom? Bom para quê, para quem? Fica óbvio o absurdo que qualquer tipo de "imperativo universal" representa.

Supondo-se que alguém postulasse premissas morais universais, assim como as premissas universais da lógica aristotélica, a construção de um sistema moral absoluto seria tão segura quanto uma inferência silogística. Esta consistiria de uma série de inferências logicamente consistentes, que provavelmente poderiam servir como um passatempo intelectual a algum pensador entediado, mas sem qualquer utilidade real. A esse respeito, Frederick Edwords demonstra com plena nitidez a impossibilidade de se compatibilizar uma moral absoluta com a dinâmica e multifacetada realidade humana:

o problema mais gritante de sistemas absolutistas, como os Dez Mandamentos, é que, quando há mais de uma regra absoluta, torna-se possível o surgimento de conflitos entre elas. Assim, poder-se-ia perguntar se é algo apropriado assassinar para prevenir um roubo. É permitido roubar para prevenir um assassinato? Deveríamos mentir se tivéssemos uma boa razão para acreditar que a verdade faria com que o indivíduo morresse de ataque cardíaco? É apropriado mentir para evitar ser assassinado? É lícito quebrar o sábado santo para salvar a vida de alguém? Seria correto roubarmos um carro se soubéssemos que isso evitaria que seu dono trabalhasse no sábado santo ou matasse alguém? Deveríamos honrar a vontade de nossos pais se eles nos pedissem para quebrar algum dos outros mandamentos? Deveríamos roubar nossos pais se, ao fazê-lo, talvez estivéssemos prevenindo um assassinato? Todos tipos de dilema como esses são possíveis. (...) Isso demonstra que não podemos viver baseados em princípios absolutos e abstratos. Precisamos relacioná-los à vida e às necessidades humanas.

Toda moral absoluta é algo tão insustentável quanto a existência dos tirânicos fantasmas da criação. São assombrações que acorrentam a liberdade do homem. Esse tipo de ideia deve ser combatido e atacado com todas as armas, não pelo que defende propriamente, pois isso não importa, mas pelo que representa: um grilhão, uma tirania de valores impessoais. Declarar que devemos viver em função de "razões últimas" de ordem moral sentencia a vida a uma paralisia por contradição prática.

Talvez se diga que esse posicionamento condenatório veemente é arrogante e prepotente, pois quem pode dizer o que é verdadeiramente certo ou errado? Ninguém. Contudo, nossa pretensão aqui não é dizer o que o homem deve ser. Pretendemos exatamente o oposto. Estamos defendendo precisamente a impossibilidade de se encontrar um fundamento objetivo que seja capaz de justificar qualquer dever impessoal — daí defendermos sua inexistência. Portanto, essa condenação poderia ser denominada uma contra-arrogância, pois se arroga o direito de negar a absurda e restringente pretensão de que o homem deve ser "de tal ou de tal modo". Nessa perspectiva, se defendemos que o homem deve ser alguma coisa, é simplesmente isto: o homem deve ser livre para valorizar aquilo que bem entender.

Assim, em matéria de valores, a única coisa que deve ser afirmada é que, *a priori*, nenhum existe. Respeito à média universal não passa de respeito à média universal. Costumes e tradições não são valores especiais, são valores antigos. Não precisamos defender nossos princípios escolhidos, mas apenas nosso direito de tê-los — e jamais perder de vista que se trata simplesmente de uma questão de escolha e invenção e gosto pessoal. Esquecer-se disso significa esquecer-se da liberdade.

Claro que a maioria dos ateus concordaria com essa visão, ao menos em princípio. Contudo, desenvolvendo-se um pouco mais a ideia, muitos começam a se mostrar progressivamente constrangidos e hesitantes com aquilo que veem, pois as implicações dessa visão apresentam abrangência total, englobam qualquer coisa que pudermos imaginar em termos de valoração, conduzindo inevitavelmente a um amoralismo, pelo menos no que concerne à possibilidade de uma valoração universal.

Nada do que qualquer homem faz — para si mesmo ou para outrem — tem um valor inerente. Não temos nenhum compromisso necessário para com a humanidade nem ela para conosco. Não devemos nenhum tipo específico de conduta a ninguém nem a coisa alguma. Aliás, por que precisamos nos comportar moralmente? Não precisamos. Contra essa constatação óbvia as únicas objeções que se conseguiram levantar até agora foram penitenciárias. Isso pode soar controverso — e quase sempre soa —, mas, no que toca os bons costumes, não nos esqueçamos de que nossa história — esse cada-um-por-si interminável — nunca foi exemplo das virtudes filantrópicas que estão na moda, e tampouco o mundo natural — ou alguém ficou sabendo de alguma recente greve de fome de predadores em respeito ao próximo?

Sob essa ótica, cai por terra a autoridade de todos os princípios que são tradicionalmente caros à humanidade, como, por exemplo, o princípio "não matarás". O assassinato intencional de outro ser humano deixa de ser um ato necessariamente condenável — e, aliás, nunca foi: pensemos nos casos de pena de morte e de legítima defesa. A ideia de que devemos fazer o bem e evitar o mal deixa de valer. Amar o próximo — quem disse que isso é necessário? Ser justo — por que alguém deveria? Não roubar — ora, por que não? Não mentir — e se for útil? Não cometer adultério — mesmo se houver consentimento?

Não copular com parentes, animais, crianças ou defuntos — cairá uma pedra sobre nossas cabeças se fizermos isso? Não usar drogas para fins recreacionais — e se quisermos? Nada disso é obrigatório, nada disso é proibido. Objetivamente, estuprar uma pessoa ou quebrar um palito de fósforo significam a mesma coisa — nada.

Se tivéssemos sido ensinados a cumprimentar uns aos outros com escarros ou a sacrificar nossos parentes quando atingissem 50 anos, pensaríamos que isso é o certo a se fazer. Tornar-se condicionado aos valores da sociedade em que se vive é uma tendência natural. O problema surge quando esquecemo-nos de explicar o porquê, a função dessas valorações, dessas proibições e louvores a certos tipos de comportamento. Particularmente os ideais cristãos que permeiam nossa sociedade conseguiram falsificar nossos valores de tal modo que uma perspectiva autenticamente humana ou um comentário biologicamente honesto soa quase como uma monstruosidade.

Quando as razões se perdem e os hábitos continuam irracionalmente, pela sua tradição e autoridade, isso gera um caos dentro do homem. Como podemos seguir valores contraditórios que não fazem sentido em nenhum sentido e que, em sua aplicação, não possuem sequer vestígio de utilidade? Mas mesmo a isso nós nos adaptamos: para os conflitos, criamos uma coleção de diferentes máscaras sociais, cada qual apropriada a situações específicas que exigem de nós uma *persona*. Fingir um pouco para obter alguns benefícios — qual problema há nisso? Nenhum. Ninguém precisa ser autêntico — desde que ninguém fique sabendo. Não deixa de ser irônico que, numa sociedade de fachadas, os impostores que ela própria criou sejam execrados por não serem o que ninguém é. Sabe-se lá até quando continuaremos fingindo não perceber que os belos valores ideais são um estorvo à vida real.

Pendengas à parte, é óbvio que alguns dos princípios mencionados acima podem ser úteis numa sociedade que se pretende pacifista. Apesar de sermos uma espécie substancialmente egoísta, paradoxalmente, para viver em sociedade, temos de nos comportar sob um regime coletivista, que se sustenta sobre valores opostos. O egoísmo é tipicamente visto como um defeito porque, quando exacerbado, promove comportamentos que, se todos seguissem, trariam consequências desastrosas à sociedade. Assim, o indivíduo que pensa em se valer da coletividade para proporcionar a si próprio um grande benefício em pequeno detrimento da coletividade acaba por ter seu interesse egoísta contrabalançado pelo medo das leis punitivas, que servem para desestimular as ações egoístas e antissociais e, desse modo, promover a manutenção da ordem e do bem-estar geral. Essas são as "restrições impostas pela vida em sociedade" que Freud menciona, as quais geram o mal-estar que, basicamente, consiste no conflito entre nossa natureza e a natureza da civilização em que vivemos. Esse mal-estar é o preço que temos de pagar para desfrutar dos benefícios de uma vida civilizada.

Notemos que, mesmo se estivéssemos falando de valores morais que norteiam uma sociedade inteira, isso ainda não seria uma moral boa por si mesma ou universal, mas boa para um dado objetivo — que em geral será promover a paz e a ordem nessa sociedade. É essencial que tenhamos consciência de que tais princípios são apenas convenções sociais entre indivíduos que possuem objetivos análogos, e nada mais.

Lamentavelmente, nem todos conseguem conviver com essa ideia óbvia e suas consequências lógicas. Por isso, mesmo entre ateus, não raro ainda sobrevive a infeliz crença de que estes ou aqueles ideais deveriam ser cultivados, alegando que são valores superiores — em geral, ideais humanitários. Obviamente, esses ideais são preconceitos — mas não que o problema seja esse, pois, em última instância, todos os nossos valores morais são preconceitos morais. Na realidade, a objeção se dirige fundamentalmente à pretensão de que sejam melhores e superiores porque possuem natureza altruística e solidária. O mero fato de um princípio promover a felicidade de outrem não faz dele algo superior — afinal, que tem a felicidade a ver com a verdade? Em uma palavra: nada. Objetivamente, nem mesmo a felicidade possui valor em si.

Entretanto, que não se entenda erroneamente essa posição — estamos apenas sendo imparciais. Não temos coisa alguma contra a ideia de que a bondade, a humildade e o altruísmo são superiores à maldade, à arrogância e ao egoísmo, contanto que essa ideia seja colocada no seu devido lugar, isto é, seja encarada simplesmente como um ponto de vista pessoal, uma opinião, não tendo mais valor, em sua essência, que quaisquer outras perspectivas. O fato é que ser caridoso, solidário, compassivo e bondoso é uma questão de escolha pessoal, não um "princípio de decência" ou uma "questão de humanidade" — seja lá o que isso signifique.

Ocasionalmente nos deparamos com poetas bem-intencionados — com um pé nas nuvens e o outro no país das maravilhas — que alegam professar o "bem universal". Apesar de tocante e certamente simpática, tal ideia revela-se impraticável. A origem dessa ilusão está no fato de que indivíduos tendem a pensar que tudo o que é bom para eles será também bom para todos. Contudo, o "bem universal" não passa de mais um fruto estéril do egocentrismo moral. Afinal, o bem universal é para quem? Para todos, realmente? Mas como é possível ser igualmente benévolo a causas com interesses contraditórios? Como poderíamos ajudar os lobos *e* os cordeiros? Ajudar os lobos não significa prejudicar os cordeiros indiretamente? Por outro lado, se não ajudarmos os lobos por estes serem "maus", então o bem não é universal, e claramente percebe-se que esse suposto "bem universal" parte do ponto de vista do que é universalmente bom para o rebanho. Então, diante do impasse, talvez fosse melhor ajudar ambos e sair correndo, para não ver as consequências e continuar com a consciência tranquila? Como vemos, a universalidade imparcial mostra-se impossível. Para um lobo, ser universalmente bondoso não é virtude — a compaixão, para um animal rapinante, seria sua ruína. Igualmente, para um cordeiro pacífico e gregário, viver da crueldade da predação animal seria uma patetice suicida.

A conclusão à qual estamos tentando chegar é esta: cada indivíduo possui sua própria natureza pessoal, e é em função dela que se define o que é virtude ou vício — não em função de algum moralista com distúrbios mentais. Nossos valores devem existir apenas enquanto um reflexo de nossa natureza íntima. Assim, após racionalizarmos o que somos, o que queremos e nossa relação com o meio em que estamos, destilamos desses raciocínios os princípios e regras que seguimos. O mais importante é nunca perdermos de vista que esses princípios são somente um reflexo do que somos — e apenas enquanto reflexo devem possuir autoridade.

Tendo isso em mente, se não admitirmos que muitos indivíduos fundamentam seu pensamento moral em preconceitos, fica quase impossível compreender por qual razão se orgulham de dizer que agem segundo "tais ou tais" princípios, como se isso, de algum modo, os tornasse especiais e superiores — e ainda condenam os que não se comportam como consideram "correto", rotulando-os como imorais, perversos, ignorantes, sem consciência etc. Valem-se de toda a espalhafatosa retórica da bondade, da humanidade, da solidariedade, da dignidade, da decência, da integridade, da honestidade, do amor ao próximo, e assim por diante, para fazer parecer que esses princípios são bons e têm valor por si mesmos, para então se posicionarem em relação a eles, justificando a sua patética autobajulação e a condenação dos diferentes.

O problema dessa atitude é que, encarando-se todos os valores como subjetivos, as pessoas não podem se posicionar "em relação" aos valores que defendem, como se fossem externos, mas precisam representá-los, encarná-los. Vendo-se um valor como se estivesse "do lado de fora", pairando sobre nossas cabeças, pode-se utilizá-lo para julgar e condenar os demais impessoalmente, pois ele é tido como uma verdade, como um referencial, como algo que vale para todos.

Por exemplo, uma *pessoa A* pode fazer algo que outra *pessoa B* condena em sua perspectiva pessoal. Entretanto, se *B* for capaz de perceber que *A* não vê nada de errado em sua ação, então *B* não possuirá fundamentação para justificar qualquer espécie de condenação ao ato de *A*. Sendo assim, *B* só poderia dizer algo como "eu não faria isso" ou "eu discordo", mas nunca "você está errado", pois *A* simplesmente está agindo conforme sua índole. Trata-se da mesma questão apresentada acima: naturezas diferentes, virtudes e vícios diferentes.

Diga-se a propósito, uma das grandes vantagens do livre-pensamento, por ser isento de preconceitos monocromáticos arraigados, é seu efeito supressor sobre grande parte da intolerância quanto a pontos de vista distintos. Através dele, superamos a perspectiva unidimensional e bipolarizada do dogmatismo moral e abrimos nossos olhos para uma visão espacial, tridimensional, que permite infinitas perspectivas. Passamos a reconhecer a vida em toda a sua diversidade e originalidade, sem oposições falsas de valores.

Entretanto, certamente não é uma boa ideia tentar dizer que a benevolência não é necessariamente uma virtude para qualquer pessoa relativamente conservadora. Estamos falando de valores que são as vacas sacrossantas de nossa civilização moderna, que estão de tal modo incrustados em nossa sociedade que se tornaram quase inquestionáveis. Por isso, se não apresentarmos tais observações de modo bastante sutil e cuidadosamente justificado, elas terminam por causar uma grande indignação e, não raro, acabamos rotulados como "imorais". Essa indignação é um típico sintoma de quem não é capaz de relativizar sua visão suficientemente para perceber que seus valores e suas convicções supostamente universais não passam de pontos de vista pessoais.

Em grande parte, isso acontece porque as pessoas tendem a pesar o valor dos próprios valores em função da felicidade, pois, para a maioria, a verdadeira "prova de fogo" dos valores morais reside exatamente no fato de eles conduzirem ou não ao bem-estar. Naturalmente, ninguém precisa ser um cientista ou um filósofo para intuir noções morais úteis — cada qual, ao seu modo, escolhe ou inventa seus valores, que passam a ser sentidos como algo muito íntimo e pessoal. Então, quando colocamos tais valores em xeque, estamos também atacando as noções de bem viver dos indivíduos, às quais está associado um grande valor afetivo. Por isso, convidar alguém a analisar imparcialmente os valores dos quais depende sua felicidade quase sempre equivale a uma sugestão infeliz.

Mas o fato é que, mesmo manifestando-se independentemente, a busca individual pela felicidade converge em muitos pontos, como bem-estar biológico e psicológico, boa reputação, satisfação de metas pessoais etc. As noções morais mais universais têm suas raízes nesse alicerce básico, exprimem ideias válidas para todos ou para quase todos, envolvem necessidades ou características que permeiam nossa natureza de modo predominante.

Como já explicamos, a vida exige de nós um posicionamento, a própria vida representa um posicionamento. Estar vivo e querer continuar vivo é um preconceito instintivo, mas nem por isso deixa de ser uma valoração. Dessa raiz fundamental — nossa própria condição de existência — é que se deduz, normalmente, a maior parte dos valores que guiam a ação humana.

Delinear regras gerais que conduzem ao bem-estar não tem nada de errado. Apesar de a individualidade não poder ser reduzida a generalizações, estas servem para traçar seus fundamentos. Poderíamos citar a universalidade da noção de que o prazer é bom e de que o sofrimento é ruim. Isso se fundamenta mecanicamente em fatores biológicos — daí o fato de tudo o que conduz ao prazer e afasta o sofrimento ser instantaneamente batizado "bem universal". Ninguém precisou nos ensinar que ser feliz é bom — isso não é uma valoração deliberada e livre, mas um preconceito instintivo, a própria sombra valorativa do homem.

Até este ponto, estaria tudo bem. Mas, quando se tenta inverter esse raciocínio, quando se tenta transformar essas regras gerais não em algo que deriva do homem, mas numa coisa boa por si mesma, então se está perdendo todo o fio da meada. O erro está em atribuir mais valor à abstração que à realidade, em tentar transformar um reflexo em essência. Por exemplo, se certo princípio largamente tido como virtuoso e benfazejo não nos traz bem-estar, se não está em conformidade com nossa natureza, o mais lógico a se fazer é rejeitá-lo, não nos dobrarmos à sua autoridade social. Toda virtude deve ser apenas *nossa* virtude. Precisamos reconhecer seu valor pessoalmente, ou ela não nos terá valor algum.

Porém, irritantemente, o fator-comum do comportamento dos homens é sempre interpretado como uma moralidade em si, como algo objetivo. As consequências nocivas dessa bronca interpretação devem ser óbvias para qualquer indivíduo. Uma verdadeira castração da liberdade em prol das tendências generalizadas. O crime mais monstruoso contra qualquer obra é aquele que ataca seus alicerces — os valores que guiam a ação. Naturalmente, não se usa esse tipo de nome para designar esse nivelamento mental, esse tornar-rebanho. Geralmente lhe são atribuídos pomposos nomes reluzentes — decência, dignidade, humanidade, honra, bons costumes —, com a finalidade de esconder a realidade por detrás dessas mentiras insustentáveis. Tudo isso são quimeras que sacrificam o indivíduo à fantasmagoria do "bom por si mesmo" — mas, mesmo assim, seria realmente ingenuidade de nossa parte pensar que princípios morais não estão envolvidos nos jogos de controle social.

Também há os que mentem com inocência: oferecem a "fórmula da virtuosidade" como uma solução infalível, um caminho a ser percorrido que serve para qualquer pessoa. Apresentam-nos a sombra de um fantasma que imaginaram ter ouvido sussurrando-lhes chavões morais durante uma catarse mística como a solução para todos os problemas morais. O fato é que, se pudéssemos visualizar as raízes dos impulsos dos quais nascem as mais sublimes doutrinas morais, veríamos um monstruoso egocentrismo. Na frondosa árvore que nasce desse egocentrismo, está a idealização de si mesmo, a transformação de sua personalidade e de seus gostos pessoais em princípios superiores. Em todo caso, se o fizer com bastante encanto, talvez até consiga seduzir um pequeno rebanho no qual poderá observar várias imitações de si próprio.

O mesmo grau de insensatez está presente em quem sofre em nome da suposta virtuosidade que outrem atribuiu a um princípio moral — porque para ele tal valor era bom —, e com isso se embrenha numa alienação nefasta. De fato, é incrível a influência desse tipo de mentira sobre indivíduos inseguros, que têm necessidade de encontrar algum significado exterior a si mesmos — e quase sempre o encontram dissolvendo-se nos demais. O alheamento de si se apresenta como o único modo de se sentirem valorizados.

Agora distanciemo-nos um pouco dessa perspectiva predominantemente teórica e analisemos a questão numa ótica prática. É bastante certo que já temos algumas programações inatas do que é bom e do que é mau. Isso acontece porque somos animais com uma história evolutiva e com necessidades biológicas. Assim, no que concerne à vida como um fim em si mesmo, sempre nos deparamos com a questão do valor do prazer — ou, em suas múltiplas facetas: a felicidade, a satisfação, a alegria, o bem-estar, a plenitude, a realização etc.

Como se supõe, o valor do prazer nos parece previamente dado porque o homem só enxerga a realidade através dos olhos da vida. O prazer representa em nós uma espécie de recompensa fisiológica dentro do contexto da "razão do corpo", cujo critério da verdade é a sobrevivência. Isso causa-nos a ilusória impressão de que alcançar a felicidade e a satisfação são finalidades últimas em nossa existência.

Olhando a questão de perto, perceberemos que o prazer e o sofrimento se encontram estreitamente vinculados à utilidade — e, levando-se em conta o modo como o homem evoluiu, isso não poderia ser diferente. O prazer e o sofrimento são mecanismos de coerção psicológica. Em questões fundamentais, a sensação de prazer, no ser humano, funciona como uma espécie de "incentivo para" ou "recompensa por" ações que estejam de acordo com os ditames inatos — aprendidos evolutivamente por tentativa-e-erro — daquilo que conduz à propagação da vida. O sofrimento, pelo contrário, apresenta-se como um tipo de punição subjetiva por acontecimentos que são de algum modo perniciosos aos objetivos fundamentais da vida.

Por exemplo, certamente fazemos sexo em busca do prazer. Contudo, ele é uma fachada, não um fim em si mesmo. O prazer é somente uma estratégia, uma "isca" que o corpo usa para induzir as pessoas à cópula, pois isso conduz à reprodução e à perpetuação da vida. Se a cópula fosse dolorosa — digamos, como a amputação de um braço —, nós certamente a evitaríamos a todo custo. Nesse caso, a espécie humana desapareceria rapidamente — ou, no máximo, só restariam de nós os masoquistas.

Em todo caso, essa poderia ser uma espécie de resposta à questão de quais devem ser os referenciais adotados para nortear os valores humanos. Isto é, tudo aquilo que conduz à felicidade deve ser cultivado e tudo aquilo que a impede deve ser combatido. Entretanto, o problema dessa visão é o fato de que nossas programações inatas foram forjadas em nosso *DNA* pelas pressões de um meio ambiente muito diferente, e isso ocorreu há muito tempo. Grande parte de nossas predisposições comportamentais já se encontra totalmente descontextualizada devido à frenética alteração do ambiente que vem ocorrendo, a qual a pesadamente lenta marcha da evolução genética não foi capaz de acompanhar, de modo que, no nosso contexto atual, agir apenas segundo nossos impulsos nem sempre equivale a agir do modo mais adequado, tanto em nível social quanto em nível de sobrevivência. Isso invalida a possibilidade de se utilizar somente a felicidade ou o prazer como uma referência segura para nortear nossas vidas.

De fato, ainda estamos armados com instintos para uma vida na Idade da Pedra. Nossos impulsos fundamentais são cegos para a razão e para o devir de nosso mundo. Como explica Steven Pinker:

> *A seleção atua ao longo de milhares de gerações. Durante 99% da existência humana, as pessoas viveram da coleta de alimentos, em pequenos grupos nômades. Nosso cérebro está adaptado a esse modo de vida extinto há muito tempo e não às recentíssimas civilizações agrícolas e industriais. Ele não está sinto-*

nizado para lidar com multidões anônimas, escola, linguagem escrita, governo, polícia, tribunais, exércitos, medicina moderna, instituições sociais formais, alta tecnologia e outros recém-chegados à experiência humana. Como a mente moderna está adaptada à Idade da Pedra, e não à era do computador, não há necessidade de forçar explicações adaptativas para tudo o que fazemos. Em nosso meio ancestral não existiam as instituições que hoje nos instigam a escolhas não adaptativas, como ordens religiosas, agências de adoção e indústrias farmacêuticas, e por isso, até bem recentemente, não havia uma pressão da seleção para resistir a esses estímulos. Se as savanas do Plistoceno contivessem árvores de pílula anticoncepcional, poderíamos ter evoluído para julgá-las tão aterradoras quanto uma aranha venenosa.

Desse modo, exatamente por estarmos biologicamente descontextualizados, precisamos usar a inteligência para guiar nossos instintos, para dar-lhes alguma visão e, com isso, conseguir harmonizar nossos impulsos ao meio em que estamos, ao custo de algum esforço administrativo. Assim, a racionalidade deve funcionar como um fator adaptativo, como um mediador entre os nossos impulsos e as nossas ações, para que, desse modo, elas sejam, ao mesmo tempo, subjetivamente satisfatórias e compatíveis com o ambiente que nos circunda. Na situação precária em que existimos, e sem poder contar com o auxílio voluntário da natureza, convém que utilizemos nossos dispositivos intelectuais do modo mais adequado possível, permitindo que nosso breve existir seja guiado por convenções estratégicas que nos permitam sobreviver de um modo mais frutuoso, ou ao menos decente.

Portanto, como percebemos, é possível estabelecer um código moral humano baseado em nossos próprios objetivos e em nossa própria natureza. Não precisamos recorrer à sabedoria dos deuses. Precisamos apenas aprender a racionalizar nossos sentimentos, nossa natureza, nossas necessidades e nossos objetivos, e então condensar isso tudo em princípios de comportamento que nos servirão como guias, compatibilizando nossa mente à realidade moderna. Tais princípios nos indicarão quando é conveniente continuar ou parar, quando é conveniente dar vazão a um desejo ou reprimi-lo a fim de não prejudicar um objetivo coletivo ou de longo prazo. Os valores morais, nesse caso, apresentam-se como uma ferramenta bastante útil para administrar nossos impulsos e amoldá-los, de modo contextualizado, em função de nossos interesses, de nossos objetivos de curto, médio e longo prazo.

Entretanto, objeta-se frequentemente que esse tipo de "coordenação racional" da moral conduz a um anarquismo caótico, pois, para a sociedade como um todo, seria impossível justificar princípios que estivessem baseados apenas em simples "opiniões mundanas e relativas". Assim, sem uma moral absoluta, sem um "referencial superior", não haveria como estabelecer a validade de qualquer princípio, de qualquer noção socialmente aplicável. Naturalmente que, sem esse suposto "referencial absoluto", os primeiros conceitos a serem descartados seriam justamente os inúteis e os antinaturais sustentados pela autoridade, não os sustentados pela utilidade. De qualquer modo, não precisamos de um referencial supra-humano como guia, e podemos citar a questão do trânsito para ilustrar esse ponto.

Por exemplo, se os humanos não são capazes de criar suas próprias regras e, então, submeterem-se a elas, como poderiam existir as leis de trânsito? Pelo que se sabe, nossas leis de trânsito não se baseiam em imperativos sagrados da sabedoria divina, que ditam *tu aguardarás pelo sinal verde*. O fato é que nem tudo precisa se basear em noções absolutas — melhor dizendo, nada precisa. Tais leis baseiam-se nas reflexões de homens que visam conciliar os objetivos básicos de todas as pessoas. É a questão das "regras gerais da subjetividade humana". As premissas das leis de trânsito ancoram-se em coisas óbvias como, por exemplo, o fato de que ninguém quer morrer num acidente a caminho do trabalho. Se ninguém quer transtornos no trânsito, então devem ser formuladas leis no sentido de organizá-lo a fim de evitar as consequências universalmente indesejadas e, ao mesmo tempo, maximizar a transportabilidade, que é o objetivo de quem está tentando se locomover.

Assim, se podemos criar leis de trânsito eficientes e embasadas em interesses análogos fundamentais, então por que com a moral seria diferente? Somente precisaríamos nos basear na assunção de que temos em comum muitas características, objetivos e necessidades. A partir disso, construiríamos noções de moral capazes de proporcionar a organização e a ordem necessárias à vida em sociedade. Portanto, seria uma moral de natureza orgânica, maleável e racional. Algo humano construído racionalmente para resolver problemas também humanos, constituindo-se de convenções pragmáticas que se referem à realidade subjetiva da própria condição humana, não a uma realidade objetiva, imutável ou transcendental.

Portanto, vemos que o grande engano em que incorrem aqueles que contestam a possibilidade de se estabelecer uma moral racional está na atitude de julgar que somos seres infinitamente maleáveis. Em termos puramente racionais, nossa moral é toda arbitrária — mas nós, de certo, não somos abstrações ambulantes, não somos seres puramente racionais e arbitrários. Somos seres humanos, não almas metafísicas. Temos uma natureza que deriva de nossa história evolutiva, a qual nos imprimiu uma constituição comum, e isso significa que estamos limitados às possibilidades oferecidas por nossa máquina biológica.

Temos necessidades comuns em questões de sobrevivência, de reprodução, de alimentação, de proteção, de socialização, de afetividade, de entretenimento etc. E acrescentemos também que estamos todos no mesmo planeta, e que não há como escapar desse fato — temos de enfrentar as adversidades do mesmo meio ambiente. Ademais, caso cresçamos na mesma sociedade, nossas necessidades estarão ainda mais niveladas.

Portanto, vemos que são muitíssimos os problemas e características que temos em comum. Nessa situação, sermos seres sociais e comportarmo-nos de forma socialmente compatível, nos organizando racionalmente através de convenções morais para alcançar objetivos comuns, não é apenas uma questão de escolha pessoal, mas uma questão de interesse mútuo que visa maximizar a eficiência, sendo isso algo que, em última análise, repercutirá em nosso próprio benefício. Isso não significa, obviamente, que todos devem obrigatoriamente se comportar de modo socialmente compatível. Somente demonstramos que é possível construir valores morais, tanto individuais quanto coletivos, sem recorrer ao dogmatismo.

Nesse contexto, devemos sempre ter em mente que os valores morais, em si mesmos, não têm valor algum — o valor está na finalidade humana à qual estão servindo. Quem perde isso de vista dá o primeiro passo que transforma valorações humanas em fósseis perniciosos que estagnam o progresso moral da humanidade. Frederick Edwords, nesse sentido, demonstra qual é a verdadeira função dos valores morais, como convenções que sempre devem existir, antes de tudo, em função do homem, como meios para os nossos fins:

Visto que o processo de aperfeiçoamento da ética é o da tentativa-e-erro, então faz sentido que se mantenha os princípios éticos flexíveis. Afinal, se um dado princípio é rígido e absoluto, ele tende a nutrir um tipo de idolatria onde pessoas adoram a regra em vez do objetivo desta. Já que o bem e o mal, em última instância, são julgados na perspectiva da necessidade e interesses humanos, então apenas faz sentido que todos os princípios morais trabalhem no sentido de satisfazer necessidades humanas e servir aos interesses humanos — em oposição a tornarem-se um fim neles mesmos. (...) Quando percebemos que o certo e o errado não podem existir sem seres com necessidades, e que seres humanos provaram ser capazes de inventar e depois aplicar suas próprias regras, então não há mais qualquer modo de negar que a busca dos interesses humanos — para os indivíduos e para a sociedade, em curto e longo prazo — é o grande objetivo das leis e da ética.

Desse modo, do ponto de vista social, a moral deve ser entendida como um conjunto de regras de conduta construído por humanos para satisfazer necessidades também humanas, cuja finalidade última é promover nosso próprio bem-estar, tanto em nível coletivo quanto individual. Como pudemos ver, a razão pura será sempre insuficiente para guiar nossas noções morais, sociais e políticas. Por isso, à razão devemos aliar sempre o conhecimento histórico e experimental, para que assim nossas perspectivas morais estejam ancoradas na realidade, num processo constante de evolução e aperfeiçoamento.

Essa concepção de moral, como se percebe, é fundamentalmente pragmática — e não poderia ser de outro modo. Baseia-se no reconhecimento do fato de que seres humanos têm muitas necessidades, interesses e objetivos em comum — compartilhamos características biológicas, psicológicas, sociais, emocionais etc. E baseia-se no fato de que, a partir disso, somos capazes de convencionar racionalmente valores morais que são, ao mesmo tempo, compatíveis com a manutenção de uma vida em sociedade e com nossos interesses particulares. Portanto, ao que parece, temos de concordar com Ingersoll quando indagou: *Então o que é — ou poderia ser denominado — um guia moral? A resposta mais curta possível consiste de apenas uma palavra: inteligência.*

VIII

SOBRE O SENTIDO DA VIDA

A questão do propósito da vida humana já foi levantada várias vezes; nunca, porém, recebeu resposta satisfatória e talvez não a admita. Alguns daqueles que a formularam acrescentaram que, se fosse demonstrado que a vida não tem propósito, esta perderia todo valor para eles. Tal ameaça, porém, não altera nada. Pelo contrário, faz parecer que temos o direito de descartar a questão, já que ela parece derivar da presunção humana, da qual muitas outras manifestações já nos são familiares. Ninguém fala sobre o propósito da vida dos animais, a menos, talvez, que se imagine que ele resida no fato de os animais se acharem a serviço do homem. Contudo, tampouco essa opinião é sustentável, de uma vez que existem muitos animais de que o homem nada pode se aproveitar, exceto descrevê-los, classificá-los e estudá-los; ainda assim, inumeráveis espécies de animais escaparam inclusive a essa utilização, pois existiram e se extinguiram antes que o homem voltasse seus olhos para elas. Mais uma vez, só a religião é capaz de resolver a questão do propósito da vida. Dificilmente incorreremos em erro ao concluirmos que a ideia de a vida possuir um propósito se forma e desmorona com o sistema religioso.

— Sigmund Freud

Seria praticamente impossível encontrar qualquer indivíduo intelectualmente ativo que nunca tenha se confrontado com a célebre questão do sentido da vida. Que é esta coisa chamada mundo? Que estou fazendo nele? Estou vivo, mas que é esta coisa — a vida? À primeira vista, parece-nos lógico pensar que nossa vida deveria ter algum tipo de "sentido", visto que o mundo em que vivemos é tão grandioso, tão intrincado, tão curioso, tão rico em diversidade, que isso tudo simplesmente parece *exigir* de nós algum tipo de explicação magnífica, alguma justificativa especial para o fato de estarmos aqui.

Obviamente, já surgiu e ruiu um sem-número de explicações para o que estamos fazendo neste planeta azul. Algumas são religiosas, algumas são metafísicas, algumas são poéticas, algumas são morais, algumas biológicas, outras sociais, e assim por diante. A mente humana já concebeu inúmeros tipos de explicação. Assim, se perguntássemos a várias pessoas qual é o real sentido da vida, o resultado invariavelmente seria o mesmo: pontos de vista discordantes e um caráter puramente subjetivo atribuído ao sentido das entranhas da existência. Além disso, no mais das vezes, a explicação apresentada é tão unilateral, subjetiva e antropocêntrica, tão impregnada de preconceitos pessoais, que na verdade encontra-se muito, realmente muito longe da imparcialidade que esse tipo de questão exige.

Quem aprende a olhar a realidade com coragem suficiente para ser imparcial ante suas próprias expectativas logo percebe o erro em que quase todos incorrem: ao tentar explicar a vida, não descrevem o que veem, mas o que sentem. Quando pensam descrever o que veem, se enganam: na verdade explicam o que acham daquilo que veem. Nessa situação, deixam-se ofuscar pela reverência que a grandiosidade do mundo lhes instila. Deixam-se levar pelos sentimentos de elevação que as hipóteses mais esplendorosas lhes inspiram. Começam a acreditar que os "belos sentimentos" são um argumento.

Assim, criam realidades paralelas e mundos fictícios idealizados que estão à altura de suas inspirações metafísicas, e então deslocam o centro de gravidade da vida para esse mundo poético e imaginário. Depois chamam esse mundo completamente falsificado de "realidade verdadeira", relegando a realidade material a uma simples "aparência". Sobre esse solo totalmente irreal e subjetivo tudo pode florescer, menos a verdade — esta só floresce em solos objetivos.

Com olhos críticos, percebemos facilmente por que tais pessoas nunca encontrarão o que procuram: não se compreende a vida olhando-se para as estrelas, e não se compreendem as estrelas olhando-se para a vida. Elas buscam pelo sentido da vida, mas voltam seus olhares para além dela própria, onde a vida não está. Muito pelo contrário, o que nós procuramos é o sentido da vida — *desta* vida, de nossa vida. O sentido do que somos na realidade em que estamos — não do que gostaríamos de ser na realidade em que gostaríamos de estar.

Olhar o mundo em profundidade e admitir que vemos aquilo que realmente vemos: tamanha lucidez requer algo que poucos possuem — coragem e integridade intelectual. Nessa árdua busca, fatalmente muitos sucumbem às seduções dogmáticas que tentam conciliar o homem com a indiferença do Universo. Mas nós, assim como disse o astrônomo Laplace a Napoleão, *não temos necessidade dessa hipótese*. Não precisamos recorrer ao absurdo, não precisamos derivar nossa essência de uma divindade, não precisamos fazer de nós mesmos a coroa de uma criação especial para nos sentirmos reconfortados. Não temos a necessidade de falsificar e distorcer a realidade para alimentar os caprichos de uma arrogância antropocêntrica. Muito pelo contrário, sabemos que não significamos nada, que não temos importância alguma.

Sem dúvida, o caráter finito da existência humana é um dos mais fortes indicadores de que não temos nada de especial. Entramos na existência e saímos dela: *Tu és pó e ao pó voltarás* (*cf.* Gênesis 3:19). É por isso que tantos se revoltam contra a morte — e muitos até a negam, dizendo que é apenas uma "passagem". Em todo caso, não mentem, pois a morte de fato é uma passagem — de volta ao pó de onde viemos.

Assim, geralmente se diz que, se tudo acaba com a morte, então a vida humana não tem sentido. A lamúria é geralmente algo parecido com isto: "Se, quando morrer, tudo acabará, por que deveria trabalhar, me esforçar, conquistar objetivos? É tudo vão, é tudo efêmero, nada vale a pena". Essa queixa, naturalmente, tem sua razão de ser, mas é lançada contra o alvo errado. Suponhamos, pois, que a ciência houvesse descoberto um modo de tornar o homem imortal. Muito bem, agora não precisamos mais nos preocupar com a morte — somos seres eternos. Qual seria, então, o sentido da vida de uma pessoa imortal? O mesmo que o de qualquer outra pessoa, pois continuaríamos na mesma situação, só que indefinidamente.

Quando dizem que a morte é a culpada pela ausência de sentido, na realidade isso significa que, se o homem é um simples animal limitado e finito, se tudo começa e acaba aqui, então a vida não tem um sentido *além de si mesma*, que o homem não pertence a "planos superiores da existência" — em outras palavras, que não somos especiais. A ideia de que a morte representa nossa extinção definitiva pode ser amedrontadora e desestimulante, e isso é perfeitamente compreensível. Entretanto, não é a culpada pela falta de sentido.

Como podemos notar, a questão do sentido da vida possui várias interpretações possíveis. Portanto, faz-se necessário um esclarecimento sobre qual perspectiva será usada em relação à palavra "sentido". Antes, entretanto, deixemos claro que não temos a intenção de moralizar ou de opinar acerca das questões envolvidas, visto que é exatamente esse o erro no qual incorre a maioria daqueles que tentam tratar deste assunto. Nós nos limitaremos a evidenciar os alicerces da questão, sem sugerir o que deve ser colocado sobre eles. Como esta análise se pretende estritamente objetiva e, portanto, materialista, não serão levadas em consideração respostas que estejam fundamentadas na subjetividade humana. Assim, serão tomados como pressupostos os seguintes fatos:

1) Seja como for que a vida tenha surgido, isso ocorreu naturalmente. Ela não foi desejada ou planejada, não foi criada por alguma "inteligência superior";

2) O Universo físico não favorece a vida absolutamente, não conspira para que ela exista. Tudo nele é mecânico, indiferente a tudo e a todos, destituído de qualquer objetivo;

3) Não existe uma "ordem moral do mundo" nem um "sentido íntimo" oculto por detrás da realidade material;

4) Somos o que de fato parecemos ser: máquinas biológicas. Uma forma de vida como qualquer outra. Nossa capacidade intelectual não é nada mais que uma arma evolutiva;

5) Nossa vida é baseada apenas em matéria. Portanto, nada restará após a morte. Não temos uma "alma" nem um "espírito".

Somente por esclarecer esses pontos, percebemos que a acepção clássica em que se utiliza a expressão "sentido da vida" não pode ser válida numa perspectiva materialista. Dito de outro modo, o problema do sentido da vida significando "propósito da vida" ou "razão de ser da vida" é um *problema falso*. Isso porque, se a vida surgiu como fruto das propriedades mecânicas de um universo impessoal, então ela não foi planejada. E, se a vida não é um objetivo, se não resulta de uma meta exterior a ela, então, em si mesma, ela é destituída de qualquer razão de ser, de qualquer propósito objetivo. Em outras palavras, sua existência material encerra seu próprio significado — nenhum.

Mas há outra acepção em que se pode utilizar a expressão "sentido da vida", esta possuindo um significado mais literal para a palavra *sentido*. Para elucidar esse caso, usemos um exemplo prático: tomamos um copo de café em nossas mãos com a pretensão de bebê-lo. Qual o sentido desse copo de café? Seu sentido é satisfazer nossa vontade de beber café. Nesse caso, o sentido do copo de café está subordinado à nossa vontade.

Agora imaginemos um copo de café isolado, flutuando perdido em algum lugar do espaço sideral. Qual seria o sentido do copo de café sozinho? Nenhum. Visto que ele é um ente inanimado, desprovido de vontades, necessidades, anseios etc, ele não pode ter sentido em si mesmo — pois como poderia haver sentido sem um *objetivo*? Essa concepção de sentido, como se vê, está necessariamente atrelada à noção de vontade. Contudo, a vontade não existe em sua forma pura, pois toda vontade é sempre *vontade de algo* — e esse algo é o objetivo.

Nesse particular, observemos que essa é a razão pela qual, antes de a vida surgir, nada tinha sentido, pois todo o existente era matéria não-viva e, portanto, destituída de vontade, seguindo leis físicas que são essencialmente impessoais e desprovidas de metas.

Voltemo-nos, agora, ao sujeito. Quando se manifesta nele a vontade de beber café, que isso significa? Significa que houve um motivo para que o fizesse, ou seja, partiu de uma premissa de valor que sustentou sua vontade e justificou sua ação de beber café. Por exemplo: "beber café é bom". Essa premissa de valor serve como um referencial a partir do qual o indivíduo traça seu objetivo e se lança a ele. Sem valores referenciais, ou seja, sem premissas de valor, a vontade não teria onde se ancorar para objetivar algo. Em termos práticos: por que alguém haveria de beber café se não tivesse um motivo para isso? (motivo, do latim *motivu* — "que move").

Vejamos essa ideia representada num esquema gráfico:

Premissa de valor A ⟶ *Indivíduo A* ⟶ *Objetivo A*

Premissa de valor B ⟹ *Indivíduo B* ⟹ *Objetivo B*

Interpretando o esquema acima, imaginemos a seguinte situação. Colocamos um *Indivíduo A* e um *Indivíduo B* no mundo. Para o *Indivíduo A*, a *Premissa A* tem valor. Para o *Indivíduo B*, nem a *premissa A* nem a *Premissa B* têm valor — ou seja, nada tem valor. A partir da *Premissa A*, o *Indivíduo A* deduz que o *Objetivo A* tem valor — com isso, nele surge a *Vontade de A*. Por nada possuir valor para o *Indivíduo B*, este não visa objetivo algum, pois sua vontade não tem onde se sustentar. Confrontado com a ideia de conquistar, por exemplo, o *Objetivo B*, ele se faria esta pergunta: conquistar por quê? E tal pergunta, obviamente, ficaria sem resposta. Por outro lado, no caso do *Indivíduo A*, a resposta seria: "quero *Objetivo A* porque *Premissa A*" — ou, trocando as variáveis para deixar a ideia mais clara, poderíamos dizer: "quero dinheiro porque ser rico é bom". O "sentido da vida" do *Indivíduo A*, portanto, pode ser representado pela *Vontade de A*, isto é, pelo seu desejo de buscar o *Objetivo A*. No caso do *Indivíduo B*, não há valores referenciais e, portanto, não há quaisquer objetivos visados. Logo, sua vida é desprovida de sentido.

Com isso torna-se bastante nítida a acepção em que a palavra "sentido" será utilizada: aquela que remete à ideia de movimento, significando "em direção a algo". Então especifiquemos nossa pergunta central de modo a tornar nosso questionamento mais coerente. Perguntemos, pois, o seguinte: universalmente, a vida possui alguma direção, algum objetivo, alguma meta, algum sentido? É o que investigaremos a partir daqui.

Façamos primeiramente uma pergunta básica: por que uma vida com sentido é melhor que uma vida sem sentido? Ora, não é exatamente o "sentido" representado pela "vontade de um objetivo" a única coisa que distingue o homem de um objeto inanimado? Objetivamente, nada distingue uma pedra de 70 kg de uma pessoa de 70 kg — ambas são feitas de matéria. A única distinção existente consiste no fato de que a matéria que constitui o corpo do indivíduo está organizada de um modo muito particular chamado vida, e isso implica ter vontade, pois uma vida sem vontade seria uma vida em coma.

Mas, se tudo é matéria, então por que ser vivo é melhor que ser inanimado? Por mais estranho que isso pareça, não é. Contudo, parece que é. Como já explicamos, tal parcialidade decorre do fato que de que só enxergamos a realidade através da ótica da vida, pois somos a vida, e assim pensamos e pesamos tudo apenas em função dela, isto é, em função de nós mesmos, de nossas necessidades.

Portanto, tudo o que tem valor, tem valor apenas em relação a algum sujeito, de modo que, sem um sujeito que valoriza, não pode haver valores. Segue-se que, se não houver vida, não há valores. Nenhuma ideia, nenhum valor tem direito de existir sem um autor, sem um referencial. Por isso podemos dizer que, em matéria de valoração, a vida é a medida de todas as coisas — pois são apenas os seres viventes que atribuem valores à realidade. Se fôssemos capazes de olhar a realidade imparcialmente, "pelo lado de fora" da vida — digamos, do ponto de vista de uma rocha —, veríamos que nada realmente tem valor.

É claro que ninguém escolheu valorizar a vida. O fato de a vida aparentemente possuir um valor intrínseco corresponde a uma espécie de dogma instintual — algo como um "valor incrustado", por assim dizer, que visa a autopreservação. Sendo que nossa consciência está alicerçada em tais valores mecânicos, o valor da vida apresenta-se a nós como algo previamente dado, algo intimamente fundamental e inquestionável, como um profundo instinto ao redor do qual tudo gira. O valor da vida, portanto, não se justifica pela razão, mas somente por essa espécie de paixão instintiva e involuntária, programada em nós por nossa história evolutiva.

Assim, se a questão do valor de nossas vidas permanece racionalmente injustificada, e se fundamentamos nossas ações num dogma de autopreservação, não seria verdade, então, que viver, que agir, que lutar pela sobrevivência significa simplesmente abraçar irracionalmente, por paixão, a causa que foi-nos legada pela nossa própria natureza, pela nossa história evolutiva — e que, com isso, nos refugiamos do vazio, do nada, da morte, da paralisante consciência da própria ausência de significado e valor que inere à condição humana? E não é verdade que fazê-lo equivale somente a *acreditar* nesse valor, e não a um valor de fato? Seria como dizer que o dogma da vida é viver. Como se estivesse escrito em nossa tábua de mandamentos genéticos: *tu viverás!*

O certo é que, na prática, nos protegemos com todas as forças da ideia de que somos os responsáveis pelo valor último de todas as coisas. Ao que parece, somos incapazes de conciliar a arbitrariedade valorativa com uma vontade sólida. Assim, precisamos sempre colocar em suspenso nosso ceticismo a respeito do valor de nossas premissas de valor para sermos, então, capazes de lutar pelos objetivos que elas respaldam — como se, para agir, fosse preciso tiranizarmos a nós mesmos, agindo como se aquela premissa tivesse valor por si mesma. Em outras palavras, se a vontade só subsiste sobre um solo firme — sobre o solo da certeza —, para agir, para visar objetivos, precisamos fugir de tudo aquilo que invoca o relativismo e a arbitrariedade. Por isso nossas premissas de valor estão sempre envoltas por palavras cujo significado tem um ar de respeito e de autoridade: verdade, ideal, sonho, crença, virtude, convicção, doutrina, regra, lei, norma, princípio etc.

Nessa ótica, o dogmatismo valorativo parece inevitável porque, quando lançamos dúvidas sobre nossas reais necessidades, vemos que, no fundo, não existe nenhum "eu preciso de...". Quando alguém afirma que possui alguma necessidade, já tomou alguma premissa como um pressuposto que justifica tal necessidade. Ao retrocedermos em nossos pressupostos, o "eu preciso de..." vai descendo a níveis cada vez mais fundamentais, até chegar a um ponto no qual somos forçados admitir que nossas necessidades são todas arbitrárias. E então só podemos dizer: "não necessito, apenas quero". Portanto, se nossas ações dependessem somente de deliberações filosóficas e racionais, nunca encontraríamos motivos para fazer coisa alguma, pois, em termos lógicos, a motivação humana é uma espécie de raciocínio circular.

Assim, no que concerne à questão da arbitrariedade, o problema todo reside em como converter uma premissa inescapavelmente arbitrária numa "verdade" que seja capaz de respaldar nossa vontade. Como se faz isso? Por mais estranho que possa parecer, isso é feito através da autoridade da crença, pois premissas de valor são injustificáveis, são como dogmas. Entretanto, é apenas através delas que nossas vidas podem adquirir um sentido.

Um exemplo prático: a crença na virtuosidade da paciência como premissa de valor. Parece intrigante que paciência seja considerada uma virtude até compreendermos a função disso na motivação humana. Sem dúvida, ter paciência é algo que pode vir a tornar-se extremamente difícil, requerendo uma grande dose de disciplina e autocontrole. Mas não é da questão do valor do *esforço* que estamos falando, mas da paciência em si. Se alguém, por exemplo, possui um objetivo de longo prazo, e vai manipulando as muitas variáveis ao longo do tempo a fim de convergir seu destino ao ponto desejado, esse indivíduo poderia ser louvado como um bom administrador e um bom estrategista. Entretanto, não é óbvio que todas as assim chamadas "virtudes" de natureza passiva, como, nesse caso, a paciência, assentam-se sobre o solo da impotência? Precisamos administrar nossa pequena força e convergi-la ao objetivo para irmos conquistando-o aos poucos, pois ela é pequena demais para conseguirmos alcançá-lo num só golpe. Nesse caso, torna-se necessária a paciência e a perseverança como condições que imperativas e imprescindíveis. Caso pudéssemos alcançar o objetivo de uma só vez, naturalmente dispensaría-amos toda a retórica da paciência. Ela só é necessária para os que não podem alcançar seu objetivo imediatamente e, em sua impotência, colocam na paciência a máscara de virtude para justificar e dourar sua falta de poder. O sofrimento que advém de sua impotência não tem nada de virtuoso, mas, para suportá-lo e para continuar perseguindo seus objetivos, é preciso acreditar que tal perseverança e tal resistência não são reflexo de uma profunda impotência no momento imediato, mas sim de uma força grandiosa — a força dos que sabem esperar. Supondo-se que o objetivo de uma pessoa fosse comprar uma casa e, para isso, tivesse de economizar dinheiro por dez anos, essa paciência, esse saber-esperar certamente seria tido como algo virtuoso. Por outro lado, imaginemos que o indivíduo, após ter comprado a casa, decidisse aguardar mais dez anos para ocupá-la, numa grande "demonstração" da virtude através da qual a conseguiu. Nesse segundo caso, isso seria tido como algo realmente estúpido.

Como se vê, trata-se de uma enorme inversão. Mas, na prática, o indivíduo, com a ajuda da crença na virtuosidade da paciência, conseguiu alcançar seu objetivo — e o fato de sua crença não possuir fundamentação objetiva não o prejudicou em nada. Assim, em termos de motivação, a crença na veracidade de uma proposição é uma pedra fundamental, em relação à qual a sua própria veracidade dessa proposição só pode ocupar uma modesta posição marginal. A eficiência não depende da verdade. Por isso, em certo sentido, temos de admitir que aqueles que são capazes de se fazer acreditar, a seu bel-prazer, naquilo que desejarem, são muito mais livres que aqueles cuja integridade intelectual limita a crença àquilo que sua honestidade permite.

O fato é que, no jogo da vida, valemo-nos de artifícios de todos os tipos para conseguir a motivação necessária para manter nossas vidas em seu sentido — em outras palavras, para nos mantermos alheios ao angustiante vazio da realidade. É certo que nossas vidas não têm nenhum valor em si mesmas. Mas, mesmo assim, para viver, é como se precisássemos ultravalorizar a nós mesmos por meio de crenças irracionais, por uma simples questão de autopreservação.

Claro que, para nossa sorte, a maior parte de nossas premissas de valor já vem pré-instalada em nossa maquinaria biológica, ficando sua execução por conta de nossa biologia, não de nossos raciocínios abstratos. Le Bon, que estava atento aos motivos de nossas ações, fez a seguinte observação nesse particular:

Os impulsos contrários das diversas lógicas [biológica, afetiva, racional, mística, coletiva] que nos conduzem, fazem hesitar, muitas vezes, sobre o procedimento a seguir. Os casos mais simples comportam uma escolha entre várias soluções. Cumpre estabelecer uma escolha acertada, porquanto as necessidades da vida obrigam a agir. Como se efetua a nossa determinação? Um exemplo explicará facilmente o seu mecanismo. Coloquemos ao acaso objetos quaisquer nos pratos de uma balança. Terminada a operação, a agulha, traduzindo os seus movimentos, inclina-se para um lado se os pratos estão desigualmente carregados e fica vertical se eles o são igualmente. Além das balanças materiais, há balanças mentais, cujo mecanismo é análogo. Os pesos são os nossos motivos de ação. A agulha representa o ato que a fixação do prato, na sua posição de equilíbrio, faz executar. Esses móveis de ação podem, algumas vezes, ser razões, mas aos móveis conscientes de ordem intelectual juntam-se, as mais das vezes, os móveis inconscientes, que pesam grandemente em um dos pratos. Em última análise, os motivos são energias em luta. Vencem os mais fortes. Quando as energias contrárias têm, mais ou menos, a mesma intensidade, os pratos oscilam muito tempo antes de fixar-se numa posição definitiva. Caracteres incertos, hesitantes. Quando as energias em conflito são muito desiguais, um dos pratos adquire imediatamente o equilíbrio. Caracteres resolutos, que passam rapidamente à decisão e à ação.

Tudo leva-nos a pensar que as premissas mais fundamentais da condição humana não estejam realmente sujeitas aos caprichos de nossa vontade consciente, mas, pelo contrário, predominantemente sob o comando de nosso inconsciente e, no âmago desse inconsciente, estejam os valores determinados pela própria constituição íntima do homem. Como vimos, estes seriam algo como "valores incrustados" em nosso código genético, "valores biológicos" que foram evolutivamente adotados por nossa espécie em função de sua utilidade prática à sobrevivência.

Nessa ótica, é bastante interessante notar que a ideia de que precisa haver um sentido inerente a todas as coisas pode ser interpretada como um reflexo de nossa necessidade de permanecer vivos. Possivelmente, a impressão de que a vida "deve ter sentido" existe apenas porque ela precisa se comportar *como se tivesse* sentido por uma questão de autopreservação. Uma vida sem sentido, nessa ótica, equivaleria a uma vida em decadência.

Assim, podemos supor que a maioria das explicações fantasiosas sobre o sentido da vida surgiu como fruto da tentativa de explicar racionalmente todos esses impulsos instintivos, dogmáticos da vida, ou seja, tentar justificar as nossas mais profundas necessidades racionalmente, como sendo um meio para certos fins que presumiram ser transcendentais — e nossa imaginação fértil sempre se põe à disposição para inventá-los.

O erro que cometem, obviamente, consiste em tentar interpretar os impulsos vitais fora do contexto biológico em que surgiram, como se estivessem desvinculados da própria vida ou como se apontassem para algum objetivo além dela própria — assim, a "transcendência espiritual" não passa de um grande erro de interpretação. Nesse grande devir existencial, podemos dizer que, de certo modo, a vida é eterna. Entretanto, o fato é que ela apenas transcende o indivíduo, que é mortal, mas nunca transcende a si mesma.

Esses valores biológicos básicos provavelmente servem muito bem a seres vivos destituídos de vontade consciente, mas não tendem a satisfazer seres racionais como os humanos. Quando esses impulsos emergem das profunde-zas de nosso inconsciente, sentimos a necessidade de justificá-los, de racionali-zá-los. Da racionalização míope de tais impulsos surgem muitas teorias, explicações e significados que, obviamente, devido ao nosso antropocentrismo nato, sempre se pretendem inerentes à própria realidade.

A seguir apresentaremos quatro das interpretações mais comuns que pre-tendem proporcionar valores referenciais à vida humana e, posteriormente, veremos o que possuem em comum e o que pode ser inferido dessa conver-gência.

A premissa teísta: a vontade de Deus

Aqui a ideia central consiste em afirmar que há valores absolutos que inde-pendem do homem, pois são respaldados na benevolentíssima Vontade Suprema criadora do Universo. Nesse caso, o fato de Deus ser infinitamente superior ao homem serviria como o fator autoridade necessário para justificar uma crença sem porquês. Se Deus é onisciente, então não cabe ao homem, que é um simples mortal, questionar qual seria o valor dos Valores Divinos — ao homem cabe apenas segui-los. Também há as escrituras sagradas das várias religiões. Estas servem como um guia, como um complemento objetivo para a crença subjetiva na autoridade divina. Esses escritos defendem certos valores, condenam outros, explicam qual é a razão de ser e a finalidade última de todas as coisas. Essa é a verdade toda — assinado, Deus.

A premissa reencarnacionista: a evolução espiritual

Na perspectiva reencarnacionista, a alegação feita é a de que nosso corpo material é apenas uma ferramenta que o "espírito" utiliza para evoluir. Supos-tamente, isso seria conseguido através da vivência experimentada ao longo de várias encarnações. Todo o aprendizado adquirido durante as vidas seria progressivamente acumulado, de algum modo, pelo "espírito". Para alcançar essa evolução espiritual, naturalmente, há condições: teremos de seguir certas diretrizes morais — ditadas pelos chamados "espíritos superiores" —, as quais seriam inerentes ao mecanismo de funcionamento da própria "realidade espiritual", que existiria independentemente de nossa realidade material —

uma realidade paralela em que o nosso subjetivo existe objetivamente. O sentido de nossa vida, portanto, seria viver de modo a evoluir nosso espírito.

A premissa panteísta: a natureza é divina

O panteísmo afirma que o próprio Universo é Deus, a soma de tudo o que existe. Assim, a vontade de Deus seria a força que conserva a ordem natural do existente. Toda a vida, toda a natureza, toda a grandiosa e intrincada estrutura do Universo seriam um reflexo da vontade dessa força. O sentido da vida, nesse caso, seria viver de acordo com a natureza, em harmonia com a força divina que faz o Universo pulsar. Vemos, assim, que a solução para o problema do sentido da vida apresentada pelo panteísmo para superar o impasse fundamental — o da ausência de vontade na *origem* da vida —, sem apelar ao absurdo de uma criação especial, foi divinizar o próprio Universo, suas leis físicas, fazendo disso tudo a vontade de Deus e o próprio Deus, o que transforma a vida em algo sagrado, num acontecimento divino.

A premissa objetivista: a fuga da ausência de sentido

Essa é uma solução evasiva, na qual se atribui valor diretamente aos objetivos. As variantes dessa premissa existem sob muitas formas, e um ótimo exemplo são as teorias sobre a suposta "dignidade do trabalho". Seu mecanismo interno de funcionamento consiste no fato de que as tarefas ocupacionais possuem a propriedade de desviar a nossa atenção de nós mesmos, fazendo com que nos esqueçamos das angústias e dos questionamentos que nos afligem interiormente, suprimindo o colóquio subjetivo que existe entre o "eu" e o "mim", causando a superficialização de nossa consciência. Podemos dizer que as tarefas ocupacionais e o entretenimento são os dois carros-chefe na tarefa do autoesquecimento. Se a ociosidade evoca o pensar, e o pensar sem um objetivo nos faz perceber toda a irracionalidade que permeia nossa vida de ponta a ponta, disso se pode deduzir de onde se origina todo o horror que a maioria das pessoas nutre em relação à ideia de solidão e de ausência de ocupações. Todo indivíduo que compreende bem a natureza do tédio e aquilo que ele mostra aos nossos olhos, também compreende o ardil que os afazeres constituem para trazer sentido às nossas vidas. A observação que H. L.

Mencken fez a esse respeito é bastante interessante:

Houve tempo em que imaginei que os homens trabalhavam em resposta a uma vaga necessidade interior de se exprimir. Mas aquela era provavelmente uma teoria capenga, porque muitos dos homens que mais trabalhavam não têm nada a dizer. Uma hipótese mais plausível começa a brotar agora: os homens trabalham apenas para escapar à deprimente agonia de contemplar a vida — e seu trabalho, assim como o seu ócio, é uma comédia-pastelão, que só lhes serve para que eles escapem da realidade. Tanto o trabalho como o ócio, normalmente, são ilusões. Nenhum deles serve a qualquer propósito sólido e permanente. Mas a vida, despida dessas ilusões, torna-se logo insuportável. O homem não consegue ficar de mãos abanando, contemplando o seu destino neste mundo, sem ficar desvairado. Por isto inventa formas de tirar sua mente deste horror. Trabalha, diverte-se. Acumula aquele grotesco nada, chamado propriedade. Persegue aquela piscadela esquiva da fama. Constitui uma família e dissemina a sua maldição sobre ela. E, todo o tempo, a coisa que o move é o desejo de se perder de si mesmo, de se esquecer de si mesmo e de escapar à tragicomédia que é ele próprio.

Assim, exteriorizar nossa atenção representa o modo mais fácil e comum de escapar disso tudo, de toda essa estranheza existencial que nos invade quando paramos para pensar a respeito de nossa vida. Esse subterfúgio exige que fujamos para o seio de algum objetivo ou situação que nos arrebate toda a atenção, voltando-a para fora, conduzindo-nos a uma exteriorização de consciência, cujo clímax é esquecermos que existimos. Apesar de essa solução não recorrer ao absurdo para dar sentido à vida, ela atribui valor diretamente ao objetivo. Por isso, quando este é atingido, novamente surge a ausência de sentido, e assim vive-se constantemente numa fuga de si mesmo, num tentar-esquecer através do alheamento de si próprio, sempre alternando ocupações — diversão, trabalho etc. —, mas nunca lidando frontalmente com o problema, ignorando os porquês que motivam a vida.

Vejamos: por que premissas que não possuem qualquer respaldo empírico, que são racionalmente vazias e insustentáveis, acabam sendo as mais adotadas? Simples: porque funcionam. Em termos práticos, pouco importa a veracidade da convicção — importa apenas que funcione. Assim, o mais pertinente em relação às premissas de valor é aquilo que implicam na prática. O importante é que sejam confortáveis, funcionais e suficientemente sentenciosas para que, com isso, tenham a capacidade de ancorar uma vontade sólida o bastante para que a vida se mantenha justificada em seu sentido.

Notemos também que os valores, quando assimilados — de modo consciente ou inconsciente — por nossa mente na forma de crenças, seja por um fator interno ou externo, são sentidos como impulsos à ação. Por isso as premissas religiosas estão, sem dúvida, entre as mais poderosas, pois claramente o papel de toda noção transcendental é apenas um: gerar uma motivação sólida através da idealização de uma ideia. Em harmonia com o precedente raciocínio, Nietzsche escreve que:

> A esperança, em suas formas mais vigorosas, é um estimulante muito mais poderoso à vida que qualquer espécie de felicidade efetiva. Para o homem resistir ao sofrimento deve possuir uma esperança tão elevada que nenhum conflito com a realidade possa destruí-la — de fato, tão elevada que nenhuma conquista possa satisfazê-la: uma esperança que alcança além deste mundo (precisamente por causa do poder que a esperança tem de fazer os sofredores persistirem, os gregos a consideravam o mal entre os males, como o mais maligno de todos males; permaneceu no fundo da fonte de todo o mal).

Ou seja, na caixa de Pandora. As crenças quiméricas, exatamente por serem intangíveis, exatamente por não terem fundamento objetivo, são inatacáveis como deuses, como ideais metafísicos, como o nada, e por isso têm um ar de "verdade eterna". Isso lhes confere confiabilidade, pois são crenças que independem do mundo material, com um enorme potencial de sustentar as mais elevadas esperanças e, por conseguinte, de respaldar sólidas motivações. Logicamente, é por isso que sempre encontramos os mais esplendorosos sonhos envoltos por razões que remetem ao desconhecido e ao intangível, onde nada do "mundo real" pode afetá-los.

As religiões — livradas de seu componente de controle social —, portanto, poderiam ser entendidas como interpretações que exprimem de modo cifrado e intuitivo os instintos mais profundos da vida, que surgem em nós como um sentimento difuso e primitivo de autoafirmação, fazendo-nos acreditar que a vida é algo especial, levando-nos a abraçar as suas causas. A religiosidade, nesse sentido, entendida como um braço do instinto de autopreservação, funcionaria de modo a justificar explicações e interpretações antropocêntricas da realidade, em função da satisfação de nossas necessidades básicas de sobrevivência. Podemos dizer que o esquema lógico comumente utilizado é este: se Deus criou a vida, então a vida é divina, e tudo nela tem uma razão de ser, uma elevadíssima razão. Se a vida é fruto de uma vontade infinitamente sábia, então certamente não há motivos para questioná-la em seus fundamentos — e essa ideia pode ser tomada como uma premissa de valor que respalda com força máxima a crença no valor da vida, justificando, como fins em si mesmos, todos os impulsos de autopreservação que conduzem ao bem-estar biológico, emocional, psicológico e existencial.

Nutrir uma profunda crença na autoridade da vida — como um valor que não se discute — soa como um modo ideal de anular qualquer dúvida, qualquer ameaça de xeque ao valor da vida, principalmente quando estamos diante da angústia de impasses problemáticos. A ideia de Deus, nessa perspectiva, funcionaria como a autoridade que assegura o valor e a importância de nossas vidas, tirando de nossas costas o peso desse tipo de preocupação. Podemos supor que a finalidade disso, para os humanos, seria algo como "domar" o intelecto, isto é, direcioná-lo apenas ao que é útil e evitar que este volte seu olhar crítico para julgar racionalmente coisas em que necessitamos acreditar com firmeza para podermos viver bem — como o valor da vida, da felicidade, dos sentimentos etc. Isso faria de nosso intelecto uma ferramenta inteligente para satisfazer apenas nossas necessidades que, possuindo autoridade reforçada devido à ideia de Deus, calariam todas as dúvidas, subjugando nosso intelecto aos interesses da vida — que, como vimos, estão voltados à perpetuação, não à verdade.

Tudo faz parecer que a religiosidade — ser fiel à vontade divina —, a princípio, surge em função dos próprios interesses da vida humana, como algo que possui um fundo humanista. Assim, depois de traduzida na forma de máximas úteis e emocionalmente satisfatórias, ela então representa a essência de nossas necessidades e regula nossas noções básicas de vivência, estabilizando-as. Nessa perspectiva, torna-se óbvia a razão de, no âmbito religioso, a confiança total, a credulidade irrestrita, a fé, ser considerada precisamente a mais elevada de todas as virtudes, e a dúvida, o caminho da perdição, um pecado. Enfim, talvez exatamente por isso seja tão complicado discutir, de modo objetivo, sobre a existência de Deus com teístas, pois há um abismo que separa os dois pontos de vista — um vê Deus como um conceito, e o outro como uma entidade paternal —, e é realmente difícil acreditar que indivíduos sejam capazes de julgar com imparcialidade aquilo que adotaram para justificar suas vidas.

É exatamente essa a conclusão que Le Bon nos apresenta a respeito do problema das perpétuas lutas internas das quais nossa mente é a sede: *O elemento intelectual se resigna, na maioria dos casos, a sofrer as influências afetivas e místicas, sem consentir, entretanto, em confessar a sua derrota. É mesmo por isso que renunciamos geralmente a discutir as nossas afeições e as nossas crenças. A sua análise seria, aliás, muito penosa; nem sempre acreditamos na mentira alheia, mas facilmente damos crédito às nossas próprias.*

Agora vejamos quais são os detalhes que os atalhos da compreensão intuitiva ignoram — ou seja, os propósitos que ficam por detrás da consciência da máquina humana. Para agir, precisamos de premissas de valor cuja função é servir como referência à nossa vontade. Exatamente para que serve uma vontade sólida? Para conquistar objetivos. Quando obtemos êxito, quando atingimos nossos objetivos, qual é o significado disso? Em outras palavras, qual é a utilidade do sucesso? Ele gera satisfação, bem-estar, prazer, felicidade — afinal, não é isso que queremos?

Quase todos concordam que a felicidade — ou prazer, satisfação etc. —, aparentemente, é uma finalidade última. Então perguntas como "por que ser feliz é bom?", "por que ser bem-sucedido é bom?", não teriam razão de ser. Em nível individual, de certo modo, isso talvez seja verdade. Contudo, tentemos aprofundar um pouco mais essa questão.

Qual critério define o que gera prazer ou sofrimento? Vejamos: por que ferimentos causam dor e não prazer? Por que a fome é ruim? Por que sexo gera prazer? Por que sentimos atração por corpos saudáveis? Por que alimentos estragados são fedorentos e alimentos nutritivos são cheirosos e saborosos? Por que temos medo da morte? Por que vencer é bom e ser derrotado é ruim? Por exemplo, se um indivíduo tivesse as suas sensações de prazer e sofrimento invertidas e, desse modo, sentisse um enorme prazer ao danificar seu corpo e um terrível sofrimento ao se reproduzir ou ao se alimentar, não é óbvio que ele simplesmente não sobreviveria tempo suficiente para se reproduzir — e tampouco tentaria fazê-lo — e que, portanto, essa variedade de indivíduo com sensações invertidas desapareceria rapidamente da face da Terra? Imaginando a existência de uma população dessa variedade, no melhor dos casos teríamos o espetáculo de uma multidão despedaçando-se em delírios sanguinolentos.

Nessa ótica, vem à mente uma resposta genérica que abrange a maior parte dos casos: o prazer e o sofrimento correspondem a tudo aquilo que, respectivamente, é favorável ou contrário aos ditames da vida — a sobrevivência em curto prazo e a reprodução em longo prazo. Por conseguinte, tudo o que conduz ao fortalecimento/propagação da vida gera prazer e, portanto, é desejado. E tudo o que a enfraquece/destrói gera sofrimento e, portanto, é evitado. As premissas de valor do corpo foram evolutivamente esculpidas numa perspectiva pragmática, ou seja, em função de sua capacidade de proporcionar a perpetuação.

Concordamos que essa generalização é bastante simplista, e não corresponde muito bem à nossa realidade atual. Esse ponto será discutido em detalhes no próximo capítulo. Mas, por ora, façamos uma pequena digressão para relembrarmos, com pormenores que aqui nos interessam, como se dá o processo de seleção dos indivíduos mais aptos.

Em termos evolutivos, os indivíduos bem-sucedidos são os que reproduzem mais a sua espécie de genes. A cada geração, nasce certa quantidade de indivíduos, cada qual com uma carga genética sutilmente diferente. Entretanto, tais indivíduos são efêmeros. Todos eles desaparecem em apenas uma geração. A única coisa que pode transcender o indivíduo, através de seus filhos e parentes, são seus genes. E quais genes permanecem? Os genes mais eficientes em se reproduzir, é claro. Como lembra Steven Pinker: *O critério pelo qual os genes são selecionados é a qualidade dos corpos que eles constroem, mas são os genes que chegam à geração seguinte — e não os corpos perecíveis — que são selecionados para viver e lutar mais um dia.*

Assim, uma variedade de carga genética pode predispor um indivíduo a lutar ferozmente pela sobrevivência, mas se não fizer com que lute também pela sua reprodução, será o fim da linha para tais genes, visto que não serão repassados a nenhum descendente, morrendo e desintegrando-se juntamente com o indivíduo reprodutivamente mal sucedido. Por isso é importante termos em mente, como observou Dawkins, que *Nenhum de nossos ancestrais morreu jovem. Todos eles copularam ao menos uma vez.*

Como estamos falando de adaptação, pensemos na função da morte em termos evolutivos. Por estranho pareça, a morte é uma ferramenta adaptativa extremamente eficiente — na verdade, imprescindível à manutenção da vida em longo prazo (exceto por alguns seres que usam outras técnicas para produzir variabilidade genética e, por isso, tecnicamente, eles não morrem, a não ser por acidentes). Todos os seres que têm um período mais ou menos determinado de vida e, então, inescapavelmente, morrem, na verdade possuem genes que estão utilizando uma técnica muito eficaz de manter a espécie em uma constante variação de cargas genéticas, as quais, por sua vez, sempre passam pela peneira da seleção dos mais aptos.

É certo que, se tais seres não morressem, isso os condenaria a uma inevitável extinção, pois, com o passar o tempo, o ambiente se transforma de modos tão drásticos que fatalmente chegaria um momento em que o organismo imortal se tornaria obsoleto, incapaz de adaptar-se às novas condições ambientais que, para ele, teriam se tornado inóspitas. Todavia, como a experiência evolutiva de tentativa-e-erro infundiu na vida a técnica de limitar a permanência temporal dos seres e induzi-los, periodicamente, à recombinação de seus genes para criar novos organismos sutilmente diferentes, descartando as carcaças paternas, isso a torna extremamente eficiente em termos de adaptação de longo prazo às mudanças do meio ambiente, acentuando grandemente sua capacidade de perpetuação.

Diga-se a propósito, é interessante notar que, nessa ótica, também fica claro o motivo pelo qual a maioria das doenças incapacitantes ou letais se manifesta nos indivíduos apenas após seu período adulto de reprodução. Não poderia ser de outro modo, pois aqueles que tiveram doenças sérias *antes* de poderem reproduzir-se simplesmente morreram ou ficaram incapacitados e, assim, não deixaram descendentes. Entretanto, as doenças que surgem apenas após o período reprodutivo não comprometem em absoluto as chances de um indivíduo ter filhos, aos quais serão repassadas suas características deletérias livremente, sem qualquer obstrução. Daí ficarmos mais frágeis e suscetíveis a enfermidades conforme a idade avança, pois tais doenças sempre surgem tarde demais para funcionarem como fatores seletivos.

Por outro lado, no que concerne à seleção de atributos favoráveis, um indivíduo pode, por exemplo, possuir um QI astronômico, mas, se deixar de comportar-se de maneira reprodutivamente viável, independentemente de quão especial for tal característica, ela deixará de existir na ocasião de sua morte. Pelo contrário, se esse indivíduo colocar seu alto QI a serviço da sobrevivência e da reprodução, então ele será exímio no desenvolvimento de táticas para sobreviver e ser um bom reprodutor, superando de longe seus competidores. Consequentemente, sua inteligência será legada aos seus filhos, depois de seus filhos aos seus netos, e assim por diante.

Ao longo das gerações, esse mecanismo seletivo mostra-se eficientíssimo. Na primeira geração, sobrevivem os genes dos melhores reprodutores. Na segunda, os genes dos melhores entre os melhores. Na terceira, os genes dos melhores entre os melhores dos melhores — uma peneira que conduz a um refinamento progressivo e contínuo. Assim, com um pouco de imaginação, percebemos que esse tipo de seleção tende a nos tornar indivíduos altamente competentes e especializados em apenas uma coisa: perpetuação. Naturalmente, nada impede que sejamos competentes em inúmeras outras coisas. Contudo, nenhuma dessas coisas será realmente imprescindível. A única regra fundamental no jogo da vida é ser capaz de perpetuá-la. O resto não faz diferença.

Portanto, partindo-se da ideia de que essa seleção vem ocorrendo há vários milhões de anos, e que sempre nascem mais indivíduos do que a Terra pode manter e, por conseguinte, há intensa competição pela sobrevivência e pela reprodução, então é bastante razoável admitir que indivíduos que não possuem um "imperativo reprodutivo" simplesmente não existem — e, caso algum venha a surgir, isso não fará diferença, pois desaparecerá em uma geração.

Logo, pode-se dizer que, em todas as suas manifestações, a vida biológica, por uma simples questão de seleção reprodutiva de longo prazo, possui um "sentido em si", que não é um significado, mas um sentido mecânico, inercial: a tendência de continuar existindo.

Claro que, no caso do homem, esse sentido em si deixou de ser totalmente mecânico quando nele surgiu a consciência, a capacidade de reflexão e deliberação. Apesar de potencialmente antinatural, o intelecto do homem moderno permitiu uma maior maleabilidade comportamental, fazendo com que se tornasse um animal muito mais adaptável, versátil e, por isso mesmo, bem-sucedido.

Esse sentido mecânico da vida — a perpetuação — pode ser esquematizado, em dois níveis, da seguinte forma:

Nível universal

Premissa ⟶ Vida ⟶ [Indivíduo] ⟶ Objetivo
(Viver é bom)   (Sobreviver e
                                           reproduzir-se)

Nível individual

Premissa ⟶ Indivíduo ⟶ Objetivo
(A felicidade é boa)   (Ser feliz)

Interpretando esse esquema, seria como se a vida — ou seja, o *DNA* — "quisesse" se perpetuar através dos indivíduos, utilizando coisas como prazer, felicidade e bem-estar como recompensas pelas ações que favoreçam sua perpetuação. Esse esquema é metafórico, claro. Mesmo assim, é útil para elucidar a mecânica da vida em si mesma em seu comportamento global, bem como em seu comportamento particular.

A complexidade que a vida adquiriu através desse mecanismo é definitivamente espantosa, e o fato de que a própria vida desenvolveu-se a ponto de ter consciência de si mesma é algo mais espantoso ainda. Somos máquinas que sabem que existem, e isso pode parecer trivial porque estamos habituados a essa ideia, mas, quando paramos para pensar detidamente, tal fato se mostra algo totalmente insólito.

Há aproximadamente 3,5 bilhões de anos algumas moléculas informacionais capazes de autorreplicação surgiram de reações químicas sem qualquer propósito, por motivo nenhum — física e acaso. A seleção dos mais aptos foi peneirando essas moléculas que, na prática, não são nada além de energia organizada. Aos poucos, aquelas que eram mais eficientes na autorreprodução foram acumulando mutações devido às próprias falhas nos sistemas de replicação.

Tais moléculas foram sofisticando-se progressivamente na sua habilidade de se autorreproduzir. Talvez primeiramente tenham adquirido algo como a capacidade de sintetizar certa enzima que facilitasse a obtenção de energia, depois uma proteína que fornecesse maior resistência mecânica ao organismo, alguma estrutura fotossensível primitiva — que agora, em sua versão ultrasso-fisticada, constitui nossos olhos. No princípio, a vida não deveria ser muito diferente de algo como uma bactéria extremamente simples, uma pequena máquina que criava cópias de si mesma.

Então, acumulando mutações por bilhões de anos, finalmente chegamos ao estágio da complexidade humana. O *DNA* chegou a um nível de sofisticação estupendo, sintetizando as informações para criar uma máquina de sobrevivência com trilhões de células finamente arquitetadas para que essa máquina se adaptasse facilmente às exigências impostas pelo meio. Com seus vários sentidos, ela capta informações em diversos níveis da realidade, e usa sua capacidade cognitiva para articular tais informações em seu favor — sendo essa a razão pela qual temos consciência. Um complexo biológico e tanto, quando pensamos a respeito.

Retomando novamente o esquema gráfico apresentado há pouco, veremos que a premissa "viver é bom" é apenas uma tradução aproximada do comportamento mecânico da vida em termos humanos, de modo a tornar a ideia inteligível. Claro que, na prática, a vida não "quer" nada — ela apenas se comporta como se quisesse. Então, se a vida não "quer" nada, por que ela se propaga? Porque ela funciona. É só isso. Não há uma "razão". Como qualquer máquina, a vida não precisa de razões para funcionar.

Assim, a vida se comporta como qualquer processo material de nossa realidade. Os estudos desses processos, feitos em diferentes níveis por ciências diversas — Física, Química, Biologia, Fisiologia etc. —, não revelaram quaisquer propósitos, e sim padrões extremamente intricados de uma biologia mecânica.

Então, até onde podemos perceber, não há nada de mágico. A vida é um sistema mecânico que se regula através da seleção dos melhores reprodutores. Em sua origem, a vida orgânica é fruto de um processo mecânico que se automatiza por conta própria, cujo estopim pode ser qualquer entidade capaz de autorreplicação organizada. Por isso, não seria ousado dizer que somos verdadeiros "vírus" que se desenvolveram na matéria. Nossos corpos são um meio que o *DNA* encontrou para se reproduzir, para se propagar, ou seja, infectar mais matéria e transformá-la em seres vivos que o abrigam temporariamente. Quem fugir dessa regra, desaparece; quem segui-la, reproduzirá filhos que, como seus pais, provavelmente serão bons reprodutores.

Traçando uma analogia entre nossa realidade material e a realidade virtual de um computador, poderíamos imaginar um computador no qual informações interagem constantemente segundo certas programações internas, em que tais informações equivaleriam à matéria de nossa realidade e as programações equivaleriam às nossas leis físicas. Suponhamos que nesse computador surgisse um vírus capaz de autorreprodução. Ele, a princípio, funcionaria como um pequeno programa que cria cópias de si mesmo. Assim, começa a infectar esse computador, valendo-se das próprias "leis digitais" para proporcionar sua autopreservação. Se esse vírus adquirisse a capacidade de mutação, as diversas variedades de vírus que viriam a surgir poderiam competir entre si para dominar todo o espaço disponível de uma maneira análoga aos seres vivos, de modo que eles se tornariam cada vez mais sofisticados e especializados.

Assim, de modo figurado, podemos pensar em nossa realidade como se fosse um computador e em nosso *DNA* como se fosse um vírus. A diferença é que, em vez de informações digitais, a vida utiliza informações codificadas pelas ligações químicas das cadeias de *DNA*. Corroborando esse raciocínio, Richard Dawkins diz que:

> *Vírus de DNA e vírus de computador se espalham pela mesma razão: um ambiente existe no qual há uma maquinaria bem montada para duplicar e espalhá-los por aí e para obedecer as instruções que os vírus embutem. Estes dois ambientes são, respectivamente, o ambiente da fisiologia celular e o ambiente provido por uma comunidade grande de computadores e maquinaria para lidar com dados.*

Esse destacado estudioso, criador da teoria do gene egoísta, oferece-nos uma perspectiva que é o inverso da noção de vida à qual estamos habituados, uma visão objetiva da vida, em que o elemento-chave não é o organismo, mas a perpetuação daquilo que o originou, seu *DNA*:

[N]ão os procure [os genes] flutuando livremente no mar. Eles abandonaram essa liberdade há muito tempo. Agora eles apinham-se em colônias imensas, vivendo com segurança dentro de robôs desajeitados gigantescos, murados do mundo exterior, comunicando-se com ele por meio de vias indiretas e tortuosas, manipulando-o por controle remoto. Eles estão em mim e em você. Eles nos criaram, corpo e mente. E sua preservação é a razão última de nossa existência. Transformaram-se, esses replicadores. Agora eles recebem o nome de genes e nós somos suas máquinas de sobrevivência.

Pensemos agora nos mecanismos que foram desenvolvidos para proporcionar essa "infecção" da realidade. Não parece espantoso que um vírus químico tenha chegado ao estágio de criar uma máquina biológica com um computador de bordo consciente de si mesmo, que possui a ferramenta da inteligência para garantir sua própria perpetuação? Um vírus que criou essa máquina com programações de prazer e sofrimento vinculadas àquilo que proporciona a sobrevivência? E que nós estejamos aqui buscando a felicidade exatamente por esse motivo?

É praticamente um lugar-comum dizer que o prazer e o sofrimento são os referenciais primordiais que norteiam nossa vida. São as programações mais fundamentais de nossa existência biológica, e funcionam como ferramentas eficientíssimas para nos coagir às ações que são úteis à nossa preservação. É claro que ninguém saberia explicar por que sentir prazer é bom ou por que sentir dor é ruim. Isso acontece porque eles não existem como fins em si mesmos, ou seja, não existem para serem bons ou maus ou passíveis de uma descrição clara — existem apenas porque são eficientes em nos coagir a comportamentos que proporcionam a perpetuação de nosso *DNA*.

Todas as nossas emoções e sentimentos, obviamente, existem em nós por motivos meramente práticos, e é por isso que agir em busca do prazer, da felicidade e da satisfação confunde-se muito facilmente com agir em concordância com os afetos fundamentais, ou seja, impulsos gerados involuntariamente pelo corpo. Se as "razões do coração" têm conexão com alguma coisa, essa coisa é certamente a perpetuação.

O fato de que praticamente todas as mães amam seus filhos é um claro exemplo de seleção genética por sobrevivência da prole que se manifesta em nível comportamental. Alguém saberia explicar racionalmente por que uma mãe deveria amar ou cuidar de seus filhos? Certamente não. Poderíamos até usar alguns argumentos racionais para tentar dissuadi-la:

Seu corpo ficou deformado durante a gestação. Você provavelmente teve náuseas durante a gravidez. As dores do parto são terríveis e, depois de nascido, seu filho vai apenas comer, lhe presentear com resíduos metabólicos e entoar choros incrivelmente irritantes — um trabalho enorme, e muito estressante. Enquanto estiver crescendo, você terá de sustentá-lo e educá-lo, no mínimo, até o final de sua juventude. E, depois disso tudo, ele simplesmente dirá: "tchau, agora quero ser independente, passe bem!" Você nunca será recompensada pelo enorme esforço que foi criá-lo — e tudo isso para quê? Para nada, absolutamente!

É evidente que estamos falando em nível estatístico — excluindo, portanto, casos de pais que não exibem um comportamento afetuoso. Ademais, a cultura é um fator que influencia o modo como julgamos correto tratar nossos filhos, isso é óbvio. Porém, se não houvesse um instinto fundamental que transcendesse a influência cultural, que nos norteasse no sentido da perpetuação de nossa prole, veríamos lentamente a espécie humana caminhar rumo ao abismo e finalmente desvanecer da face da Terra, o que definitivamente não parece estar acontecendo.

Em todo caso, é claro que tal argumentação não vai surtir efeito algum. Ela vai continuar amando-o como antes, pois uma mãe não precisa ficar à cata de argumentos lógicos para amar seu filho e, sem dúvida, seu amor é imune a toda e qualquer espécie de crítica racional. A razão pouco importa àquele que ama — afinal, ninguém decide amar deliberadamente, dizendo a si mesmo "vou amar isto ou aquilo", mas simplesmente obedece a um impulso que surge de modo espontâneo e involuntário. Isso significa que os motivos que nos levam a fazê-lo são afetivos, não racionais. Aliás, esse ponto é muito curioso, pois vemos que o comportamento das espécies pode ser predito relativamente bem em termos de investimento reprodutivo, como explica Robert Wallace:

[Tais] predições [são] baseadas no princípio de que, quanto maior o "investimento" reprodutivo que fizemos em outro indivíduo, maior probabilidade temos de sacrificar-nos por aquela pessoa. Vemos a aplicação disto em toda parte. Você pode causar uma devastação nos ovos da tênia, sem correr o risco de ser atacado por um genitor enraivecido. Pelo menos, não li recentemente notícia de algum ataque de tênia. Tênias têm investimento muito pequeno em qualquer ovo, por isso seu sacrifício e seu cuidado são mínimos. Um ovo perdido é simplesmente substituído na postura seguinte de ovos. (...) [U]ma mãe antílope, que passou pela gravidez e pela lactação, tem considerável investimento em seu único filho e, por isso, o defenderá. Se hienas saqueadoras tentarem agarrar seu filhote, ela resistirá e lutará com risco da própria vida. Todavia, quando se torna claro que a batalha está perdida, a antílope pode abandonar seu filho. A economia reprodutiva diz que ela deve fazê-lo a fim de viver para reproduzir-se mais tarde. Os genes de mães que lutam por tempo excessivo tendem a desaparecer na população. Naturalmente, o mesmo acontece com genes de mães que fogem ao primeiro sinal de perigo. O fundo de tudo isto é que o altruísmo pode ser predito em termos de investimento reprodutivo.

Isso nos conduz a uma constatação importante: se fôssemos seres puramente racionais e com total controle sobre nós mesmos, poderíamos manipular nossos próprios afetos — mas não podemos, visto que sentimos uma afeição involuntária e irracional por nossos filhos, e também por nós mesmos, por parentes, amigos etc. Por que isso acontece? Fora desse contexto, fica quase impossível encontrar qualquer explicação razoável. Porém, analisando na perspectiva evolutiva, é fácil compreender a razão disso: as mães que não manifestavam a tendência de amar e, por conseguinte, de cuidar bem de seus filhos, simplesmente tinham sucesso reprodutivo baixo — pois os bebês são muito frágeis ao nascer — e, ao longo do tempo, eram obliteradas em número pelas mães que possuíam um vínculo afetivo mais forte pelos seus descendentes, pois os filhos destas tendiam a sobreviver em maior número devido aos numerosos cuidados prestados. Assim, os genes das mães cuidadosas eram passados adiante através de seus filhos, enquanto que os genes das mães descuidadas desapareciam da população.

Isso, mais uma vez, demonstra que nossa perspectiva ante a realidade, ou seja, nossa representação da realidade, muito longe de ser imparcial, encontra-se extremamente amoldada às nossas necessidades e voltada à eficiência. Exatamente a conclusão a que havíamos chegado no sexto capítulo: o homem interpreta o mundo objetivo em função do seu subjetivo.

Retomando a pergunta inicial, concluímos que a questão do sentido da vida pode ser respondida em duas perspectivas:

1) Na perspectiva universal, o sentido da vida é algo mecânico, e corresponde à tendência de apenas continuar existindo — sobreviver e propagar os genes à geração seguinte. Como vimos, por uma questão de seleção natural em longo prazo, nosso corpo está projetado em função desse sentido e, portanto, toda a nossa biologia, afetos e sentidos gravitam predominantemente ao seu redor;

2) Na perspectiva individual, o sentido da vida é representado pela vontade pessoal, a qual ancora-se numa premissa de valor que serve como referencial e, fundamentado nessa premissa, o indivíduo visa objetivos que podem ou não ser condizentes com a mecânica da vida. Portanto, nesse nível, é a direção da vontade individual que determina o sentido da vida.

À parte as questões básicas de sobrevivência, para agirmos, para visarmos objetivos, inescapavelmente teremos de recorrer a valores que são arbitrários. Ao mesmo tempo, sem uma crença fundamental que norteie, que sirva de referência à nossa vontade, passaremos nossas vidas inteiras angustiados com ausência de sentido em tudo. Portanto, para quem pretende enfrentar essa questão frontalmente — isto é, sem sucumbir à sedução da crença irrefletida —, a única saída parece ser a afirmação de valores.

A afirmação de valores seria algo parecido com "eu declaro que". Esta deve estar desvinculada de qualquer tipo de justificativa subjacente, pois de um primeiro questionamento se seguiria uma interminável série que invariavelmente nos reconduziriam ao vazio, àquele desespero que grita "nada vale a pena, nada é real — é tudo em vão!" Quando afirmamos um valor, devemos estar cônscios de que ele não possui nada de especial além do fato de o termos escolhido, de ser o nosso valor — tudo aquilo que ele representa e significa encerra aquilo que lhe atribuímos arbitrariamente.

Podemos citar alguns exemplos simples desses valores: "bom é tudo aquilo que me faz feliz", "bom é tudo aquilo que tem mais chances de ser verdadeiro", "bom é tudo aquilo que torna minha força de vontade inexorável" etc. A partir disso, pode-se deduzir quais crenças servirão melhor aos nossos fins. A crença em Deus? A crença na razão? A crença na ciência? A crença no sentir subjetivo, na força da vontade, no conhecimento objetivo, na disciplina moral?

Uma questão que quase sempre se faz presente nesse tipo de investigação é a seguinte: é melhor ser feliz ou ser verdadeiro? Dependendo da resposta, deduz-se qual é o melhor caminho. Aquele que pretende ser feliz certamente encontrará mais respostas nos sentimentos e na religião. Quem pretende ser verdadeiro certamente encontrará mais respostas na razão e na ciência.

Entretanto, quem deseja ser feliz não deve tentar conciliar a felicidade com a verdade — igualmente, quem quer ser verdadeiro não deve tentar conciliar a verdade com a felicidade. Não são coisas incompatíveis, mas irremediavelmente distintas em sua essência. Por isso, dizer "creio em Deus porque quero ser feliz" é uma afirmação infinitamente mais respeitável que dizer "creio em Deus porque ninguém provou sua inexistência" — pois pelo menos não usa argumentos tolos para tentar mascarar a irracionalidade dessa crença.

Portanto, não levantaremos objeções àqueles que decidirem trilhar apenas o caminho da felicidade, contanto que, ao menos, tenham integridade suficiente para também renunciar a qualquer pretensão no âmbito do conhecimento objetivo e científico. Talvez se tornem mestres na arte do "bem-viver" — mas apenas isso. Podem acreditar que são o centro das atenções de uma providência beneficente ou que viverão para sempre se isso lhes fizer bem, mas tentar provar tais crenças cientificamente não deve ser o objetivo; o importante é o potencial de gerar felicidade e bem-estar que tais crenças possuem, não o fato de serem objetivamente verdadeiras ou não.

Por outro lado, o problema fundamental de se escolher o caminho da veracidade é que temos razoável controle sobre nossos pensamentos, mas quase nenhum sobre nossos sentimentos — e, quando os dois entram em conflito, os resultados são potencialmente dolorosos. Devido à natureza de nossa mente, tentar induzir a preponderância da racionalidade é um caminho frequentemente árduo e, às vezes, angustiante, pois viver envolve todas as partes do cérebro, mas raciocinar não. Primar pela verdade implica uma batalha contra tendências preestabelecidas — é artificial como uma inteligência que pretende redefinir o significado do sentir. Sabemos que existe um grande abismo entre as aparências e a realidade, e que as coisas certamente não são como se apresentam à nossa consciência.

A felicidade, portanto, não tem qualquer tipo de vínculo necessário com a verdade — somente com a sobrevivência e a perpetuação. Mas que importância tem isso para o valor da felicidade? Por que deveríamos sofrer na busca pela verdade se vamos todos desaparecer? Em suma, o que precisamos responder são estas duas perguntas: *qual o valor da verdade? Qual o valor da felicidade?* É em função do valor que atribuirmos a essas coisas, e a outras igualmente fundamentais, que estaremos determinando o objetivo de nossas vidas, isto é, sua direção, sua meta, seu alvo — ou, como é mais comum dizermos, seu sentido.

IX

AS RAZÕES DO CORPO

Os que se dedicam à crítica das ações humanas jamais se sentem tão embara-
çados como quando procuram agrupar e harmonizar sob uma mesma luz todos
os atos dos homens, pois estes se contradizem comumente e a tal ponto que não
parecem provir de um mesmo indivíduo. (...) Somos todos constituídos de peças
e pedaços juntados de maneira casual e diversa, e cada peça funciona indepen-
dentemente das demais. Daí ser tão grande a diferença entre nós mesmos quan-
to entre nós e outrem.

— Michel Montaigne

Neste capítulo, iniciaremos um processo investigativo bastante controverso, de natureza predominantemente especulativa. Deve ficar claro, antes de tudo, que a perspectiva aqui apresentada refere-se ao homem em geral, à abstração do "homem médio" que, na verdade, não existe efetivamente — trata-se somente de um modelo teórico. Tentaremos investigar algumas das tendências predominantes na natureza humana. Desse modo, por detrás do indivíduo particular, por detrás das contingências ambientais e por detrás da cultura, procuraremos — de modo bastante canhestro, seríamos os últimos a negar — por regras gerais que se apliquem de modo mais ou menos preciso a todo ser humano.

Dentro disso, exceções não devem ser vistas como refutações, mas como variações — e, em se tratando da vida, a variação é algo que definitivamente não vemos faltar. Por isso, de nada adiantaria pinçar casos isolados que representem uma exceção e, levantando-os como um troféu, dizer: *sua teoria está refutada, pois encontrei uma exceção*! Em assuntos humanos, elas estarão sempre presentes, pois não estamos fazendo cálculos matemáticos. Nunca encontraremos o indivíduo genérico que incorpora tudo exatamente como descrito por qualquer teoria, pois cada indivíduo, possuindo genes — salvo os gêmeos idênticos — e subjetividade únicas, sempre será diferente de qualquer outra pessoa, será único.

Portanto, não o homem, o indivíduo, mas a natureza humana — entendida aqui como um preconceito histórico e estatístico na promoção da sobrevivência — será o objeto de nosso estudo. O objetivo será investigar a natureza e a função de alguns dos mecanismos psicológicos que, em épocas primevas, a mente humana desenvolveu para solucionar problemas relativos à sua própria perpetuação enquanto espécie. A isso podemos denominar um esboço da chamada *psicologia evolutiva* que, segundo Geoffrey Miller

> *tenta entender a natureza humana perguntando como nossos ancestrais sobreviveram e se reproduziram. Quanto melhor nós entendermos nossa evolução, melhor nós entenderemos nossos cérebros, nossas mentes e o comportamento moderno. A psicologia evolutiva procura compreender, por exemplo, por que buscamos status, achamos alguém sexualmente atraente, fazemos amigos, fofocamos e outras respostas para perguntas que tradicionalmente foram negligenciadas pela psicologia. O que estamos compreendendo agora é que boa parte do nosso comportamento é produzida por circuitos do cérebro que evoluíram, originalmente, para que os nossos ancestrais se tornassem sexualmente atrativos.*

É necessário salientar também que a mente humana já foi uma ferramenta adaptativa no sentido estritamente darwiniano. Mas, devido à civilização ter adquirido, de certo modo, controle sobre as contingências ambientais que anteriormente eram o tirano responsável pela seleção natural, ela acabou tornando-se descontextualizada e nem sempre adaptativa. Por essa razão é necessário remontarmos aos tempos primevos para podermos compreender nós mesmos enquanto organismos humanos num ambiente bastante inusitado.

Devemos notar que as culturas complexas surgiram apenas após o período ancestral em que a mente sofria suas mutações adaptativas fundamentais, as quais lhe permitiram a sofisticação e a complexidade social. As culturas e civilizações complexas, mesmo as mais antigas, são um fenômeno recentíssimo em termos evolutivos. Sendo que surgiram posteriormente às adaptações, elas não constituem fatores obstrutivos às nossas análises que podemos denominar "metaculturais", isto é, transcendentes às culturas, referindo-se ao que o ser humano tem de mais essencial em seu âmago psicológico. Nesse sentido, como observou Daniel Goleman:

> As lentas e deliberadas forças da evolução que moldaram nossas emoções têm feito seu trabalho ao longo de um milhão de anos; os últimos 10.000 — apesar de terem assistido ao rápido surgimento da civilização humana e à explosão demográfica humana de cinco milhões para cinco bilhões — quase nada imprimiram em nossos gabaritos biológicos.

Assim, ter em mente isso tudo é uma premissa fundamental para, então, nos lançarmos à tarefa de tentarmos nos entender enquanto máquinas de sobrevivência descontextualizadas. Já foi dito que, na Biologia, nada faz sentido a não ser à luz da Teoria da Evolução. Aqui estamos, de modo um tanto ousado, afirmando que, no comportamento humano, nada de fundamental faz sentido a não ser à luz de uma psicologia evolutiva.

Nossos valores não existem de modo organizado e transparente, e nem sempre é fácil descobri-los. Entretanto, é certo que sempre estão presentes, norteando nossas ações. Frequentemente, entre toda essa trama intrincada de valores emocionais e racionais que cultivamos, acabamos por nos confrontar com difíceis dilemas e, para manter o bem-estar, somos obrigados a andar numa verdadeira corda bamba. Quem quer, ao mesmo tempo, a verdade e o bem-estar, está entre Cila e Caribdes. Este capítulo tem como objetivo fazer com que consigamos alcançar um maior equilíbrio nessa corda que é o limiar entre as duas coisas. Para tanto, precisamos entender a verdadeira natureza de nossas motivações, e também os fatores que influenciam mais fortemente a gênese de nossos valores.

Na perspectiva em que viemos analisando as forças que movem o homem em sua vida, fomos capazes de identificar uma constante inegável: a utilidade. A força que impulsiona o homem, em sua luta por objetivos, é a utilidade. A princípio, talvez essa afirmação pareça bastante cínica — para não dizer míope —, pois estamos acostumados à ideia de que ações fundamentadas em interesse são movidas por um egoísmo doentio que só sabe dizer "tudo para mim, nada para os outros". Entretanto, não é nessa perspectiva que fazemos tal afirmação. Não estamos, aqui, dizendo que as pessoas não se importam umas com as outras, mas que se importam sempre por algum motivo — ou, em outras palavras, que ações puramente desinteressadas são um mito.

Nossa tese é que toda ação é sempre motivada por algum interesse, seja este consciente ou inconsciente, interno ou externo, racional ou irracional, conhecido ou desconhecido. O objetivo ao qual nossas ações convergem nunca é objetivo por acaso — é objetivo porque há um motivo que aponta para ele. E, para termos qualquer objetivo, é sempre preciso que tenhamos partido de alguma premissa de valor.

Como já vimos, valores não existem por si mesmos — não existe valor sem alguém que valoriza. Assim, *não existindo em si mesmo o valor das coisas, ele é apenas determinado pelo desejo e proporcionalmente à intensidade desse desejo*, frisou Le Bon. O valor que sustenta nossas ações está sempre em nós mesmos, não importando se temos consciência disso ou não, se fomos nós quem o criamos ou se o internalizamos por uma pressão externa. O fato é, que nos seres vivos, em toda ação sempre está implícita uma valoração. Desse modo, se nos empenhamos em perpetrar uma ação, e essa ação visa algum objetivo, isso acontece porque, em algum nível, direto ou indireto, tal objetivo possui valor para nós. Obviamente, quando algo é condizente ao que valorizamos e, portanto, desejamos, esse algo pode ser classificado como útil. É nesse sentido que deve ser encarada a afirmação de que todas as nossas ações são movidas pelo interesse.

Primeiramente, devemos notar que não é apenas entre os homens que existem relações baseadas no utilitarismo, na troca de favores e benefícios ou na cooperação mútua para atingir um mesmo fim. Há inúmeros casos de relações fundamentadas no utilitarismo entre muitos outros tipos de seres vivos, que podem ou não ser da mesma espécie. Por exemplo, o cupim alimenta-se da celulose da madeira. Entretanto, ele próprio não é capaz de digeri-la. Para fazê-lo, conta com a ajuda de um protozoário que vive dentro dele, o qual produz a enzima chamada celulase, que digere a celulose. Assim, ambos se beneficiam do produto da digestão. Sem tal protozoário, o cupim morre. A formiga é um inseto social. A sociedade em que vive é toda dividida em castas especializadas que desempenham cada qual sua função de modo a permitir que a "sociedade formicular" subsista. Tal cooperação não é apenas útil, mas imprescindível, pois as formigas são incapazes de sobreviver independentemente do formigueiro — e o mesmo pode ser dito das abelhas. Há também o mutualismo entre fungos e algas, que constituem os líquenes. Por fim, podemos citar o caso da bactéria *Rhizobium*, que vive na raiz de plantas leguminosas. A bactéria fixa nitrogênio para a planta que, em troca, lhe dá proteção e nutrientes. Na natureza há muitos casos de ajuda recíproca, e poderíamos multiplicar os exemplos facilmente.

Para facilitar a compreensão, dividiremos as relações de utilitarismo entre os homens em dois subgrupos: a utilidade racional ou explícita e a utilidade afetiva ou implícita. Em nível racional, falamos de uma utilidade objetiva, e poderíamos mencionar coisas como trocas de favores, pactos, empregos, acordos comerciais e contratos. Poderíamos citar em especial as parcerias entre indivíduos ou empresas. Fazendo tais parcerias, visam coisas como aumentar seu poder, sua influência, seu sucesso potencial etc. Para eles, o objetivo, logicamente, não é fazer tal parceria porque "gostam de ser parceiros", mas porque isso é útil para ambas as partes — porque com isso conseguirão, por exemplo, vencer os concorrentes ou ganhar mais dinheiro do que ganhariam sozinhos. O fato de que, entre os homens, existe o utilitarismo racional não é nada novo e, portanto, não é ele que nos interessa. O que pretendemos analisar aqui é o utilitarismo implícito, que se manifesta em nível emocional.

O raciocínio que vamos desenvolver parte da ideia de que os fatores afetivos apresentam-se em nós como a superfície enganosa de um utilitarismo subterrâneo. De modo resumido, podemos dizer que, para nossa consciência, a afetividade parece desinteressada, mas, para nosso inconsciente, a utilidade existe e é objetiva. Como se vê, estamos apenas avançando nas conclusões às quais chegamos no capítulo anterior, ou seja, aprofundando a análise acerca dos tipos de mecanismos e iscas que o corpo aprendeu evolutivamente a utilizar a fim de induzir os indivíduos a perpetrarem ações benéficas aos imperativos da vida.

É praticamente impossível identificar quais foram exatamente os fatores evolutivos responsáveis pela gênese de todos os nossos mecanismos psicológicos, isto é, a razão pela qual existem em nossa espécie. Entretanto, o fato é que tudo aquilo que existe em nós, existe porque foi útil em algum sentido. A seleção natural não peneira as características dos seres por outro critério senão o da utilidade à sobrevivência e à reprodução. Não nos é possível definir com precisão cirúrgica o papel que tais mecanismos desempenharam em tempos primevos, ao longo de toda a evolução humana ou por qual motivo em específico foram selecionados, permanecendo em nós até hoje. Importa apenas constatarmos que é assim que as engrenagens evolutivas funcionam.

Sendo assim, não seria nada novo afirmar que nossa mente evoluiu certos dispositivos afetivos, e que o condicionamento norteia tais afetos, permitindo-nos aprender os tipos de comportamentos que são importantes para nossa sobrevivência num dado ambiente. Os afetos básicos do homem, carregando positividade ou negatividade em relação a algo — em função das experiências vividas —, servem como elementos norteadores de nossas ações, e assim podem ser entendidos como possuidores de uma função adaptativa, compatibilizando o homem e o meio em que vive.

O método que utilizaremos para tentar descobrir qual foi a função, a utilidade de determinados afetos é denominado comumente "engenharia reversa". Através dela, conseguimos obter certos *insights* sobre a natureza humana dentro da perspectiva evolutiva. Claro que o nome "engenharia reversa" é um tanto capcioso, pois parece pressupor a existência de um engenheiro projetista. Mas, como vimos, o engenheiro ao qual nos referimos é cego e impessoal — chama-se seleção natural.

Seria interessante iniciar nossa investigação apresentando um comentário de Gustave Le Bon a respeito da enorme importância da sensibilidade ao prazer e à dor como referenciais necessários à manutenção de nossas vidas:

Possuiremos sempre (...) duas grandes certezas, que nada poderia destruir: o prazer e a dor. Toda a nossa atividade deriva delas. (...) O prazer e a dor são a linguagem da vida orgânica e afetiva, a expressão de equilíbrios satisfeitos ou perturbados do organismo. Representam os meios empregados pela natureza para obrigar os entes a certos atos, sem os quais a manutenção da existência se tornaria impossível. (...) A linguagem dos órgãos, traduzida pelo prazer e a dor, é mais ou menos imperiosa, conforme as necessidades a que deve satisfazer. Algumas há, por exemplo, a fome, que não esperam. (...) O operário, curvado sob o peso do trabalho, a irmã de caridade, a quem não repugna nenhuma chaga, o missionário torturado pelos selvagens, o sábio que procura a solução de um problema, o obscuro micróbio que se agita no fundo de uma gota d'água, todos obedecem aos mesmos estimulantes de atividade: o atrativo do prazer, o receio da dor.

Portanto, podemos dizer que o corpo possui uma espécie de linguagem para comunicar a nós se algo é bom ou não. A partir dela, o corpo traduz como prazer, bem-estar e felicidade as ações e estados que são condizentes com os imperativos da vida, e traduz como sofrimento, dor, mal-estar e tristeza tudo aquilo que atrapalha seu avanço. Em alguns casos, tal linguagem mostra-se de forma perfeitamente óbvia e ainda contextualizada, como quando vemos o exemplo do prazer proveniente da cópula como uma recompensa por estarmos perpetuando nossos genes. A intensa dor causada pelos ferimentos também claramente funciona como uma punição ou advertência por estarmos danificando nossa máquina.

Contudo, tais fenômenos estão vinculados a questões muito primitivas e muito fundamentais, daí serem tão facilmente decifráveis. Sem dúvida, seria uma simplificação excessiva pensar que a mente humana é algo tão singelo. Seria praticamente impossível traçar um perfil histórico preciso da evolução humana de tal forma que fosse capaz de explicar como e por que certas características sugiram, desapareceram ou modificaram-se ao longo do tempo. Tudo o que podemos supor é que a seleção dessas características ocorreu segundo o critério de serem úteis, neutras ou deletérias ao organismo.

É por isso que, ainda hoje, sabemos muito pouco sobre o funcionamento interno de nosso cérebro. A mente humana não deixou de ser muito menos que uma caixa preta. Somos apenas capazes de deduzir algumas coisas indiretamente, através de inferências, reflexões e experimentos controlados, interpretando tudo isso numa perspectiva pragmática a fim de formular sistemas teóricos que procuram delinear em termos gerais quais são os mecanismos essenciais de nossa mente, cuja complexidade não conseguimos compreender somente através da física ou da química.

O fato é que, na prática, se não fosse pelos impulsos, pelas sensações que se manifestam internamente em nós, nunca chegaríamos a saber de que nosso corpo necessita. Quando sentimos algum impulso ou algum sinal de uma necessidade, usamos nossa capacidade de abstração e de raciocínio para vencer as adversidades do meio e, com isso, sermos capazes de satisfazer tais necessidades ou exprimir tais impulsos na forma de ações. Sempre percebemos que, subjetivamente, é muito gratificante seguir os impulsos gerados involuntariamente por nosso corpo.

Por exemplo, é óbvio que, quando está faltando alimento em nosso organismo, o cérebro nos diz, por meio da fome, que devemos comer. Entretanto, de que forma poderíamos vir a saber quando devemos nos alimentar se o corpo não nos informasse isso através da sensação da fome? Provavelmente só lembraríamos que nos esquecemos de comer depois de sentirmos tontura ou desmaiarmos. É o que acontece com quem se esquece de tomar seu medicamento, e só se lembra disso devido ao retorno dos sintomas que o remédio havia afastado. Também devemos notar que a fome não é a falta de alimento em si mesma, pois poderíamos muito bem usar um supressor de apetite para anular o sinal do corpo. Na realidade, a fome é a linguagem que nosso corpo usa para dizer o que deseja que façamos.

Assim, quando sentimos fome, traduzimos isso imediatamente nos seguintes termos: procurar comida. Então a parte consciente de nossa mente reflete, raciocina, elabora estratégias, tira conclusões e finalmente descobre um modo de satisfazer o impulso involuntário da fome, que veio de um nível primitivo do cérebro. Supondo-se que estivéssemos numa floresta, poderíamos sair à procura de frutos silvestres, poderíamos fazer uma lança para caçar algum animal etc. Quando conseguimos o alimento e ingerimo-lo, isso cancela a sensação desagradável de fome.

Desse modo, apenas parece que as sensações são um fim em si mesmas quando, na realidade, não são. Trata-se de puro utilitarismo mascarado, pois o fato é que não temos o poder de escolher livremente o que gerará prazer ou sofrimento — apenas usamos tais coisas como referenciais para nortear nossas ações. Nessa situação, também podemos perceber que nosso intelecto, na verdade, é apenas um refinamento, um detalhe alicerçado numa superestrutura neural subjacente. Nossa inteligência funciona como um meio que o corpo encontrou evolutivamente para satisfazer-se. Daniel Goleman, explicando o percurso da evolução de nosso sistema nervoso, nos mostra o porquê dessa hierarquia:

Para melhor entender o forte domínio das emoções sobre a mente pensante — e por que sentimento e razão entram tão prontamente em guerra — pensem em como o cérebro evoluiu. Os cérebros humanos, com seu pouco mais de um quilo de células e humores neurais, são três vezes maiores do que os dos nossos primos na evolução, os primatas não humanos. Ao longo de milhões de anos de evolução, o cérebro cresceu de baixo para cima, os centros superiores desenvolvendo-se como elaborações de partes inferiores, mais antigas. (...) Da mais primitiva raiz, o tronco cerebral, surgiram os centros emocionais. Milhões de anos depois, na evolução dessas áreas emocionais, desenvolveu-se o cérebro pensante, ou "neocórtex", o grande bulbo de tecidos ondulados que forma as camadas superiores. O fato de que o cérebro pensante se desenvolveu a partir das emoções muito revela sobre a relação entre pensamento e sentimento; havia um cérebro emocional muito antes de um racional.

Em situações de perigo, podemos perceber claramente que boa parte de nossa atividade mental não é mediada por nossa consciência. Por exemplo, se estivermos caminhando em um zoológico e subitamente nos depararmos com um leão faminto, não paramos para meditar sobre a periculosidade potencial da situação. Quando o sistema visual recebe o estímulo contendo a imagem do leão, isso não vai até nossa consciência para que ela dê o veredicto se devemos ou não sentir medo. A informação é processada pelo sistema denominado "inconsciente cognitivo", que faz a análise dos dados obtidos e dispara automaticamente os mecanismos de emergência — luta-ou-fuga —, os quais preparam nosso corpo para uma situação de alto risco. A frequência de nossos batimentos cardíacos aumenta, as palmas das mãos ficam úmidas, os músculos ficam tensos. Dentre as consequências dessa reação, está a sensação de medo, que é a apreensão consciente do estado de alerta geral de nosso corpo. Assim, tão rapidamente quanto nos damos conta de que é um leão que está à nossa frente, já estamos com todos os sentidos em alerta e com todo o nosso corpo enchar-cado de hormônios para nos permitir uma reação vigorosa. Se, posteriormen-te, percebermos que o leão está encoleirado ou que na verdade se trata de uma estátua muito bem feita, então nosso cérebro desativa o estado de alerta. O importante é notarmos que tal processo, em seu nível primário, é involuntário, e o cérebro consciente só percebe os resultados desse processamento.

O mesmo acontece, por exemplo, quando ouvimos o estampido de uma bomba. O estado de alerta que se segue à detecção do estímulo é gerado antes que dele tenhamos consciência, visto que ficamos tensos e às vezes manifesta-mos algumas reações automáticas — como gritar — mesmo antes de sabermos conscientemente o que acabou de ocorrer. Esse é um mecanismo claramente voltado à sobrevivência da espécie, pois, num ambiente selvagem, não temos tempo para investigar o risco potencial de cada situação conscientemente. Quanto mais rapidamente reagirmos ao sinal de um possível risco, maior será nossa chance de sobreviver. Assim, em termos de sobrevivência, se o que moveu as folhas atrás da árvore foi o vento ou um leão, isso é algo que certa-mente não vale a pena ser investigado — o mais "inteligente" a se fazer é partir em disparada, sem mais considerações.

Quando um indivíduo está vendo imagens de um filme extremamente vio-lento, tais imagens produzem estímulos reais no corpo. Sua mente consciente sabe que na realidade se trata de um intrincado padrão de minúsculos pontos luminosos que formam uma série de figuras sequenciais, dando-nos a ilusão de movimento. Entretanto, nossa mente inconsciente não "sabe" disso. O "inconsciente cognitivo" capta as características da imagem e as processa como se fossem reais, provenientes do ambiente. Por esse motivo, o indivíduo se sente emocionalmente estimulado por pontinhos luminosos. Novamente, percebemos que, se o estímulo fosse mediado pela consciência e sancionado por ela, tais imagens não teriam qualquer efeito sobre nossas emoções.

A intuição também entra na categoria dos processos mentais inconscientes. Quem nunca sentiu simpatia ou antipatia por alguém que nunca viu antes, logo à primeira vista, sem saber por que razão? Isso é o resultado dos proces-sos da mente inconsciente, que está analisando de modo subterrâneo vários fatores que permanecem ignorados por nossa consciência. Nessa perspectiva, pode-se dizer que o famoso amor à primeira vista também é uma espécie de intuição.

A atração entre os indivíduos segue esses mesmos padrões gerais. Quando estamos em alguma situação e, então, nos deparamos com uma moça ou um rapaz, nossa mente recolhe os dados obtidos do indivíduo, os compara e os pesa em função dos padrões — inatos e aprendidos — que possuímos do que é um indivíduo "compatível". Ou seja, analisa suas características em termos de compatibilidade — a saúde, a aparência, a personalidade, a inteligência, o *status* social etc. —, para verificar sua utilidade potencial. Feita essa análise inconsciente, o corpo traduz os resultados na forma de sensações, que são o que percebemos conscientemente.

Se, por exemplo, uma moça se enquadrar em nossos parâmetros pessoais de uma fêmea compatível, o corpo produz em nós uma sensação de atração — faz com que desejemos possuí-la enquanto parceira. Se ela satisfizer muito bem os nossos requisitos afetivos, é possível que até nos apaixonemos por ela. Claro que isso tudo sucede num nível que está abaixo de nossa consciência, pois realmente não haveria qualquer utilidade em termos ciência de tais processamentos. Tudo o que a mente consciente percebe é apenas um bem-querer e um grande desejo de estar com a garota.

Manifesto tal desejo, acontece exatamente o mesmo: como quando estamos famintos, a mente racional põe-se sob o comando dos impulsos, e então traça artimanhas de todos os tipos para conquistar a garota. Compra flores, faz declarações, a elogia, mostra gentileza, sempre pensando que o objetivo fundamental é conquistá-la. Se conseguir seduzi-la, será recompensado por uma torrente de prazer, ficará felicíssimo e satisfeito. Se ela o rejeitar, se sentirá um fracassado, ficará triste, às vezes até deprimido.

Claro que ninguém em sã consciência declararia seu amor a uma garota dizendo: "sabe, pensando bem, você me parece uma fêmea compatível". Dizemos tais coisas em linguagem cifrada, como "eu gosto muito de você", "eu amo você", "você me completa", "estou apaixonado por você" e assim por diante. Mas, no fundo, gostamos e amamos por um simples e único motivo: porque tais pessoas são úteis à satisfação de nossas necessidades afetivas que, em última análise, estão a serviço do imperativo da vida.

Com isso, notamos que há muita razão por detrás de nossas emoções, sentimentos e sensações. Aquilo que sentimos só parece irracional porque não estamos acostumados a analisar tais fenômenos dentro do contexto biológico em que surgiram, ou seja, dentro do contexto das necessidades de nossa máquina humana. Porém, quando passamos a encarar o homem como um animal sofisticado e seus impulsos como tendo um caráter fundamentalmente pragmático, cai o véu de muitos mistérios insondáveis do comportamento humano.

Para ilustrar, tomemos como exemplo o mais polêmico e aparentemente mais inexplicável dos sentimentos: o amor. Milhares de pessoas já tentaram defini-lo, quase sempre de maneira poética, subjetiva, com metáforas e paradoxos, mas, para a maioria, o amor continua um mistério, algo que não é passível de uma definição clara e precisa.

Há dois erros interpretativos extremamente difundidos, e são eles que, em grande parte, o tornam incompreensível. O primeiro erro consiste em procurar definir apenas o amor em si, como se o ato de amar fosse um fim em si mesmo, um ato puro e desinteressado, deixando suas razões subjacentes entregues aos caprichos daquilo que poeticamente se chama "coração". O segundo erro, naturalmente, consiste em pensar que os motivos do coração merecem confiança irrestrita, que são o que há de mais "verdadeiro" e "puro" em nosso âmago. Esquece-se de que a explicação dos sentimentos não está em sua manifestação subjetiva, mas em sua função biológica.

Certamente tais erros de interpretação foram reforçados por aquele mito — para não dizer por aquela mentira — de que o homem possui uma "alma", a qual carrega a "essência" do ser, cuja natureza seria supostamente independente do corpo. Ou seja, todos os sentimentos involuntários, por serem imunes à razão e à vontade consciente, por funcionarem de modo autônomo, poderiam, nessa ótica, ser interpretados como reflexo dessa alma transcendente.

Porém, deixemos de lado esses desvarios desconexos e vamos aos fatos. Vejamos: o amor é um sentimento que sempre surge involuntariamente, que gera impulsos que conduzem ao bem-estar se forem satisfeitos e ao sofrimento se forem frustrados. Não são, por acaso, características que se encaixam perfeitamente no perfil de uma programação inata? E isso fica ainda mais claro e evidente quando nos damos conta do caráter universal do amor, que transcende raça, credo, cultura, sexo, idade, época etc.

Poderíamos estabelecer aqui uma distinção arbitrária entre dois fenômenos englobados por aquilo que normalmente se denomina amor. Uma das facetas do amor é aquilo que se denomina "paixão", que poderia ser entendida como um forte ímpeto à criação de um vínculo afetivo estável, isto é, um sentimento. Tal ímpeto normalmente vem acompanhado de um componente erótico. A segunda faceta seria o próprio vínculo já estabelecido, o bem-querer que é aquilo que propriamente costumamos chamar de "amor". Nesse sentido, devemos notar que esse laço afetivo não precisa necessariamente estabelecer-se por meio da paixão erótica. Ele também pode ser criado por processos mais sutis, menos carregados: a identificação, a convivência, a admiração, o prestígio, a afirmação, a repetição, a sugestão etc. Aos vários graus de intensidade da afeição damos diferentes nomes, como amizade, coleguismo, companheirismo, carinho, simpatia, amor, paixão etc. Mas, para todos os efeitos, como isso tudo não parece passar de graus de intensidade de um mesmo *continuum* de afetividade, usaremos simplesmente o termo *afeto* para designar tal fenômeno mental, sem fragmentá-lo artificialmente em categorias estanques.

Assim, sob essa ótica, um ímpeto afetivo extremado — ou paixão — deixa de ocupar o trono das sensações humanas, sendo relegado à mesma posição, digamos, da fome ou do medo: trata-se simplesmente de uma espécie de "coerção fisiológica" de natureza emocional — ou seja, um meio que o corpo utiliza para alcançar aquilo que, durante sua evolução, provou ser benéfico. Como se vê, esse fenômeno representa uma expressão da "razão do corpo" — aquela razão que tem como critério da verdade a sobrevivência e a perpetuação. Por exemplo, a afetividade funciona tomando parte nos fenômenos reprodutivos — afinal, ninguém escolhe deliberadamente por quem se sentirá atraído ou se apaixonará —, mas também promovendo a segurança através das fortíssimas amarras interpessoais que cria, acarretando maior união e cooperação entre os indivíduos.

Note-se que, em todas as ideias mencionadas, as manifestações afetivas sempre se encontram fortemente vinculadas à utilidade, que fundamenta todo o conceito do Evolucionismo. Claro que ninguém diz: "amo meus pais porque são muito úteis". O afeto surge espontaneamente em nós, não é uma atitude voluntária. O amor — esse "querer-bem" ou "sentir-se bem com" — é o meio de que o corpo se vale para dizer: "isso é bom, isso é útil, o mantenha". Mas, por outro lado, quando perdemos algo que amamos, o corpo nos repreende através da tristeza, e com isso quer dizer: "isso é ruim; não deixe que aconteça novamente; proteja tudo o que você ama".

Obviamente, não estamos dizendo que nascemos com padrões estereotipados inatos que determinam o modo como expressamos nossos afetos. Referimo-nos apenas ao mecanismo essencial da afetividade — que é um dispositivo mental com o qual a evolução nos infundiu para sermos capazes de lidar com a vida. Assim entendido, um afeto pode ser visto como consequência do reconhecimento inconsciente da utilidade de alguém em algum aspecto — funcionando em termos bem semelhantes ao medo. Nesse sentido, assim como aquilo que nos causa medo é aprendido através de nossa interação com o ambiente, também aquilo que desperta nosso afeto e norteia os modos de expressá-lo é aprendido ao longo de nossa vivência — mas nem por isso o medo e o afeto são aprendidos. São mecanismos inatos, circuitos cerebrais, de fato. Aquilo que aprendemos é somente o modo mais conveniente de utilizar tais mecanismos a serviço de nosso bem-estar no ambiente em que estivermos inseridos.

Em nível de relações sociais humanas, ocorre exatamente a mesma coisa. Todos gostam de seus amigos e gostam de possuir amigos. Entretanto, será que alguém *escolhe* gostar de ter amigos? Caso não sejam eremitas natos, dificilmente. Essa predisposição à socialização sempre surge involuntariamente em nós, na forma de uma necessidade afetiva. Por isso necessitamos possuir um grupo de pessoas que confia em nós e nas quais possamos confiar. Sem amigos, sentimo-nos solitários, vazios, tristes, inseguros, sem sentido. Obviamente, é agradável ter amigos, mas em nosso cérebro emocional não é assim que o raciocínio funciona. No seu devido contexto, ser agradável significa ser útil — e tal utilidade, naturalmente, se manifesta em nós de modo cifrado, na forma de sentimentos.

Assim, quando conhecemos certa pessoa e gostamos dela, isso significa que nos sentimos bem em a sua companhia, seja porque ela é engraçada, inteligente, erudita, bonita, simpática, companheira, atenciosa — ou possui qualquer outra característica que apreciemos. Nesse nível, a utilidade da pessoa é medida pela sua capacidade de satisfazer nossas necessidades afetivas, nossos requisitos. Sempre valorizamos nossos amigos proporcionalmente ao grau de utilidade que têm para nós.

Evolutivamente, é bom ter amigos porque não somos autossuficientes. E eles nos proporcionam a sensação de segurança por sabermos que sempre estarão dispostos a nos ajudar quando precisarmos, e *vice versa*. Não é difícil imaginar que, na época anterior ao surgimento das civilizações, em que a vida era uma verdadeira batalha incessante, buscar amizades foi extremamente útil à sobrevivência. Evidentemente, não porque a amizade é "natural", mas porque quem ficava sozinho provavelmente terminava por morrer de fome ou era devorado por alguma besta faminta.

Certamente é por isso que nos sentimos tão afeiçoados a amigos que nos entendem, que gostam de nós como somos, que são honestos, sinceros, nos quais podemos confiar. Não porque a amizade é bela, mas porque foi útil durante nossa evolução enquanto espécie — e o bem-estar proveniente disso é apenas a sanção de nossa mente primitiva. Portanto, vemos que amizades baseiam-se em fatores de interesse mútuo, como se fossem "contratos afetivos" assinados por nossa mente inconsciente. A única diferença está no fato de que, em vez de poder e dinheiro, através de amizades se busca segurança, bem-estar e felicidade.

Nesse sentido, uma particularidade interessante de nossa mente é o fato de possuirmos uma espécie de "detector de impostores". Por exemplo, se alguém que conhecemos, que consideramos nosso amigo, não cumpre a sua parte do contrato que foi tacitamente estabelecido pela amizade, ou seja, se trai nossa confiança, tal pessoa perde seu crédito, sua reputação fica manchada e tendemos a excluí-la de nosso círculo social. Claro que, se sua importância for grande para nós, podemos vir a perdoá-la por sua deslealdade, embora isso não costume ser uma boa ideia.

Muitas vezes, em meio a essa situação, surge no traidor o célebre sentimento de *culpa* que, nesse caso, provavelmente consiste na compreensão do prejuízo que foi trocar um benefício de longo prazo — uma amizade — por uma efêmera vantagem obtida através da traição — caso a vantagem não tenha sido grande o suficiente, naturalmente. Por isso, com muita razão observou La Rochefoucauld que *o nosso arrependimento não é tanto um remorso pelo mal que fizemos, mas um receio pelas suas consequências.*

A existência de tal mecanismo demonstra de modo claro que nossas relações se baseiam num contrato tácito que objetiva a satisfação de necessidades recíprocas. É um contrato baseado no interesse mútuo e que, por isso mesmo, não é compatível com a traição. Como explica Robert Wallace:

O problema é que somos uma espécie inteligente, com longa memória e com capacidade de nos reconhecermos individualmente. Assim, se outros virem você fraudando, passarão a reconhecê-lo como impostor, a marcá-lo como tal, a colocá-lo no ostracismo ou a puni-lo de outras maneiras. Talvez recusem salvá-lo. Assim, se impostores são identificados e não são salvos quando se encontram em dificuldade, a fraude não compensará. Se, nas relações, não houvesse a expectativa de reciprocidade, não haveria o conceito de fraude, de traição.

Com isso, certamente percebemos que nossas ações e relações são permeadas por muito mais egoísmo do que gostaríamos de admitir. No dia a dia, estamos acostumados à ideia de que, quando os motivos que nos levam a algo são puramente sentimentais, apaixonados, na realidade eles são desinteressados. Mas é exatamente o contrário. A afetividade é a linguagem sintética da mente primitiva, que pesa todas as necessidades do organismo e então as traduz na forma de impulsos, os quais a mente racional se põe à disposição de obedecer, como uma mercenária, em troca de recompensas subjetivas de prazer, bem-estar e segurança.

A temida e infamada morte também serve como um ótimo exemplo da espécie de lógica que está por detrás de nossos sentimentos. Primeiramente, podemos perguntar algo muito simples: por que só sofremos com a morte daqueles que são próximos a nós? Normalmente responderíamos algo como "porque amávamos aquela pessoa", "porque éramos próximos dela", "porque era nosso amigo" e assim por diante. Mas, no fundo, objetivamente, sofremos apenas porque aquela pessoa era útil para nós, porque, em algum sentido, estávamos apoiados nela — e sempre que somos repentinamente subtraídos de algo que satisfaz nossas necessidades, a consequência disso vem na forma de tristeza, inquietação, ansiedade, sofrimento, abatimento, depressão, desespero etc.

Assim, o motivo da dor, da ansiedade e da insegurança que advêm de uma mudança súbita — e também do grande esforço necessário para acostumar-se a ela — reside exatamente no fato de que nosso corpo, sendo uma máquina muito eficiente, tenta evitar gastos supérfluos ao máximo. Para tanto, impõe certos empecilhos incômodos — que poderíamos denominar "verificações de necessidade" — para que com isso mudemos apenas o que for estritamente necessário. Daí mudanças serem tão penosas.

Portanto, no caso de grandes perdas, é normal sentirmos que tudo "perdeu o sentido" porque, quando somos privados de um sustentáculo, de uma muleta, isso causa inquietação, pois desnorteia e dificulta nosso caminhar em direção aos objetivos que visávamos, exigindo uma readaptação à situação inusitada que se apresentou diante de nós. Assim, podemos pensar em nossos laços afetivos e nossos hábitos, de certo modo, como sendo inerciais, isto é, tendendo a ficar como estão, a não ser que alguma mudança seja imprescindível — e o corpo verifica se ela é realmente imprescindível através do sofrimento que teremos de experimentar para realizar tal mudança. Isso não se aplica, naturalmente, às mudanças que nos serão benéficas, que facilitarão nossa vida — essas aceitaremos sem qualquer dificuldade.

Nessa perspectiva, a saudade ou a falta significam apenas o sentimento de abstinência de algo ao qual estávamos afeiçoados ou acostumados. Desse modo, quando tememos perder algo que amamos, isso na realidade significa que seria penoso demais ou impossível encontrar um substituto. Se perdemos um amigo do qual gostamos, por exemplo, ficamos tristes. Para a maioria das pessoas não há qualquer explicação lógica para isso, pois estão acostumadas à ideia de que a tristeza é apenas uma "consequência natural" do fato de que perderam uma "amizade verdadeira". Claro que isso é uma noção superficial e poética, que não explica coisa alguma. Seres humanos tendem a idealizar tudo, romantizar demais sentimentos e relações, e é apenas por isso que tais coisas se tornam aparentemente incompreensíveis. Entretanto, se analisarmos essa questão numa perspectiva pragmática e objetiva, torna-se óbvio o motivo pelo qual sofremos quando perdemos um amigo.

Uma amizade sólida é um investimento grande e de longo prazo. Gastamos uma fatia significante do tempo de nossas vidas no conhecer um ao outro, cultivando laços afetivos e amarras de confiança. Vamos nutrindo muitas expectativas e, ao longo do tempo, estabelece-se lentamente um "contrato afetivo", um elo de sinceridade e compromisso mútuo com aquela pessoa. Nesse contexto, seria enorme o prejuízo emocional de se perder um investimento dessa magnitude a troco de nada. Levaríamos um grande tempo para estruturar outra amizade à altura. Para chegar a tamanho grau de entrelaçamento, seriam necessários anos e anos de contato. Daí sofrermos tanto quando perdemos um amigo ou um ente querido: estávamos apoiados nele, estávamos acostumados com ele. Perdemos algo que, em nível afetivo, era muito precioso. Além disso, após sua perda, precisaremos reorganizar toda a nossa vida afetiva, algo que costuma ser muito desgastante.

Assim, a ideia é que, quando amamos outrem, quando fazemos coisas em seu benefício, no fundo não estamos lhes prestando um favor, mas buscando nossa própria vantagem, nossa própria satisfação. Se amamos nossos semelhantes, o fazemos apenas porque amamos nós mesmos, e o fato de os motivos disso serem sentimentais não torna tal ação menos egoísta — no melhor dos casos, é espontânea.

Um sentimento que também é interessante denomina-se ciúme. Ele parece desempenhar um papel fundamental na manutenção do equilíbrio das relações entre os indivíduos. Por exemplo, por que homens, em geral, tendem a ser polígamos e as mulheres tendem a ser monógamas? A resposta parece encontrar-se no investimento que cada um tem na geração de um filho contendo seu material genético. O investimento do homem é muito pequeno — apenas o material de uma ejaculação pode lhe render um filho. Por outro lado, a mulher necessita de um investimento muito maior para gerar e manter um filho.

Desse modo, é natural supor que as mulheres deveriam ser mais criteriosas na seleção de seus parceiros, visto que têm maiores custos reprodutivos, de forma que, quando conseguem manter um macho compatível numa relação monógama, elas automaticamente aumentam suas probabilidades de criar um filho saudável, pois com a parceria haverá maior quantidade de recursos à disposição. Nessa ótica, o ciúme surge como uma técnica defensiva contra a infidelidade que, em termos genéticos, significa, para o homem, criar um filho que não possui seu material genético e, para a mulher, uma perda substancial da ajuda na criação do filho, visto que seu pai estará ocupado tentando fertilizar outras fêmeas. A esse respeito, Leland Swenson fez um comentário bastante interessante:

> Em humanos, as diferenças entre os dois gêneros sexuais estão relacionadas às diferentes estratégias evolucionárias resultantes de pressões seletivas. Diferenças comportamentais relacionadas à escolha de parceiros e reações de ciúmes à infidelidade podem ser correlacionadas à melhor estratégia de maximização reprodutiva de cada sexo. (...) [O] sêmen é barato — óvulos são caros. Machos podem ser várias vezes mais bem-sucedidos reprodutivamente se gerarem quantos descendentes for possível, investindo, para isso, nada além de tempo e sêmen. Por outro lado, se os tempos forem de escassez, os machos serão mais bem-sucedidos se ficarem com apenas uma fêmea e investirem seus recursos para aumentar as chances de sobrevivência da prole. O comportamento dualístico dos homens em relacionamentos — de buscar parceiras sexuais de curto prazo com pequeno investimento ou de buscar por um cônjuge no qual investir — criou para as mulheres o problema adaptativo de ter que discernir se o homem em particular a vê como uma parceira sexual temporária ou como uma esposa em potencial. Fêmeas têm um maior investimento inicial na geração de um filho, e podem apenas conceber um certo número de descendentes; logo, é de seu interesse que o maior número possível de seus filhos sobreviva. As fêmeas têm interesse em aumentar o investimento do macho e os custos da deserção. Exigir um cortejo é uma estratégia adaptativa para tal fim. O cortejo aumenta o investimento inicial do macho no relacionamento e reduz a utilidade da deserção. Isso porque um macho que deserta uma fêmea após um extensivo cortejo já usou a maior parte de seus recursos em seu cortejo e, deste modo, restarão poucos recursos para cortejar futuras fêmeas.

A relação de custo/benefício em termos de reprodução parece estar desempenhando o papel central na questão da infidelidade, que frequentemente ocupa o limiar de maior tensão nos relacionamentos. O homem não quer criar filhos com o material genético de outro indivíduo, por isso sente ciúme de sua parceira. Mas, ao mesmo tempo, também quer fertilizar o máximo de fêmeas possível para disseminar seu *DNA* a baixos custos. Por outro lado, quando a mulher sente ciúme e exige cortejos, está procurando manter seu sucesso reprodutivo através da monogamia, devido aos grandes investimentos que um filho exige dela, principalmente durante a gravidez, os quais serão substancialmente reduzidos se tiver um macho leal ao seu lado. Devemos notar, entretanto, que, quando o homem está à procura de uma mulher definitiva, aquela com a qual quer criar seus filhos, na qual pretende investir seus recursos, ele geralmente se torna tão criterioso quanto as mulheres em sua escolha, trabalhando ativamente na manutenção da parceira.

Mas, no fim das contas, o homem quer inseminar o máximo de fêmeas possível para maximizar seu sucesso reprodutivo, e a mulher também quer manter seu sucesso reprodutivo, e o faz tentando manter a fidelidade do homem por tempo suficiente. A traição, claro, também pode ser interessante às mulheres. Fêmeas podem tapear o macho fiel, mantendo relações com outro que é mais vigoroso, enquanto é sustentada pelo macho leal. Como não havia teste de *DNA* na Idade da Pedra, ele nunca poderia vir a descobrir que o filho não era dele.

No contexto atual, pode parecer que tais ideias não se aplicam tão bem quanto se aplicavam outrora — afinal, anticoncepcionais não nasciam em árvores na Pré-História —, mas essa teoria parece esclarecer, ao menos em termos gerais, alguns pontos interessantes do comportamento sexual dos seres humanos. Talvez por isso seja tão comum ouvirmos que as mulheres "não entendem" os homens e que os homens "não entendem" as mulheres — pois foram amoldados pela evolução com estratégias reprodutivas diferentes e substancialmente conflitantes.

Outro exemplo que parece bastante razoável para explicar um mecanismo que o corpo usa para nos constranger a agir de modo compatível aos imperativos da vida é aquele através do qual nos valorizamos emocionalmente em âmbito social. É fato muito notável que elogios honestos funcionam magnificamente para fazer com que nos sintamos bem, para levantar nossa autoestima. Por exemplo, quem possui um corpo bonito, bem esculpido, quase sempre gosta de exibi-lo — claro, isso para ser elogiado, admirado e sentir-se desejado. Ninguém faz horas de ginástica sozinho — ainda porque, sozinhos, sequer temos muita motivação —, e então fica trancado dentro de um quarto. Quando perguntamos a razão disso, em geral ouvimos que fazem exercícios somente porque gostam — mas o fazem apenas porque seria constrangedor admitir a verdade abertamente. Todo tipo de satisfação pessoal nunca ocorre de modo fechado em si mesmo.

Noutro exemplo, se passamos dez anos escrevendo um livro fascinante e revolucionário, não o fazemos para colocá-lo numa gaveta e passarmos o resto de nossas vidas satisfeitos por termos uma inteligência avantajada. Queremos publicar o livro, queremos ser lidos, queremos receber algum retorno pelo esforço que fizemos. Apenas sabermos não é suficiente — precisamos, além disso, mostrar nossa "potência" aos demais, para que assim sejamos reconhecidos por nossas qualidades. É só então que nos *sentimos* efetivamente recompensados pelo esforço.

Mas por quê? Porque o homem, obviamente, não é um fim em si mesmo — somos apenas uma ponte para a geração seguinte. Vivemos em função do social porque ele é o referencial em função do qual nos medimos e definimos. Desse modo, vê-se que mostrar a inteligência, a beleza, o vigor físico e coisas afins é um meio que a espécie humana utiliza para expor seu "rabo de pavão", suas qualidades. Nesse caso, o comportamento estaria transmitindo uma mensagem deste gênero: "vejam a potência do meu intelecto, meu grande vigor físico — sou um bom reprodutor e um adversário temível, ou seja, tenho um ótimo material genético".

Tendo em mente esse mecanismo, certamente fica fácil entender por que ficamos aflitos quando surgem boatos a nosso respeito, que deturpam o que realmente somos. Por que deveríamos nos preocupar, se sabemos que se trata de uma falsidade? Racionalmente, isso não faz o menor sentido, pois conhecemos nós mesmos em maior profundidade que qualquer outra pessoa jamais chegará perto de conhecer. Entretanto, essa é uma questão emocional, não racional. Isso acontece porque nossa vaidade está nos alfinetando para avisar que nossa imagem pública está deturpada, que nossa credibilidade social está caindo, e com isso podemos vir a perder vários benefícios.

Nossa vaidade seria algo como um dispositivo que faz com que nos preocupemos com aquilo que os demais pensam a nosso respeito — e é sempre em função do que o nosso meio social pensa de nós que pesamos o nosso valor. Assim, quando os demais pensam bem de nós, pensamos bem de nós mesmos. Quando os demais nos reconhecem, nós nos sentimos reconhecidos.

Portanto, emocionalmente, nós nos valorizamos indiretamente, "por tabela". Aquilo que denominamos nossa autoimagem é um reflexo do que os indivíduos ao nosso redor pensam a nosso respeito. Muito provavelmente esse é um mecanismo que tem como finalidade fazer com que ajamos de forma socialmente — e, em tempos primevos, reprodutivamente — compatível.

Devido a essa notável peculiaridade de nossa natureza, sempre buscamos fazer coisas pelas quais seremos reconhecidos. Assim, para não nos sentirmos "inúteis", vivemos numa eterna luta para impressionar as pessoas que nos rodeiam, para mostrar nosso valor, nossa utilidade, nossas virtudes — e, com isso, sem percebermos, estamos competindo e nos amoldando às pressões seletivas do meio em que vivemos. Como explicou Geoffrey Miller:

A seleção sexual determinou nossa necessidade de status, *prestígio e respeito social.* Status *não é tão útil para a sobrevivência, mas é muito importante para a reprodução. Quando competimos no local de trabalho, nós estamos buscando* status *do mesmo jeito que nossos ancestrais tentaram alcançar* status *sendo bons caçadores ou contadores de histórias. Ou seja: estamos sempre atuando para impressionar e atrair parceiros sexuais. Nossa cultura não está separada da nossa evolução biológica.*

Percebe-se, desse modo, que a vaidade pode ser entendida como uma espécie de "instinto de socialização". A vaidade leva o indivíduo a preocupar-se com sua autoimagem — e sua autoimagem é a consciência do que ele representa em seu meio social. Assim, o sentimento que temos a respeito de nossa imagem é sempre um reflexo de juízos sociais a nosso respeito. De modo figurado, seria como dizer que nosso "eu verdadeiro" é uma fonte de luz branca que nos é invisível emocionalmente. Só somos capazes de enxergá-la depois que esta reflete num objeto exterior — no meio social — e então volta aos nossos olhos colorida por ele.

A vaidade, nessa ótica, apresenta-se como a raiz fundamental da qual se origina a nossa "vontade de potência" — ou, dizendo de modo mais honesto, nossa vontade de dominação, de reconhecimento e de prestígio social. Friedrich Nietzsche, com sua aguda intuição, compreendia bem a natureza da vaidade. Percebeu que nos sentimos incomodados na presença de indivíduos que nutrem as mesmas vaidades que nós, pois é um "rabo de pavão" que está competindo com o nosso.

Também não lhe escapou o fato de que é precisamente devido à vaidade que nos preocupamos com os fatores estéticos da personalidade. Ela faz com que queiramos embelezar nosso caráter e engrandecer as nossas atitudes, revestindo-as pelo discurso pomposo e pelas aparências externas extravagantes como sendo sua própria essência:

> Assim como os ossos, a carne, as entranhas e os vasos sanguíneos são envolvidos por uma pele que torna a visão do homem suportável, também as emoções e paixões da alma são revestidas de vaidade: ela é a pele da alma.

É devido a esse "fator de potência" que as ocupações nas quais encontramos nossa satisfação — ou felicidade, realização — sempre estão amarradas às nossas capacidades. Por exemplo, quem tem dificuldade em ciências exatas, como a matemática, muito provavelmente não seguirá esse campo de conhecimento por livre vontade, pois a frustração proveniente da incompetência funciona como uma forte obstrução à motivação.

Pelo contrário, tendemos sempre a gostar das ocupações que são harmoniosas às nossas capacidades individuais, através das quais conseguimos exprimir nossas melhores potencialidades. Tais ocupações são aquelas às quais muito provavelmente nos dedicaremos com maior intensidade — não pelo nosso amor à labuta, naturalmente, mas devido à nossa ânsia pelo prestígio social que conseguiremos através disso.

Entendendo a vaidade como uma busca por poder no contexto de uma valoração preestabelecida coletivamente, ela nunca poderia existir isoladamente. Isso significa que nosso poder não passa de uma convenção social — e aqui temos um bom exemplo de como o social regula nosso instintual. Assim, nossa potência é sempre potência em relação a algo — e, como somos seres inerentemente sociais, nosso referencial para medir isso é sempre o próximo, ou seja, os valores vigentes em nosso meio social.

Em nossa mente primitiva sempre sobrevivem aqueles instintos primários de dominação e de poderio dentro de uma hierarquia social, na qual o critério que define nossa posição é o nosso "vigor" — em amplo sentido —, e nossa potência existe enquanto um reconhecimento coletivo desse vigor. Esse tipo de coisa podemos observar em nossos primos símios de modo bem menos dissimulado que nos humanos. Em todo caso, é claro que esse tipo de necessidade de potência encontra-se num nível de importância relativamente pequeno, estando abaixo, em peso, às necessidades mais fundamentais, como as biológicas (alimentação, respiração, digestão etc.). Entretanto, de nada adiantaria que um ser se comportasse de modo biologicamente saudável se, depois de ter esse tipo de necessidade garantida, ele não lutasse pela potência, pela dominação em seu meio social — tendência que originalmente se exprimia nas lutas territoriais e hierárquicas dentro de pequenos bandos.

Nessa ótica, não fica difícil entender a razão de ser do velho chavão "o poder corrompe" — o poder é um tipo de prazer muito satisfatório, e fazemos de tudo para consegui-lo. Parece, então, que Eclesiastes estava realmente correto quando disse, logo ao primeiro capítulo, que tudo é vaidade.

Há também a famosa e controversa questão das ações altruístas — e seus valores aparentados —, sempre girando em torno de um suposto "desinteresse puro". O comportamento altruísta, de forma genérica, pode ser definido como qualquer ato que, com algum detrimento àquele que o perpetra, proporciona benefício àquele que o recebe. Cumpre notar que o prejuízo causado ao indivíduo altruísta sempre tende a ser menor que o benefício resultante de sua ação. Dividiremos as ações altruístas, por conveniência, em três categorias: 1) altruísmo genético; 2) altruísmo recíproco; 3) altruísmo psicológico.

1) O *altruísmo genético* consiste num sacrifício para ajudar alguém com quem temos algum parentesco genético. Por exemplo, pais ajudando filhos e *vice versa*, irmãos ajudando irmãos etc. Devemos notar que, quanto maior o grau de parentesco genético, quanto maior a porcentagem de *DNA* que um indivíduo compartilha com outro, maior será a tendência — e entenda-se bem: tendência — ao comportamento altruísta. O grau de altruísmo genético pode ser predito de modo mais ou menos preciso através de um pequeno exercício de matemática, como explica Robert Wallace:

[O] altruísmo [genético] pode ser predito matematicamente com bastante precisão, mas descobriremos também que o fenômeno é mais complexo do que se

acreditava antigamente, porque animais se sacrificam por parentes tanto quanto por descendentes. (...) Por quem você morreria? Vamos perguntar de outra maneira: por que a seleção natural diz que você deve arriscar sua vida a fim de aumentar suas espécies de genes na população? Se há boa probabilidade de você ter mais dois descendentes caso continuasse vivo (duplicando assim seus genes existentes no conjunto de genes), não seria bem avisado morrer por um ou dois irmãos; você precisaria defender três pelo menos. Você não desejaria também morrer por menos de cinco meio-irmãos, sobrinhos ou tias, e não o faria por todos os seus primos, a menos que eles fossem suficientemente numerosos para formar um time de beisebol. A ideia consiste em abrir mão de suas probabilidades de reprodução futura só quando é provável que os parentes que você salvasse tivessem mais de suas próprias espécies de genes do que você seria capaz de perpetuar através de seus descendentes, se continuasse vivo.

2) O *altruísmo recíproco* tem seu fundamento, como o próprio nome indica, na ajuda mútua, e seu exemplo mais óbvio são as amizades. A ideia central consiste no fato de que nos empenhamos em perpetrar favores às pessoas no mesmo grau e proporção em que imaginamos que elas se empenhariam por nós, caso precisássemos. Como já tratamos desse assunto logo acima, parece desnecessário explicá-lo novamente. Então apenas citemos uma observação de Wallace a esse respeito:

A ideia de altruísmo recíproco está contida em uma parábola de Bom Samaritano. Suponha-se que um homem que se está afogando é socorrido por um Bom Samaritano, embora os dois não tenham parentesco entre si e sejam totalmente estranhos. Parece a princípio que encontramos um exemplo de puro altruísmo. Todavia, acontece que o Bom Samaritano tem um pouco a ganhar com seu ato "altruístico". Suponha-se que o homem que se está afogando tem cinquenta por cento de probabilidades de morrer se não for ajudado e que o Bom Samaritano, sendo um Bom Nadador, só tem uma probabilidade em vinte de morrer se o ajudar. Em nosso enredo, presumimos também que, se o Bom Samaritano debater-se na água e afogar-se, a vítima também se afogará. Mas se o Samaritano viver, a vítima também viverá. Para finalidades de ilustração, presumamos que existe grande probabilidade de o próprio Bom Samaritano vir a ter necessidade de assistência em época posterior e o homem socorrido poder retribuir, salvan-

do-o. De fato, se o homem que se estava afogando retribuir (com a mesma pro-babilidade de risco para cada um), ambos terão recebido um benefício líquido ao desempenhar o papel de salvador. Em essência, cada homem teria trocado um risco de cinquenta por cento de morrer, por cerca de um décimo de risco.

3) O *altruísmo psicológico* é aquilo que tipicamente se tem como o "verda-deiro altruísmo desinteressado", que consiste em perpetrar ações filantrópicas sem qualquer expectativa de recompensa. Notemos, de início, que a ideia de que ações altruístas são "superiores" provavelmente tem suas raízes no bem-estar e na sensação de "paz na alma" proporcionada pelas ações dessa natureza — e isso poderia ser interpretado como uma espécie de "patrocínio" de nossos instintos em favor da cooperação.

Como vimos há pouco, pesa muito em nós a consciência de nossa utilida-de, de nossa importância para a felicidade de outrem, visto que, como dito, nós nos valorizamos indiretamente, através de seus juízos a nosso respeito. Todavia, mesmo anonimamente, a recompensa de bem-estar ainda poderia ser conseguida através da consciência de nossa influência benéfica, do "convenci-mento de nossa própria virtude". Assim, em rigor, o altruísmo não parece passar de uma egoística busca por recompensas fisiológicas de bem-estar — afinal, somos máquinas bioquímicas —, tendo como pano de fundo a crença de que elas são virtuosas.

Então, no fundo, tudo é feito egoisticamente, apenas pelo próprio bem. Nesse sentido, o próprio Wallace defende que *Jamais alguém fez qualquer coisa por qualquer outra pessoa. Jamais. Espero que esta declaração seja recebida com uivos de negação, porque nós todos já vimos casos de autossacrifício. De fato, nós próprios muitas vezes nos sacrificamos por outros e temos noção de pessoas que se sacrificaram por nós. Então que significa essa declaração patentemente estúpida?* Que as aparências subjetivas nos iludem com incrível facilidade.

O altruísmo genético e o altruísmo recíproco são tão evidentemente basea-dos em interesse que nem chega a ser necessário comentá-los muito detalha-damente. O que nos resta é apenas desmascarar de um modo mais completo o terceiro tipo de altruísmo, que é tido como o mais "autêntico".

Suponha-se que ajudássemos alguma pessoa com a qual não temos paren-tesco ou amizade, e não houvesse qualquer expectativa de um retorno por parte dela. Muito bem, o que resta? O bem-estar proveniente da gratidão do indivíduo que foi beneficiado por nossa ação, bem como a consciência de nossa influência benéfica. Contudo, a pessoa em questão é ingrata e pouco se importa com nosso esforço para ajudá-la. O que temos então? A consciência de nossa influência benéfica que, em si mesma, basta para gerar bem-estar em nós através do "convencimento de nossa virtude". Sofremos algum prejuízo para ajudar alguém e tudo o que recebemos em troca é o fato de sabermos que a ajudamos. Certamente esse é um exemplo do altruísmo verdadeiro e desinteressado, certo?

Investiguemos um pouco mais profundamente esse fenômeno. Imaginemos a seguinte situação: após ajudar alguém, nós nos esqueceríamos de que a ajudamos e também a pessoa que recebeu o benefício se esqueceria disso. Isso seria um pequeno empecilho, mas não impediria que, pelo menos *antes* de perpetrar seu ato, a pessoa se sentisse especial por isso. Então o simples esquecimento posterior não a desmotivaria.

Então pioremos a situação através de uma substituição das consequências do ato altruísta. Peguemos o sentimento de bem-estar proveniente da ação altruísta e coloquemos em seu lugar uma perfeita indiferença. Isso complica bastante a questão. O que acontece? Aqui o altruísmo morre, pois, após tal substituição, o ato altruísta passaria a equivaler a fazer caridades a pedras — e quem, em sã consciência, faria isso? Alguém, de fato, faz isso? Alguém se arriscaria, alguém manifestaria altruísmo àquilo que lhe é indiferente? Nunca vimos isso acontecer.

Apenas o exemplo acima desmonta completamente a ideia de haver desinteresse em qualquer ação. Mas, mesmo assim, prossigamos. Poderíamos substituir a recompensa de bem-estar por uma recompensa de mal-estar. Nessa situação, em vez de nos sentirmos bem ao ajudar alguém, sentiríamos, por exemplo, mal-estar e culpa. Em tal contexto, quem seria altruísta? Quem sofreria para sofrer mais? Seria apenas um masoquismo no qual não há recompensa material, afetiva ou social. Evidentemente, ninguém é assim, ninguém se sente mal ao ajudar alguém, mas isso não vem ao caso. O fato é que essa situação coloca o homem altruísta na posição equivalente à de alguém que tenta ajudar um homem faminto alimentando-o com uma refeição misturada a uma pequena dose de veneno — e, é claro, sentindo-se bem por tê-lo feito.

Obviamente, ninguém se sacrificaria por outrem se se sentisse mal por isso — logo, se o fazemos, é porque, direta ou indiretamente, sentimos bem-estar. Então, como se vê, a ideia de uma ação desinteressada não se sustenta, tampouco o mito do altruísmo.

A recompensa da virtude é a própria virtude — esse é um adágio que só enxerga a superfície do problema. Nossas ações nunca são desinteressadas ou suficientes em si mesmas, e suas reais motivações são quase sempre radicalmente distintas daquelas que imaginamos. A justificativa racional que damos para nossos próprios atos não passa de uma superfície falsa, um véu multicor jogado sobre a maquinaria do inconsciente humano, que ignoramos.

Naturalmente, não estamos dissecando alguns dos sentimentos mais caros à humanidade apenas porque possuímos algum tipo de prazer sádico em destruir ilusões. O objetivo é o esclarecimento, o entendimento. Estamos investigando nossos mecanismos internos para aumentar o controle que temos sobre nós mesmos, para aprendermos a administrar melhor nossos impulsos e entender seu significado real. Desse modo, assim como Wallace:

Estou plenamente cônscio do risco de condenação que correm aqueles que tentam enfiar alfinetes em balões sagrados e sei que cutuquei alguns daqueles balões nestas páginas. Não obstante, é tempo de olharmos mais de perto para nós mesmos, por isso me sinto justificado, se não convencido de minha virtude. Falei sobre alguns de nossos ideais mais queridos e sugeri que eles podem ser explicados como recursos essencialmente egoístas. Falei sobre o amor como um meio de introduzir nossos genes no conjunto de genes da geração seguinte. Não estou dizendo que o amor é mau; estou dizendo que o amor é egoísta e que o egoísmo é bom, ou pelo menos foi. Egoísmo é a qualidade penetrante que se filtra através das almas das coisas vivas. É a força propulsora por trás de nosso comportamento, do comportamento que nos trouxe a nossos sucessos presentes. Mas o mundo está mudando. As coisas agora são diferentes e talvez seja tempo de mudar nosso comportamento. Para termos alguma esperança de adaptar-nos a um plano modificado, precisamos vir a compreender nossas motivações como elas realmente são e não como gostaríamos que fossem.

Assim, se quisermos, honestamente, possuir uma compreensão real de nossa natureza, precisamos aceitar o fato de que nem tudo em nós é como imaginamos. Precisamos entender que a mente racional não é tão independente e influente, que não somos tão flexíveis quando gostaríamos de acreditar. Assim como o corpo possui diversos mecanismos fisiológicos específicos que são imprescindíveis à nossa sobrevivência, a nossa mente também evoluiu mecanismos psicológicos — circuitos neurais — com a mesma finalidade; evoluiu certos dispositivos afetivos que funcionam como norteadores de nossas ações. Nesse processo, o peso da influência ambiental é certamente relevante, mas foi por demais exagerado. Desde o início, nossa estrutura mental está muito longe de ser uma *tabula rasa* sobre a qual a cultura e a experiência imprimem, sozinhas, as suas mãos.

A inteligência assemelha-se a uma sofisticada mercenária do prazer a serviço de nossas necessidades primárias. De modo figurado, poderíamos representar os afetos e a razão como uma relação entre um tirano e um servo. O tirano, apesar de extremamente poderoso, é primitivo, e vive numa "caverna escura", que significa sua incapacidade de compreender e adaptar-se à complexa e dinâmica realidade cheia de signos em que vivemos. Por outro lado, o servo encontra-se na posição de um mercenário inteligente cuja noção de valores está amarrada à recompensa de prazer e à punição de sofrimento. Nessa situação, o tirano impõe seus fins como objetivos a serem conquistados pelo intelecto servil do modo que lhe convier, recebendo em troca recompensas de prazer. Se o servo — o intelecto — o desobedecer, se se descaminhar, receberá punições na forma de sofrimento, que são altamente desestimulantes. Por sua vez, o objetivo do tirano encontra-se subordinado às exigências biológicas fundamentais do próprio organismo, que é a autoridade final em matéria de valoração.

Poderíamos dizer que os genes são o fator "legislativo" do corpo, que os impulsos e afetos são o fator "executivo" — podendo ser direto ou, por meio da razão, indireto — e que a razão funciona como um fator "judicial" — no sentido de analisar com criticidade os melhores modos de satisfazer as necessidades do organismo. Esses três poderes são hierárquicos em sua capacidade de influenciar o destino do organismo. Assim, quanto mais importante é

251

algum fator para a subsistência do ser, tanto menor é a liberdade que temos para controlá-lo, ou seja, mais inflexível e autoritária é a exigência. Por exemplo, o fato de não podermos fazer nosso coração parar de bater voluntariamente, mas de podermos parar de respirar, pelo menos por algum tempo.

Então, hierarquicamente, as leis físicas comandam os genes, que comandam a constituição biológica, que comanda a fisiologia, que comanda a química cerebral, que comanda os impulsos e os afetos, que comandam a razão, a qual, por sua vez, entende a realidade e decide qual é a ação mais apropriada para satisfazer as necessidades do corpo. Por vezes, emergencialmente, a emoção pode alterar essa ordem, obliterando a razão através dos chamados "sequestros emocionais", durante os quais as ações escapam de nosso controle consciente, ficando a razão temporariamente suprimida. Igualmente, às vezes nossa razão é capaz de recalcar a expressão de alguma uma emoção, apesar de seu poder nesse sentido não ser realmente muito significativo.

Além disso, também precisamos entender que, no fundo, a célebre "felicidade plena" não passa de mais uma quimera que buscamos. Em nossa eterna busca pela plenitude, pela satisfação, pelo bem-estar, pela felicidade, o que realmente se faz é procurar o tipo de ocupação ou situação em que a sensação de bem-estar apresenta-se paralelamente. Tal felicidade, tal satisfação, quando alcançada, nunca será contínua, pois, como notou Le Bon:

[O] prazer só existe sob a condição de ser intermitente. Um prazer prolongado cessa logo de ser um prazer e uma dor contínua logo se atenua. A sua diminuição pode mesmo, por confronto, tornar-se um prazer. (...) A descontinuidade do prazer e da dor representa a consequência desta lei fisiológica: "A mudança é a condição da sensação". (...) O prazer é sempre relativo e ligado às circunstâncias. A dor de hoje torna-se o prazer de amanhã e inversamente. Dor, para um homem que abundantemente jantou, ser condenado a comer côdeas de pão seco; prazer, para o mesmo indivíduo, abandonado durante muitos dias sem alimentos numa ilha deserta.

Concluímos, então, que qualquer satisfação nunca será permanente — e sempre estaremos nessa dança, oscilando entre diferentes estímulos para chegar a estados de bem-estar e satisfação, que serão sempre temporários. E o

que isso tudo significa? Significa que, ao fazer esse jogo, estamos nos subme-
tendo às regras ditadas pelos nossos afetos e necessidades biológicas, cuja
satisfação nos é recompensada com prazer.

Quanto a isso, parece que nossa liberdade, nossa independência em relação
ao referencial da felicidade, da satisfação, é bastante pequena. Nossos gostos
pessoais são um reflexo de nossas necessidades — e não podemos escolher
voluntariamente esses gostos. Nesse sentido, mesmo quando sofremos em
nome de algo que julgamos válido por motivos puramente racionais, isso não
pode ser considerado uma desvinculação do referencial da felicidade, pois nós,
em grande parte, agimos em função de objetivos de longo prazo, e não apenas
em termos de prazer imediato. A isso damos o nome de esperança, ou seja, a
expectativa de uma recompensa ou prazer futuro ao custo de um investimento
ou sofrimento no presente.

Desse modo, a satisfação pode estar em qualquer lugar, ainda que não seja
aquela felicidade utópica que se pinta de modo idealizado como uma plenitude
absoluta em relação a tudo. Alguns encontram felicidade no trabalho, outros
no ócio, alguns no obedecer e outros no ordenar. Mas sempre essa felicidade,
no sentido mais amplo, pode ser entendida como a satisfação de nossas
inclinações naturais, de nossas necessidades orgânicas e afetivas.

Entretanto, a maioria das pessoas vê o âmbito da afetividade como algo que
não pode ser pensado, como algo misterioso que, de algum modo, está "acima"
da razão. Isso acontece porque os afetos originam-se em níveis profundos do
cérebro, e a mente racional, que é a camada mais recente em termos evolutivos,
não tem o poder de controlá-los a seu bel-prazer. Sentimentos e reações
emotivas são praticamente imunes à razão e à vontade consciente — e isso,
obviamente, também se aplica às crenças que satisfazem nossas necessidades
afetivas. Contudo, o simples fato de serem imunes não significa que estão
acima — estão apenas desvinculados da razão.

Colocados nesses termos, nossos sentimentos e emoções certamente perdem aquele "brilho místico" — e é exatamente esse o objetivo. Nossos sentimentos e emoções não são "verdades", mas apenas vínculos e impulsos
poderosos, forjados inconscientemente e emanados das profundezas de nossa
mente, manifestando-se em nosso comportamento. Nossa constituição mental,

como todo o resto, não teve seu valor definido por sua veracidade, por sua lógica, por sua coerência. Pura e simplesmente, seu valor foi definido por sua capacidade de proporcionar a sobrevivência. Assim como nosso fígado, nossas emoções não evoluíram para fazer sentido, mas para serem eficientes.

Por isso, cumpre que não confundamos eficiência com inteligência. A eficiência é cega para o devir e, se se adapta, é apenas porque foi previamente programada para fazê-lo. O corpo humano é eficiente, mas não inteligente. Por exemplo, se fizermos uma transfusão de sangue com um tipo incompatível, o organismo o destruirá como sendo um elemento estranho — isso não é sinal de inteligência, mas de uma simples eficiência cega. Mesmo que, nesse caso, a transfusão fosse benéfica, o corpo não está estruturado para reconhecer tal vantagem. Isso acontece porque a evolução nos construiu cegamente, por tentativa-e-erro, segundo o princípio do "bom o suficiente para sobreviver". O corpo é como um computador: estúpido, mas eficiente. Foi apenas através do uso da inteligência abstrata e racional que descobrimos modos de burlar essa rejeição mecânica para nosso próprio bem, verificando os tipos de sangue existentes e quais são compatíveis ou incompatíveis entre si numa transfusão.

Há um bom exemplo para evidenciar que impulsos e sensações não devem ser vistos como critérios da verdade. Os indivíduos obesos, por natureza, possuem a tendência de comer em excesso. Neles certamente isso gera prazer. Todavia, a mente consciente deles sabe que, se seguirem seus impulsos sem qualquer tipo de controle, apesar do prazer e do bem-estar que sentem, isso acarretará várias consequências negativas para sua saúde. Por isso, contra sua tendência natural, refreiam seus impulsos, seus desejos. E, mesmo que tal esforço tenha em vista, em longo prazo, o próprio bem-estar e a saúde do organismo, a mente primitiva não "sabe" disso, continuando a agir como se estivéssemos vivendo na Idade da Pedra.

Quem já fez uma dieta de emagrecimento sabe muito bem quão penoso é medir forças com essas tendências descontextualizadas herdadas de épocas passadas. Todavia, é certo que, no ambiente em que o homem evoluiu, ou seja, num ambiente com uma violenta disputa por alimento, essa obsessão por consumir o máximo possível de nutrientes não era um problema, mas uma grande vantagem em termos de sobrevivência.

Ademais, poderíamos citar a dificuldade de abdicar do hábito do tabagismo ou do uso de outras drogas viciogênicas, a luta para superar um amor malogrado, para mudar costumes arraigados, para controlar fobias e assim por diante. Em todos esses casos, a mente racional sabe o que é melhor para a saúde do corpo, mas não tem controle direto sobre ele. É por isso que sofremos tanto para realizar tais façanhas. Nesse sentido, de nada adiantaria dizer para si mesmo: "a partir de agora, não mais sentirei tal necessidade". Precisamos nos valer de artifícios para realizar esse tipo de coisa. No caso, o mais comum é tentarmos controlar o corpo colocando-o sob a pressão de condições específicas, manipulando variáveis que visam alterar nossa disposição emocional de modo previsível, em função de nossos objetivos racionais — por exemplo, um filme humorístico para ficarmos alegres, uma festa para nos descontrairmos, atividades físicas para aliviar tensão, café para ficarmos dispostos etc. Assim, apesar de nossos impulsos nos dizerem o contrário, o fato é que, às vezes, não darmos ouvidos àquilo que sentimos é a coisa mais inteligente a se fazer.

Se podemos dizer que há alguma "verdade" oculta em nossos sentimentos e em nossas emoções, essa verdade é evolutiva — verdadeira enquanto uma expressão de realidades históricas e estatísticas na promoção da sobrevivência. Através desses sentimentos, nosso corpo fala em linguagem evolutiva. Nossa constituição primitiva sempre segue essas regras gerais, e a ideia por detrás de tudo isso é esta: aja de tal ou de tal modo, pois quase sempre funciona.

Entretanto, não é porque funcionou antes que funcionará novamente, pois são verdadeiros apenas enquanto estatísticas — nem sempre são aplicáveis, nem sempre são convenientes. Ou seja, é exatamente aqui onde o valor da reflexão racional sobre as ações torna-se nítido. Assim, se não quisermos abrir mão da pouca inteligência que temos, precisamos dar um passo além, usar nossa reflexão não apenas para satisfazer nossos impulsos e necessidades, mas também para conseguir enxergar em longo prazo quais serão as consequências disso.

Com tais palavras, estamos apenas tentando dizer que nenhum sentimento é sagrado, apesar de alguns deles parecerem sagrados. Na prática, não há qualquer diferença realmente palpável entre os mecanismos do medo e do amor — a diferença está apenas no fato de vermos o primeiro objetivamente e o segundo subjetivamente. Olhamos para o medo como algo "óbvio", mas nunca nos atrevemos a olhar o amor da mesma forma — por isso nunca conseguimos entendê-lo.

Como qualquer mecanismo mental, o amor não tem nada de verdadeiro e nada de falso — trata-se somente de mais uma letra de nosso abecedário afetivo. Uma espécie de vínculo afetivo que se manifesta como um bem-querer àquilo que, para nossa mente primitiva, parece útil em algum aspecto. Assim, na prática, não há virtualmente qualquer diferença entre sofrer para emagrecer, para deixar de fumar, para acostumar-se a um novo teclado ou para superar um amor — é a mente consciente *versus* a inércia da mente inconsciente. Questão de condicionamento, de hábito.

Nesse caso, podemos pensar no comportamento do cérebro, metaforicamente, como o de um músculo. Se não o colocarmos numa situação de alta pressão que lhe dê o sinal, o estímulo para adaptar-se, ele não o fará absolutamente, pois o corpo humano sempre evita gastos supérfluos. Pela mesma razão que um músculo nunca se hipertrofia espontaneamente, nossos hábitos, nossas crenças e os traços de nossa personalidade também nunca vão mudar sem um motivo, sem uma pressão.

Portanto, como nossas emoções são cegas para a realidade atual, faz sentido utilizarmos os olhos da razão para guiá-las. Precisamos aprender a usar a inteligência para compreendê-las e direcioná-las no sentido mais favorável aos nossos objetivos, que existem em nosso complexo contexto cultural moderno. Sem dúvida, é difícil encará-las de modo objetivo, pois tendemos a interpretar a realidade e a julgar o valor das coisas sempre em função de nossa disposição emocional subjetiva, e nessa situação a mente racional fatalmente termina de mãos atadas. Entretanto, quando tomamos consciência desse mecanismo, fica mais fácil lidar com elas objetivamente, e percebemos que não precisamos obedecer aos impulsos que não fazem qualquer sentido, e que certamente não há nada de "errado" nisso — apesar de, por vezes, "sentirmos" que é errado. Para exemplificar o quanto nossas predisposições psicológicas estão descontextualizadas com o ambiente atual, mencionemos um comentário de Steven Pinker:

Mas e quanto ao imperativo darwiniano de sobreviver e reproduzir-se? No que concerne ao comportamento cotidiano, não existe esse imperativo. Há quem fica assistindo a um filme pornográfico quando poderia estar procurando um parceiro, quem abre mão de comida para comprar heroína, quem posterga a gestação dos filhos para fazer carreira na empresa, quem come tanto que acaba indo mais cedo para o túmulo. O vício humano é prova de que a adaptação biológica, na acepção rigorosa do termo, é coisa do passado. Nossa mente é adaptada para os pequenos bandos coletores de alimentos nos quais nossa família passou 99% de sua existência, e não para as desordenadas contingências por nós criadas desde as revoluções agrícola e industrial. Antes da fotografia, era adaptativo receber imagens visuais de membros atraentes do sexo oposto, pois essas imagens originavam-se apenas da luz refletindo-se de corpos férteis. Antes dos narcóticos em seringas, eles eram sintetizados no cérebro como analgésicos naturais. Antes de haver filmes de cinema, era adaptativo observar as lutas emocionais das pessoas, pois as únicas lutas que você podia testemunhar eram entre pessoas que você precisava psicanalizar todo dia. Antes de haver a contracepção, os filhos eram inadiáveis, e status e riqueza podiam ser convertidos em filhos mais numerosos e mais saudáveis. Antes de haver açucareiro, saleiro e manteigueira em cada mesa, e quando as épocas de vacas magras jamais estavam longe, nunca era demais ingerir todo o açúcar, sal e alimentos gordurosos que se pudesse obter. As pessoas não adivinham o que é adaptativo para elas ou para seus genes. Estes dão a elas pensamentos e sentimentos que foram adaptativos no meio em que os genes foram selecionados.

Como pudemos notar, a civilização não cria nossos sentimentos, nossas emoções, nossos afetos e tampouco nossas predisposições fundamentais. Nossa grande maleabilidade comportamental é uma potencialidade preexistente determinada geneticamente, é algo inerente à nossa espécie, não uma coisa que "aprendemos", ao longo de nossa vivência, através da cultura. A civilização apenas influencia nossas potencialidades, as modula, as verte para esta ou para aquela direção, as desenvolve, sofistica e enaltece, ou então as deixa atrofiar, as oculta e recalca. Mas, fundamentalmente, elas continuam existindo, de modo implícito ou explícito, em toda e qualquer civilização, apenas diferindo no significado e na direção que lhes imputam.

Por tal razão, não faz sentido algum tentar enxertar à força explicações adaptativas sofisticadas e específicas a tudo o que fazemos em nossa sociedade moderna, pois nossa mente não é moderna, nossa sociedade é que se tornou moderna. Nossa mente, a mente do *Homo sapiens*, essencialmente possui a mesma estrutura básica de um cérebro da Idade da Pedra. Ela não compreende quais comportamentos são adaptativos atualmente, pois foi lapidada num contexto bastante diferente, no qual era o tirano chamado ambiente quem impunha aquilo que era adaptativo, não nossos gostos, nem nossa vontade, tampouco o meio social circundante.

Por exemplo, nossa sociedade diz como devemos nos comportar sexualmente. Outra sociedade diz que devemos nos comportar de modo diverso. Entretanto, o instinto sexual fica como base de tudo isso, e as culturas só divergem na sua interpretação do instinto e nos modos que julgam correto exprimi-lo. E, mesmo que a interpretação seja feita em um sentido não-adaptativo, isso não é problema, pois nossos desejos podem ser satisfeitos de modos quaisquer — "artificialmente", por assim dizer. Como explicou Pinker: *O corpo certamente não sabe discernir um do outro, ele é incapaz de adivinhar o que lhe é adaptativo, pois, em nível de indivíduos particulares, a evolução é completamente cega.* Assim, tanto faz o modo como os nossos desejos são satisfeitos — desde que sejam. O desejo sexual de um homem, por exemplo, pode ser satisfeito por uma mulher sadia, por uma mulher sem útero ou por um cadáver — são igualmente eficientes, desde que sejam capazes de satisfazer a necessidade.

Então isso quer dizer que devemos ignorar todos esses estúpidos impulsos obsoletos e virar pedras de gelo racionalistas? Muito pelo contrário. Combater frontalmente nossos impulsos apenas porque estão descontextualizados, além de provocar muito sofrimento psicológico, constitui uma grande tolice, e não é essa a ideia que estamos tentando transmitir. Explicar a função e o significado de nossos sentimentos, emoções e impulsos não significa menosprezá-los — se fossem desprezíveis, sequer mereceriam nossa atenção. Portanto, isso tudo não deve ser entendido como uma declaração de guerra de extermínio ao nosso mundo afetivo, pois este faz parte de nossa natureza íntima e, como tal, jamais será erradicado. Com bastante propriedade, Nietzsche observou que

Antigamente, em vista da estupidez na paixão, declarava-se guerra à própria

paixão, conspirava-se pela sua destruição; todos os velhos monstros da moral concordavam quanto a isto: il faut tuer les passions *[é necessário matar as paixões]. A fórmula mais famosa para isso encontra-se no Novo Testamento, naquele Sermão da Montanha, onde, diga-se de passagem, as coisas não foram de modo algum vistas do alto. Nele é dito, por exemplo, particularmente em relação à sexualidade: "Se teu olho te escandaliza, arranca-o fora". Felizmente nenhum cristão age de acordo com esse preceito. Destruir as paixões e os desejos, simplesmente como uma medida preventiva contra a estupidez e as consequências desagradáveis dessa estupidez — hoje isso se apresenta a nós apenas como outra forma aguda de estupidez. Não admiramos mais os dentistas que arrancam dentes para que não doam mais.*

A ideia consiste somente em tentar compreender e administrar da melhor maneira possível os impulsos e afetos que nos conduzem, para assim evitar que incorramos repetidamente no mesmo erro por não entendermos objetivamente o significado daquilo que estamos sentindo. Portanto, não devemos ignorar, mas entender o máximo possível acerca de nossos afetos, nossas emoções, nossos sentimentos, visto que estes representam uma grande parte da equação de nossas vidas. Tudo o que foi dito acerca dos fenômenos afetivos do homem, na realidade, é somente um alerta para que os tiremos de seu pedestal divino e passemos a ponderar, de modo lógico, sobre as implicações das ações inspiradas por eles. Vemos frequentemente indivíduos agindo de modo irracional e usando o amor para justificar seus atos incoerentes. Nada poderia ser mais absurdo. O amor justifica a irracionalidade tanto quanto a fome justifica a obesidade. Que nos perdoem os românticos.

X

O HOMEM, O MUNDO E O NADA

Em algum remoto rincão do universo cintilante que se derrama em um sem-número de sistemas solares, havia uma vez um astro, onde animais inteligentes inventaram o conhecimento. Foi o minuto mais soberbo e mais mentiroso da "história universal": mas também foi somente um minuto. Passados poucos fôlegos da natureza congelou-se o astro, e os animais inteligentes tiveram de morrer. — Assim poderia alguém inventar uma fábula e nem por isso teria ilustrado suficientemente quão lamentável, quão fantasmagórico e fugaz, quão sem finalidade e gratuito fica o intelecto humano dentro da natureza. Houve eternidades em que ele não estava; quando de novo ele tiver passado, nada terá acontecido. Pois não há para aquele intelecto nenhuma missão mais vasta que conduzisse além da vida humana. Ao contrário, ele é humano, e somente seu possuidor e genitor o toma tão pateticamente, como se os gonzos do mundo girassem nele. Mas se pudéssemos entender-nos com a mosca, perceberíamos então que também ela boia no ar com esse pathos e sente em si o centro voante deste mundo.

— Friedrich Nietzsche

No princípio, nosso planeta era o centro do Universo. Ora, éramos a obra prima de um Deus todo-poderoso que nos amava — nada poderia ser mais justo. Depois de muito tempo, vieram os astrônomos da Idade Média, que abalaram os alicerces do pensamento geocêntrico da época, demonstrando que a Terra não era o centro de coisa alguma — é ela que gira em torno de um Sol, e não o contrário. Além disso, não há apenas o nosso planeta — há vários outros também. Isso nos diminui um pouco, mas não há problema, pois o nosso sistema planetário é tudo o que existe. Teria sido bom para nosso ego se todas as descobertas se resumissem a isso, mas não foi o que aconteceu. Agora sabemos que as estrelas que, à noite, vemos no céu, são outros sóis. Assim, nosso sistema planetário deixou de ser o único, pois há muitas outras estrelas com muitos outros planetas girando em seu redor. Mas, na verdade, não são apenas muitos sóis: são muitíssimos. De fato, são bilhões de sóis — 100 bilhões de sóis! Esse é um número tão absurdo que sequer conseguimos imaginar o que ele significa. Contudo, percebemos que ele faz de nós algo muito, realmente muito pequeno. E isso tudo fica ainda pior quando percebemos que somos muito menores. Toda essa grandiosidade colossal está contida em apenas *uma* galáxia, e choca-nos pensar que, além da nossa, há mais 100 bilhões de galáxias, com aproximadamente outros 100 bilhões de sóis em cada, e estes, talvez, sendo orbitados por muitos planetas. No mínimo, é um tapa na cara de nossa arrogância. Quem, diante disso, disser que representamos um grão de areia, estará fazendo um elogio desmedido.

Mas os cientistas não olharam apenas para fora da Terra. Também se voltaram para si mesmos, colocando o homem na condição de objeto de estudo. Assim, paralelamente às descobertas da Astronomia, as da Biologia vieram para terminar de dinamitar o pequeno resto de nosso orgulho. Os estudiosos da fisiologia e anatomia humanas já nos destrincharam por inteiro. Não há magia alguma — somos somente animais, máquinas biológicas. Não encontraram alma nem espírito, só vísceras. O coração não tem sentimentos — é só um músculo. Os sentimentos, tão sublimes, são meras reações físico-químicas em nossos cérebros. Nossa personalidade, que tanto cultivamos e valorizamos, que julgamos indestrutível, é tão frágil quanto a disposição de nossos neurônios — um pequeno dano, e a pessoa que éramos deixa de existir. Nossos objetivos individuais não são tão nossos quanto pensamos, mas sem dúvida são tão efêmeros quanto nós mesmos. A espécie humana, como qualquer outra, não passa de uma variedade de robôs biológicos comandados por moléculas de

ANDRÉ CANCIAN

DNA.

Vivemos num mundo que é uma ficção subjetiva, uma representação mental perdida entre inúmeras, entre infinitas perspectivas possíveis. Nossos sentidos só enxergam a superfície de um ângulo da realidade e, para eles, todo o resto é negro e impenetrável. Não podemos abrir as cortinas da realidade para olhar o que está por detrás das aparências. Tudo o que podemos conhecer é tudo aquilo que podemos tatear, às escuras, com as frágeis e trêmulas mãos do nosso intelecto. Todo o nosso conhecimento, desse modo, não passa de uma sofisticada suposição.

Nós nunca teremos quaisquer certezas plenas a respeito de quaisquer assuntos. Buscar verdades absolutas racionalmente é uma ingenuidade, é como correr de modo desesperado a fim de alcançar o horizonte — o anseio por tais verdades, ao contrário do que gostaríamos de acreditar, não nasce da busca pelo conhecimento, mas da busca pela paz de alma. E quem ainda pensa que, ao buscar o conhecimento, está lutando por uma causa supostamente nobre, está a enganar-se, pois isso não passa de autobajulação. A nobreza não existe. Lutamos porque queremos, lutamos para nada e, no fim, nos tornaremos nada.

É essa a estranhíssima realidade em que nos vemos imersos. Por bilhões de anos, fomos poeira. Mas, de algum modo, há mais ou menos 3,5 bilhões de anos, essa poeira acordou. Foi transformando-se ao longo das eras, até que, num certo momento, essa poeira criou consciência de si mesma — o pó viu que era homem. E esse homem, por sua vez, viu-se num mundo insólito, sem razão de ser. Então percebeu o absurdo que representava o próprio fato de ele existir. Como passageiro de um trem que, inexoravelmente, conduz ao abismo do nada, o homem, atônito, pergunta-se: mas por que aqui, por que agora? E, frente a tais perguntas, o universo permanece mudo. Pergunta-se, depois: que é a vida? Aparentemente, nada mais que uma longa sucessão de eventos casuais que, por fim, deram à luz máquinas programadas cegamente com precisão assassina, e com isso a eficiência impassível veio a tornar-se o objetivo de um mundo sem objetivo. Podemos então pensar: que sou eu? E é simples: somos a máquina de sobrevivência modelo *Homo sapiens*.

Quando paramos para pensar nisso tudo detidamente, a perplexidade se apodera de nossa consciência. Ficamos estáticos, sem saber muito bem o que pensar. Então vem a aflição e, se conseguirmos ainda preservar nossa lucidez diante disso tudo, quanto mais nos aprofundamos nessa análise, mais essa angústia cresce dentro de nós. Como se estivéssemos sonhando, às vezes parece que vamos despertar dessa realidade fria e absurda — algo em nós reluta em admitir que isso é tudo o que há para ser vivido. Nossa esperança sempre tenta nos persuadir a reinterpretar o que nossos olhos nos dizem, mas todas as manhãs acordamos e vemos que tudo isso é real, inescapavelmente real.

Entre tais pensamentos, a realidade ao nosso redor simplesmente paralisa-se. Nossa vida fica em suspenso, e cai sobre nós a esmagadora consciência de que nada disso que estamos vivendo tem sentido — a existência humana como a mais vazia contingência. É insólita demais a ideia de que estamos vivendo apenas porque "acontecemos". A humanidade, nessa corrida frenética, buscando felicidade, dinheiro, sucesso, avanço, glória, poder, conhecimento; a imensa competitividade, que cresce a passos largos, movendo cada vez mais rapidamente as engrenagens de nosso mundo; e, ainda, nós próprios, lutando, debatendo-nos nesse formigueiro de gente chamado Terra — tudo isso para chegar a lugar nenhum. Parece uma grande loucura.

Por que, quando pensamos nisso tudo, nos vem essa sensação de paralisia, de vazio, de ausência de referencial? Há uma dolorosa razão para isso: são exatamente as ilusões que alimentam nossas motivações. Todo e qualquer objetivo que imaginemos é racionalmente injustificável em si mesmo. É da paixão por nossas ilusões que extraímos nossas forças.

Quando compreendemos tais coisas pelas primeiras vezes — pois realmente não é fácil nos acostumarmos com elas —, é natural sentirmos certo abatimento, certo descompasso, pois a compreensão dissipa, por algum tempo, a força de nossas ilusões. A razão, de certo modo, tem a capacidade de "dissolvê-las", ainda que só temporariamente — mas não é algo pelo qual deveríamos lamentar. Ainda assim, tal dissolução de ilusões é prerrogativa de apenas alguns poucos indivíduos em certas condições bastante privilegiadas: somente quando nos tornamos suficientemente plenos, livres e corajosos para sermos capazes de *prescindir* de nossas ilusões. Isso porque, quando necessárias à nossa subsistência, as ilusões tornam-se inabaláveis, imunes a quaisquer argumentos. Mentiras metamorfoseiam-se em verdades quando delas precisamos. Ninguém questiona o valor da vida numa casa em chamas; um faminto nunca questiona o valor do alimento — seja este da alma ou do corpo.

Como vimos, não é a razão que, no mais das vezes, nos diz o que fazer — ela apenas nos diz *como* fazer. A razão não pode decidir nada puramente, sem uma vontade dionisíaca por detrás lhe dizendo o que fazer. Assim, podemos dizer que, à parte o conhecimento objetivo, o resto de nossas opiniões e de nossas crenças não é racional em sua gênese. Nossa "filosofia de vida", na prática, consiste apenas de uma racionalização de nossas necessidades humanas — e tentamos, através disso, justificar nossas ações, dando-lhes uma máscara de racionalidade. Porém, por detrás de todos os nossos raciocínios, esconde-se a sombra irracional de nossos preconceitos e paixões inconscientes.

Desse modo, é inevitável que sejamos seres necessariamente superficiais, pois nossa subsistência fundamenta-se no autoengano. O fato é que, se nossa significância fosse proporcionalmente dosada às crenças que precisamos nutrir para nos sentirmos motivados, seríamos todos deuses — e que melhor exemplo poderíamos encontrar desse fenômeno que as religiões?

Nossas ilusões de significância precisam ser constantemente alimentadas por razões que ignoram a própria razão, apontando diretamente para nossas necessidades de autopreservação. Nessa perspectiva, podemos dizer que o esquecimento, às vezes, representa uma dádiva, pois seria simplesmente impossível convivermos com a constante companhia dos paralisantes fantasmas do vazio.

Não pretendemos, portanto, promover o aniquilamento generalizado de todas as nossas ilusões. Não pretendemos extirpá-las porque isso não é possível — e tampouco desejável. Sem essas pequenas mentiras, nossa vida não passaria de uma enfadonha tragicomédia. *Sem a loucura*, dizia Fernando Pessoa, *que é o homem mais que a besta sadia, cadáver adiado que procria*?

Estamos apenas tentando delinear certas fronteiras. Estamos tentando, na medida do possível, manter a distinção entre a subjetividade e a objetividade, visando, com isso, duas coisas: compreender o que somos realmente e, assim, aprendermos a lidar com nossa natureza de modo objetivo e eficiente, chegando o mais próximo possível de nosso ideal de vida — seja este qual for. E, por outro lado, também desejamos evitar o dogmatismo, o misticismo e toda essa cegueira de origem afetiva que paralisa o progresso do conhecimento humano. A busca pelo saber científico deve ser feita com os pés muito firmemente presos ao chão, sempre com o máximo de objetividade, para não perdermos de vista — inflados por ilusões antropocêntricas — a realidade da condição humana.

É importante insistir nessa separação porque sempre que místicos investem em seu amor não-correspondido com a lógica, temos como resultado um deplorável atravancamento do progresso do conhecimento. É um erro tendencioso partirmos de nossos desejos pessoais, de nossas crenças, e então passarmos a procurar por sua correspondência na realidade. Se quisermos ser imparciais, devemos sempre ter a honestidade de partir apenas dos fatos objetivos — e não de nossos sonhos metafísicos — para inferir o que é real.

Ao longo da História até os dias de hoje, sempre se tentou comprovar a veracidade das crenças religiosas — e sempre se falhou. Mesmo assim, elas subsistem, conservando toda a sua vivacidade — e isso não é nenhuma surpresa. Todo tipo de crença mística pode prescindir da verificação exatamente porque possui uma existência que é autônoma, independente da razão, independente dos fatos. Desse modo, cumpre entendermos que a função de todas as crenças místicas, religiosas e transcendentais é simplesmente satisfazer as necessidades afetivas do ser humano.

Deus, bem-aventurança, transcendência, elevação, nirvana, paz espiritual, reino dos céus, contato com Deus — isso tudo são coisas tão verdadeiras quanto um poema de amor. Ser um "filho de Deus" é um estado de espírito, um sentimento, é algo que se vive, não algo que se prova cientificamente. Crenças desse gênero servem para proporcionar bem-estar e segurança, para reduzir a ansiedade através de respostas definitivas sobre o mundo, sobre a moral, sobre a vida etc. Contudo, parece que a maior parte dos indivíduos ainda não tomou consciência de que a felicidade que uma crença proporciona não pode assegurar sua veracidade.

Como podemos perceber, quando analisamos e entendemos uma ilusão racionalmente, quando a tiramos de seu pedestal mágico, ela perde muito de sua força, a qual residia exatamente na incompreensão ou em seu caráter inquestionável. Esse tipo de honestidade, quando voltada à existência como um todo, faz com que, passo a passo, tomemos consciência de nossa completa insignificância — e, depois de tê-lo feito, dificilmente conseguimos voltar ao que éramos. O esclarecimento é um caminho que, além de penoso, é sem volta — daí ser trilhado por tão poucos. Por nossa própria integridade, fomos reduzidos da coroa da criação a um ponto infinitesimal que não é útil nem inútil — que simplesmente não importa.

Sem dúvida, ainda podemos dar algum sentido às vidas, mas nosso senso de importância foi irreparavelmente abalado pelos rudes golpes da ciência. E, na verdade, o que ela atingiu foi apenas a parte dele que havia sido inflada por devaneios antropocêntricos, pois o fato é que nunca fomos importantes. Ela só nos pegou de surpresa, pois era impossível imaginarmos que todos nós somos tão pouco. Lançamos nossas esperanças ao desconhecido e fomos vítimas de nossas próprias expectativas. Agora colhemos a frustração e o desapontamento de nada daquilo que sonhávamos ser real.

Muito bem, aqui estamos nós, solitários, no deserto inóspito que se oculta por detrás de nossas ilusões, ao qual nos referimos no início deste trabalho. A diferença está no fato de que nós, ateus e livres-pensadores, somos capazes de sobreviver sob tais condições. Suportamos tamanha aridez sem invocar consolos em realidades paralelas, onde seremos recompensados *post mortem* por todas as nossas infelicidades e frustrações. Da vida, não esperamos nada além da vivência, e poucos são os que compreendem quanta coragem está contida na lúcida afirmação de que nossa vida não é senão um efêmero lampejo — quem disso ri, pouco compreende de si mesmo e do mundo em que vive.

Sim, somos humildes, mas apenas porque somos honestos, não porque somos obedientes. Nossa pequenez não é virtude — são os fatos. Nós somente admitimos o que vemos — nossa incomensurável insignificância frente ao existente. É uma situação que tem um gosto acre, e o sabemos muito bem. Mas o que poderíamos fazer? Não podemos permanecer crianças para sempre. O infantilismo místico tem de ser superado se não quisermos passar o resto de nossas vidas imersos num oceano de sonhos falsos.

É certo que esse entendimento da realidade, além de penoso, não é muito intuitivo. É por isso que só intelectualmente, através de uma reflexão séria, o homem se vê diante de tais conclusões. Apenas assim apreende o enorme vazio que é a existência — e é precisamente isso que faz surgir nele a consciência de que sua liberdade é absoluta. O fato é que, nessa situação, o homem se vê isento de qualquer responsabilidade em toda perspectiva que puder imaginar. Simplesmente não há autoridades — nenhuma. Não há deveres — nenhum. Não há bem e não há mal. Não há melhor nem pior. Não há certo nem errado. Afinal, que é um ser humano senão um aglomerado de átomos que sabe que existe? Uma máquina sozinha no mundo, ciente de que existe e de que, um dia, deixará de existir?

Ora, se há algo certo, é que estamos todos condenados à morte. E, quanto a isso, não importa o que fazemos de nossas vidas. É de todo irrelevante se durante ela fomos ateus ou crentes, bondosos ou maldosos, esforçados ou indolentes, honestos ou hipócritas, egoístas ou altruístas. Todos nós, um dia, seremos despojados de nossas faculdades. Nosso "eu" será suprimido da existência e nosso corpo se converterá em podridão — e, não muito tempo depois, sequer restarão memórias do que fomos.

Se quisermos imaginar como é a morte, só precisamos tentar nos "lembrar" de quando ainda não havíamos nascido — é como um sono eterno, sem sonhos. Não haverá recompensas no fim desse jogo, somente a face eternamente negra do nada. Pode parecer pessimismo, mas não é. A existência humana resume-se a isso. Se a ideia soa deprimente, é porque a realidade de fato é deprimente. O homem simplesmente está aí, suspenso no vácuo, lançado na existência, no eterno devir do mundo, sem significado, sem razão, sem sentido ou objetivo. Portanto, livre de qualquer obrigação, livre de qualquer destino.

Todavia, não sejamos ingênuos: isso certamente não equivale a dizer que o homem é dono de seu destino. Por detrás de seu suposto livre-arbítrio se escondem seus muitos preconceitos genéticos, suas inúmeras limitações e todo o condicionamento externo — coisas que, sem dúvida, fogem de seu controle. E, ainda supondo-se que sua vontade fosse totalmente livre, isso não faria muita diferença, pois ela não é a única força que atua na determinação do destino dos indivíduos. Portanto, dizer que o homem é totalmente livre não equivale a dizer que o homem é onipotente — "tudo é permitido" não significa "tudo é possível". Devemos enxergar nossas limitações: somos apenas um amontoado de aminoácidos presenciando este efêmero e curioso passatempo chamado vida.

O importante é termos em mente que parte considerável da estrutura de valores e significados que carregamos é criada por nós mesmos. Isto é, tudo o que possui valor, o possui apenas porque reconhecemos esse valor e o aceitamos como verdadeiro — e fazê-lo não equivale justamente a criar esse valor? Se não atribuíssemos valor aos diamantes, que seriam eles senão diminutas pedrinhas brilhantes difíceis de se encontrar?

Assim, se quisermos ser ao menos intelectualmente livres, nunca devemos perder de vista o fato de que todos os significados, valores e sentidos são apenas um reflexo da natureza humana. Devemos ignorar a fictícia autoridade dos gélidos valores fossilizados, idealizados e impessoais. Não demos ouvidos aos moralistas dogmáticos que nos falam de "virtudes boas por si mesmas" — não passam de déspotas, quer o saibam ou não. Nunca devemos dobrar nossos joelhos a qualquer tipo quimera da abstração — pelo contrário, coloquemo-las de joelhos perante nós! Sejamos nós os senhores de nossas virtudes, não as virtudes os nossos senhores.

Os únicos valores verdadeiros são os humanos. Eles devem possuir vida, devem respirar, devem ser nossa criação, devem surgir como fruto de nossa individualidade, de nossa autenticidade, de nosso reconhecimento, de nossa necessidade interior e pessoal e em nossa defesa — representando, assim, nossa natureza íntima, nosso posicionamento frente à realidade.

Os valores de todos os tipos se estabelecem através de um mecanismo baseado na autoridade — numa espécie de imposição. A diferença é que, no homem escravo e resignado, os valores se estabelecem através de sua submissão à autoridade de ideias externas, sacrificando sua individualidade em nome de supostas verdades superiores. Por outro lado, no homem esclarecido, os valores se estabelecem por meio do entendimento — a imposição nasce de dentro para fora, e nisso ele é sua própria autoridade. Assim, seus valores surgem como um reflexo de sua inteligência, de seus desejos e de suas necessidades — os valores, aqui, muito antes de suprimirem sua individualidade, são sua mais elevada expressão.

Por isso, tendo em vista todos os fatos que apresentamos, *negamos* a existência de qualquer espécie de verdade, valor ou dever impessoal. À medida que a verdade é transformada em abstração como uma lei suspensa acima do homem, à medida que ela julga — aprovando ou condenando — apenas em função de si mesma, como valor em si, sem levar em consideração as circunstâncias específicas de cada situação, de cada indivíduo, ela se torna despótica, restringente, opressiva, tirânica. Quando se permite que a verdade tome vida própria — e sem dúvida isso nos remete à ideia de Deus —, ela se transforma num monstro dogmático, autoritário e intolerante, que representa uma enorme ameaça à liberdade humana.

Quando são impostos alicerces comuns à construção de todas as individualidades, quando se aquilata todos os homens com a mesma balança, quando se nivela o valor fundamental de todos através da mentira da "ordem moral do mundo", da "igualdade das almas perante Deus" ou através do respeito à autoridade de qualquer quimera da abstração, a injúria com isso cometida é substancialmente a mesma: o acorrentamento da individualidade, a imposição da igualdade entre os diferentes — um ataque fulminante contra a liberdade humana, uma punhalada no coração de nossa autenticidade. Certamente em vão se procuraria por um crime mais revoltante que esse.

APÊNDICE

Ainda ouvirei dizer que a minha filosofia entristece tudo, isto porque digo a verdade àqueles que só gostariam que eu lhes dissesse: "Deus, Nosso Senhor fez tudo muito bem". Ide à igreja e deixai os filósofos em paz, ou, pelo menos, não lhes exijam que ajustem as suas doutrinas ao vosso catecismo. Recorrei aos filosofastros e encomendai-lhes teorias ao vosso gosto.

— Arthur Schopenhauer

SOBRE A LIBERDADE E
O LIVRE-ARBÍTRIO

Pode ser verdade que agimos como escolhemos. Mas, podemos escolher? Não é a nossa escolha determinada por causas que nos escapam?

— J. A. Froude

Nenhum livro intitulado *Ateísmo & Liberdade* poderia estar completo sem uma investigação acerca do famoso dilema do livre-arbítrio *versus* determinismo. Por isso justificou-se a criação deste pequeno pós-escrito que tenta esclarecer um pouco o problema.

Nesse tipo de investigação, é muito frequente notarmos que as explicações deixam sempre uma lacuna: esquece-se de salientar que livre-arbítrio e liberdade não são a mesma coisa. Tal distinção, com alguma sorte, se tornará clara ao longo deste ensaio.

Como se sabe, a liberdade sempre foi um termo tido como "indefinível", cuja essência ocupou muitas grandes mentes. Afinal, temos alguma liberdade individual para decidir nossos atos, ou nossa sensação de livre-escolha é mais uma das muitas ilusões subjetivas que povoam nossas mentes? Esse velho problema continua muito atual. A ciência já vem nos ajudando bastante nesse sentido, e tem solucionado várias charadas que nos darão uma linha-guia para nortear alguns de nossos questionamentos.

Sabemos que uma parte significante do alicerce de nossas vidas e de nossas ações não está sujeito à nossa vontade. Não temos controle consciente direto sobre nossos afetos, sobre nossos gostos, sobre a maioria de nossos órgãos, sobre a constituição biológica de nossos corpos, sobre nossos sentidos, e assim por diante. Vários fatores não são controlados por nós e, quanto a isso, temos de admitir, é um ponto para o determinismo.

Vale enfatizar que também somos grandemente determinados por nossa carga genética. Toda a estrutura de nosso corpo — nossas potencialidades, nossas habilidades, nossa fisiologia, nossos órgãos, altura média, constituição física, cor da pele, dos olhos e dos cabelos etc. — é determinada por nossos genes. Quanto à influência dos genes em nosso comportamento, vale a pena ouvirmos o que Pinker tem a nos dizer, para assim compreendermos melhor quão pesada é sua influência sobre características que, à primeira vista, parecem livres:

Outro alargamento de horizonte é proporcionado pelas espantosas semelhanças entre gêmeos idênticos, que compartilham as receitas genéticas construtoras da mente. Suas mentes são assombrosamente semelhantes, e não só em medidas grosseiras como o QI e em traços de personalidade como neuroticismo e introversão. Eles são semelhantes em talentos como soletração e matemática, nas opiniões sobre questões como apartheid, *pena de morte, mães que trabalham fora, na escolha da carreira, nos* hobbies, *vícios, devoções religiosas e gosto para namoradas. Os gêmeos idênticos são muito mais parecidos do que os gêmeos fraternos, que compartilham apenas metade das receitas genéticas e, o que é mais surpreendente, os que são criados separadamente são quase tão parecidos quanto os que são criados juntos. Gêmeos idênticos separados ao nascer têm em comum características como entrar na água de costas e só até os joelhos, abster-se de votar nas eleições por sentirem-se insuficientemente informados, contar obsessivamente tudo o que está à vista, tornar-se capitão da brigada voluntária de incêndio e deixar pela casa bilhetinhos carinhosos para a esposa. As pessoas acham essas descobertas impressionantes, até mesmo inacreditáveis. Descobertas assim lançam dúvidas sobre o "eu" autônomo que todos nós sentimos pairar sobre nosso corpo, fazendo escolhas enquanto seguimos pela vida e afetado exclusivamente pelos nossos ambientes do passado e do presente.*

As grandes similaridades comportamentais de gêmeos idênticos criados separadamente demonstram que a nossa personalidade, em boa parte, não parece estar sob nosso controle — ou, no melhor dos casos, não é tão livre quanto parece. No cotidiano, nosso livre-arbítrio parece existir porque nossas cargas genéticas são únicas. Todavia, o caso dos gêmeos idênticos mostra que essa aparência não é realmente nada além disto — uma aparência. Por isso, uma grande parcela da ilusão de que escolhemos tudo livremente se deve ao simples fato de que somos geneticamente distintos.

A única dúvida restante que dá margem à possibilidade de possuirmos um livre-arbítrio é esta: temos algum controle real sobre nossos pensamentos e sobre nossas ações? Ou será que nossas ações e nossos pensamentos são apenas eventos imprevisivelmente determinísticos? Prossigamos.

As diferenças existentes entre os gêmeos idênticos podem se dever a dois fatores: 1) Eles possuem certo grau de livre-arbítrio para escolher seu destino; ou 2) Sua interação com fatores ambientais específicos tornam o indivíduo genuinamente distinto de todos os demais, mas sem que haja nisso qualquer escolha.

Suponhamos a seguinte situação: dois gêmeos idênticos, ao nascer, são colocados, ao mesmo tempo, em dois mundos paralelos exatamente iguais. Dois ambientes nos quais se defrontariam com situações precisamente idênticas. Esses dois indivíduos conviveriam com os mesmos amigos, nasceriam no mesmo contexto histórico, seriam educados por famílias iguais, morando na mesma casa, vivendo na mesma cidade, respirando o mesmo ar. Enfim, viveriam vidas em que tanto o fator genético quanto o fator ambiental se encontram de todo controlados — duas realidades iguais ocorrendo independentemente, em paralelo.

Não parece razoável supor que esses dois indivíduos, por fim, seriam exatamente a *mesma* pessoa? Retirando-se as divergências genéticas e as divergências ambientais — a influência dos fatores externos —, que poderia restar de nosso livre-arbítrio? Se supusermos que o homem de fato resulta de uma interação única entre seus genes e seu ambiente, isso seria uma completa negação do livre-arbítrio humano. De fato, trata-se de uma hipótese meramente especulativa, impossível de ser comprovada, visto que não é possível isolar e controlar o componente ambiental em sua influência sobre os organismos. Mas o exemplo nos dá indicações bastante consistentes de que não estamos muito longe de chegar a uma conclusão.

Seguindo esse raciocínio, parece que o carrasco que desfecha o golpe de morte contra nosso livre-arbítrio são as leis físicas. Por um lado, toda a realidade material comporta-se de um modo rigorosamente uniforme. Mas, por outro lado, a teoria quântica demonstra que a realidade, apesar de regida por leis inexoráveis, não possui uma natureza exatamente previsível. Por exemplo, dado um estado x de organização da matéria, mesmo tendo consciência de todos os dados relativos ao estado de organização dessa matéria, ainda assim seu comportamento seria imprevisível.

Isso faz brilhar uma tênue luz de esperança que, de seguida, já é abafada pela dúvida: a matéria, em alguns aspectos específicos, comporta-se de modo imprevisível, mas que importa? Afinal, tal fato não significa que podemos influenciá-la. Ser determinado pelo inexorável previsível ou pelo inexorável imprevisível continua sendo uma espécie de determinismo. Assim, caso os aspectos imprevisíveis dos fenômenos físicos sejam, como é de se supor, totalmente determinísticos, isso apenas nega a ideia fatalista de que temos algum destino traçado, mas não nos liberta de forma alguma.

De qualquer modo, seja a realidade previsível ou não, o fato é que não faz sentido algum pensar que, apenas porque somos seres vivos pensantes, apenas porque temos a capacidade de deliberar sobre as coisas e sobre as nossas ações, apenas porque somos capazes de agir com intencionalidade, estamos de algum modo "acima" das leis físicas. Assim como nossas células musculares não podem "escolher" transgredir as leis físicas e entortar uma barra de aço temperado com dez centímetros de diâmetro, que sentido faria pensar que nossos neurônios não estão submetidos a tais leis, podendo transgredi-las conforme "escolhemos" fazer algo?

Ora, se somos seres materiais, se nosso cérebro é material, então nossos fenômenos mentais necessariamente submetem-se às leis físicas. Soa como uma arrogância incabível pensar que nosso intelecto transcende e escapa às leis físicas de nossa realidade material. *Não são os fatos do mundo mental*, indagou Ingersoll, *produzidos de um modo tão necessário quanto os fatos do mundo material? Desse modo, aquilo que chamamos de mente não é precisamente tão natural quanto aquilo que chamamos de corpo?* De fato. Então, ao que parece, a aceitação do materialismo implica determinismo — em outras palavras, a negação de nosso livre-arbítrio, de nossa vontade livre.

Estranhamente, alguns afirmam que deterministas são apenas pilantras tentando escapar das consequências de suas ações, visto que, se não houver livre-arbítrio, tampouco pode haver o conceito de culpa ou de responsabilidade — pois estes pressupõem a ideia de que todas as ações humanas são perpetradas livremente. A ausência de livre-arbítrio, segundo tal visão, acabaria aniquilando a moral e, por conseguinte, também a distinção entre certo e errado.

Como sabemos, não existe qualquer diferença objetiva entre certo e errado. Desse modo, poderíamos cometer crimes e alegar que não tivemos livre-arbítrio e que, por isso, não somos culpados? Isso não tem um pingo de lógica, mas é claro que poderíamos — também poderíamos dizer que somos capazes de dar um pulo até a Lua com uma perna só.

Essa alegação, como se nota, tenta eximir a culpa social do indivíduo ignorando a distinção entre aquilo que é objetivo e aquilo que é subjetivo. De fato, não tivemos livre-arbítrio — mas, mesmo assim, a culpa seria nossa. Ser culpado de algum crime não é um conceito absoluto e objetivo, mas puramente subjetivo. Isso, entretanto, não invalida coisa alguma, pois nossa consciência "vive" nesse mundo subjetivo.

Foi nossa sociedade que inventou a noção subjetiva de sermos culpados ao cometer certos atos. Assim, ser criminoso nada mais é que transgredir as regras criadas para manter o bem-estar na sociedade em que vivemos. Portanto, o fato de não sermos metafisicamente livres não significa que, se fôssemos presos, isso seria uma injustiça — pois estamos lidando com física, não com metafísica. Nesse sentido, note-se que hoje, se assassinarmos alguém, seremos presos. Porém, em época primevas, antes de os homens terem inventado tais regras de conduta social, poderíamos matar qualquer pessoa a nosso bel-prazer, sem qualquer problema, e não seríamos "culpados" de coisa alguma, pois o conceito de culpa sequer existia.

Toda essa argumentação talvez pareça estranha e paradoxal, mas apenas não estamos acostumados à ideia de que somos máquinas. E não somos apenas máquinas: somos máquinas sociais. Por isso, temos de obedecer a certas regras convencionadas por nossa sociedade. Se alguma máquina não obedecer tais regras, que foram criadas pelas máquinas legisladoras para garantir o bem-estar de todas as máquinas, então ela deve ser punida com o isolamento das demais máquinas — e ser "culpado", ser "criminoso", é apenas isso. É perpetrar alguma contravenção, ser uma máquina mal adaptada ao convívio em sociedade, representar um perigo às demais.

Desse modo, o fato de um ato ilícito ter sido perpetrado intencionalmente não o torna "livre", pois o processo de deliberação é apenas nosso sistema de neurônios trabalhando de modo tão determinístico quanto um circuito elétrico. Também as boas ações não devem ser imputadas a alguma "vontade livre", como nossa vaidade gostaria de acreditar.

Somos apenas robôs interagindo com robôs, amontoados de átomos interagindo com outros amontoados de átomos. Somos robôs que criam regras sociais para se perpetuarem com maior eficiência, que têm um sistema neural capaz de entender a realidade e de convencionar regras de convivência voltadas ao bem-estar de todos. Ora, nessa abordagem, parece evidente que o fato de não termos livre-arbítrio é absolutamente irrelevante à moral.

Então por que temos essa ilusão de liberdade? Por que interpretamos nossas ações como voluntárias, decorrentes de uma vontade livre? O que realmente parece acontecer é que, posteriormente à manifestação involuntária da vontade, damos-lhe uma explicação supostamente racional e imputamos sua manifestação ao nosso arbítrio. Essa interpretação cria uma causa fictícia, e o fantasma metafísico da vontade livre aparece como agente causador, quando, na realidade, nós somos a causa, nosso organismo como um todo é a causa.

Tomando um exemplo prático, como escolher a cor de uma camiseta, isso poderia ser entendido como uma complicadíssima interação entre a manifestação de nossos genes, a química de nosso cérebro, nosso estado emocional, nosso condicionamento, nosso conhecimento acumulado e muitas outras coisas, tudo isso sendo processado pelo nosso computador mental — consciente e inconscientemente —, culminando finalmente em nossa vontade e em nossa ação de escolher uma camiseta específica e não outra. Como explica Pinker:

A experiência de escolher não é uma ficção, independentemente de como o cérebro funciona. É um processo neural, com a óbvia função de selecionar o comportamento segundo suas consequências previsíveis. Responde a informações mandadas pelos sentidos, incluindo as exortações de outras pessoas. Você não pode sair dele nem deixar que ele prossiga sem você, pois ele é você.

Se nos ativermos somente às explicações subjetivas de nossas ações, isso nos remeterá a causas mágicas de "vontade livre", estancando nossas ações como eventos fechados em si mesmos, sem qualquer relação com o mundo em que estão inseridas. Nesse sentido, se perguntarmos ao indivíduo por que escolheu aquela cor de camiseta, dirá algo como: "escolhi porque tive vontade". Se perguntarmos por que teve vontade, provavelmente ouviremos: "tive vontade porque quis". E, num grande rodeio de causas imaginárias, chegaremos a um "tive vontade porque tive vontade" ou a um "escolhi porque escolhi". Se não sairmos desse raciocínio circular e colocarmos seu ato numa linha sucessiva de eventos físicos que representam sua vida, a sua ação, em si mesma, não fará sentido — parecerá que sua escolha aconteceu num universo paralelo. Assim, se quisermos compreendê-lo, devemos analisar tal processo em termos físicos, não psicológicos. Se entendermos sua vontade como um processo puramente físico, veremos que a escolha da cor da camiseta foi, no presente, a única manifestação comportamental possível.

Nossa vontade, nessa ótica, seria o resultado de um enorme cálculo entre inúmeras variáveis que, por serem extremamente ricas, diversas, intrincadas e obscuras, nos dão a impressão de que temos liberdade de escolha. Sentimo-nos livres porque todos esses fatores são completamente incompreensíveis e imprevisíveis a nós. Mas, no final, tudo isso se resumiria a monstruosos cálculos biológicos, resultando em qual deve ser nosso desejo na situação presente. Ao encontro dessa ideia, Lloyd exemplifica:

Algum estímulo chega a mim vindo do ambiente. Este é captado pelos meus sentidos e o sinal é enviado ao meu cérebro. O sinal interage com meu cérebro, alterando seu estado físico e químico, tendo como resultado alguma reação de minha parte. O corpo, então, segue as instruções dadas pelo cérebro a respeito do que fazer. Há algum livre-arbítrio nisso? Não, nenhum. (...) A ideia de que não temos livre-arbítrio é uma conclusão lógica que pode ser inferida a partir do simples fato de que o cérebro é feito de matéria, e que este interage com o mundo através dos sentidos.

As leis físicas determinam os impulsos elétricos? As reações químicas? A biologia? As sensações? Os sentidos? A consciência? Nossas vidas? Sim. Podemos intervir fisicamente em todos esses níveis e ver resultados repercutindo em todos os outros de modo previsível. O estudo dessa determinação, entretanto, não é cargo de uma ciência única, por motivos óbvios. Analisar a consciência com os olhos da Física seria como tentar ver as crateras da lua a olho nu. Cada ciência estuda uma amplitude limitada de eventos para ser capaz de construir um conhecimento preciso o suficiente para ser útil, e cada qual tem ferramentas distintas para seu objeto de estudo.

Porém, ignorando nossas limitações tecnológicas, se um cientista conhecesse totalmente a estrutura do cérebro de um indivíduo, parece razoável presumir que esse cientista poderia prever exatamente o seu comportamento, sua reação a um argumento ou a um estímulo qualquer, assim como é possível prever o comportamento do computador que temos na mesa de nossas casas. Afinal, por que haveríamos de pensar que há alguma diferença entre o processamento de dados feito por neurônios ou por *microchips* eletrônicos? A incerteza refere-se ao mundo quântico das partículas subatômicas, não ao mundo dos circuitos elétricos.

Assim, mesmo que não possamos prever reações comportamentais completamente, podemos fazê-lo parcialmente. Podemos observar casos nos quais a relação de causa-efeito está claramente estabelecida. Para ilustrar esse ponto, basta observar que qualquer psicotrópico que altere os neurotransmissores — mensageiros químicos do cérebro — pode afetar substancialmente nosso comportamento e nosso pensamento.

Tomemos um benzodiazepínico como exemplo, o *diazepam*, que é um ansiolítico que diminui o grau de excitabilidade do sistema nervoso. Normalmente ele é utilizado para combater estados de agitação, tensão, estresse etc. Sua ação sedativa está vinculada ao GABA, um neurotransmissor inibitório que age no sistema límbico, cuja ação retarda as reações serotoninérgicas, diminuindo a ansiedade. Este desempenha uma função regulatória do nível de excitação das células que estão recebendo informações de entrada. O diazepam, basicamente, imita o GABA, ligando-se aos receptores gabaminérgicos. Isso tudo parece complicado, mas o resultado é simples: ficamos calmos.

A administração de diazepam muda nossa química cerebral, a qual, por sua vez, determina nosso estado mental, nossa consciência e nosso comportamento. É por isso que pessoas passam a pensar e a agir diferentemente quando estão sob a ação de medicamentos como o diazepam. As moléculas do comprimido caem na corrente sanguínea, interagem com nosso cérebro, alteram sua configuração neuroquímica e, com isso, passamos a enxergar a realidade de um modo distinto. A matéria do medicamento, afetando o sistema nervoso de nossa máquina, altera seu comportamento. Assim, não importa qual é nosso estilo de vida, nossas crenças, nosso temperamento — o modo como manifestamos isso tudo será alterado se houver alguma mudança em nível de neurotransmissores. Parece bastante natural que assim seja.

Essas alterações em nossos padrões comportamentais em função de nossa química cerebral nos remetem, por sua vez, a um conceito denominado *dependência de estado*. Por exemplo, suponhamos que, normalmente, um indivíduo seja pacífico. Mas, quando está sob efeito de álcool, ele se mostra agressivo. Sua agressividade é uma dependência de estado. Ela só se manifesta juntamente com as alterações fisiológicas causadas pelo álcool. O ponto importante aqui é percebermos que estados emocionais e memórias específicas são mais facilmente evocados quando reconstituímos o contexto fisiológico em que surgiram. Como explica o especialista em neurobiologia Iván Izquierdo:

As memórias são adquiridas sob a influência de um determinado "tônus" cerebral dopaminérgico, noradrenérgico, serotonérgico ou beta-endorfínico, e de um "tônus" hormonal paralelo. Esses moduladores e hormônios geralmente facilitam a formação de memórias agindo sobre mecanismos específicos nas áreas do cérebro que as fazem e, de certa maneira incorporam informação às mesmas. (...) [A] evocação das memórias de certo conteúdo de emocional depende do estado hormonal e neuro-humoral em que a mesma esteja ocorrendo. Quanto mais esse estado se pareça com aquele em que memórias de índole similar foram adquiridas, melhor será a evocação. (...) As memórias dependentes de um estado emocional determinado ficam, por assim dizem, "à espreita" de que uma certa constelação de fenômenos bioquímicos apareça novamente. Um estímulo apropriado pode trazê-las à tona com bastante rapidez.

Como cada situação ou substância induz um padrão fisiológico específico, e nosso corpo vincula tais padrões às memórias, recordaremos mais facilmente memórias de felicidade quando estivermos felizes, memórias de medo quando estivermos amedrontados, memórias de conteúdo sexual quando estivermos sexualmente estimulados etc. Por exemplo, quando poetas estão procurando o que chamam de "inspiração", estão em busca de um estado neuroquímico no qual consigam acessar certos tipos de memória e pensamentos que consideram adequados ao seu poetar. Do mesmo modo, é comum que vítimas retornem à cena do crime para que isso possivelmente lhes ajude a lembrar mais detalhes.

Quando estamos em um estado depressivo, com baixa serotonina e noradrenalina no cérebro, não acessamos memórias de felicidade e plenitude, mas de negatividade, sofrimento, ruína, angústia, desgraça, morte, fracasso e afins. Não temos controle sobre o tipo de memória e sentimentos que o quadro depressivo evocará. Nossas ideações se manifestarão segundo o padrão aprendido no estado depressivo — pensaremos involuntariamente naquilo que está relacionado. Essa visão pessimista e persecutória da realidade pode ser considerada uma dependência de estado, pois só pensamos em tais coisas quando estamos em depressão.

Assim, deprimidos, podemos pensar que a realidade desmoronou sobre nossas cabeças, que todo objetivo é um esforço vão, que tudo conspira para o sofrimento e que a melhor parte da vida é que ela acaba. Entretanto, o fato é que essa interpretação da realidade decorre de algo muito menos trágico — um baixo nível de tais neurotransmissores em nosso cérebro. Se abruptamente induzirmos um aumento nesse nível, nos sentiremos donos de uma vontade de aço, com o mundo na palma de nossas mãos, e seus aspectos trágicos já não nos parecerão tão relevantes ou ameaçadores.

Então, como vemos, não precisamos invocar o livre-arbítrio para explicar o comportamento humano através de subjetivismos. Como afirmou Skinner, *O homem autônomo [livre-arbítrio] serve para explicar apenas aquilo que ainda não somos capazes de explicar de outra forma. Sua existência é fruto de nossa ignorância, e naturalmente perderá status à medida que começarmos a entender melhor o comportamento humano.*

Notemos agora que a determinação física do mundo material desmonta apenas a ideia de um livre-arbítrio metafísico, mas não ameaça nossa liberdade, nossas possibilidades efetivas. Temos uma liberdade condicional que reside precisamente na contingência, nas configurações possíveis do mundo em que vivemos. Nossa liberdade está contida nas possibilidades do determinismo físico e do determinismo biológico — embora no fundo ambos sejam a mesma coisa.

Então que significa pensar sobre nossa liberdade dentro dos determinismos físico e biológico? Significa pensar a respeito do que podemos ser, mas sem podermos escolher — a mesma ideia que Schopenhauer exprimiu nesta máxima: *O homem pode fazer o que quer, mas não pode querer o que quer.* Em outras palavras, a Biologia, sob o comando da Física, nos determina como marionetes. Por isso, faz sentido pensar que nossa liberdade não é realmente interna, na forma de vontade livre, mas sim uma liberdade de "vir-a-tornar-se", uma espécie de liberdade que não podemos controlar nem prever muito precisamente — algo como um devir determinístico, com miríades de possibilidades de ser. Somos máquinas que, a partir de uma mesma estrutura física, podem ser programadas para comportar-se de vários modos distintos, assim como computadores. Nisso está a liberdade.

Nossa liberdade precisa ter, nessa ótica, uma conotação necessária de ausência. Analogamente ao ateísmo, que significa ausência de teísmo, a liberdade poderia ser vista como um não-estar-preso. Assim, ser livre não seria realmente um estado positivo, algo real, mas uma ausência de algo restringente. Uma liberdade que só existe subjetivamente e entendida sempre relativamente a algo que prende.

O homem nunca encontrou uma definição para a palavra liberdade, disse Abraham Lincoln. Por quê? Porque pensam nela como algo real e positivo, que existe efetivamente. Como poderíamos encontrar uma definição positiva para algo que não tem conteúdo, que existe somente enquanto uma ausência? Parece claro o erro no qual incorrem.

Entretanto, podemos dizer que, nessa situação, não deixa de ser verdadeira a ideia de que o saber liberta. Não liberta internamente, é claro, mas, ampliando nosso conhecimento, enriquecemos em número e em profundidade o repertório de meios através dos quais poderemos satisfazer nossos desejos e atingir nossas metas — e entendamos esses desejos e metas não como algo que escolhemos livremente, mas como algo com o qual a contingência nos "presenteia". Portanto, se o conhecimento expande nossos horizontes, se enriquece nosso entendimento do mundo, então podemos dizer que ele nos liberta, e essa

283

libertação é relativa ao grilhão da ignorância, que tolhe nossa visão.

O mais importante é constatarmos que nossa ânsia pela liberdade pode ser entendida como o desejo de escapar às pressões externas, de ser desvinculado de qualquer tipo de coerção exterior que atrapalhe ou obstrua a satisfação de nossos desejos. Assim, ser livres para fazer o que quisermos apresenta-se como a ideia fundamental — não tendo importância alguma se esse "querer" é livre.

Levando em consideração a necessidade íntima que temos de satisfação pessoal, fica fácil compreender como a religião pode ser facilmente um entrave nesse sentido. A religião impõe deveres impessoais que devem ser seguidos como se fossem nossos, e isso entra em conflito direto com nossa necessidade de satisfazer nossos desejos únicos, que são de todo individuais. A religião, portanto, diminui ainda mais a pouca liberdade que temos.

Com seu dogmatismo, a religião tenta nos transformar num rebanho ideologicamente padronizado. Esse grande grilhão possui a absurda pretensão de nivelar nossas personalidades, nosso eu mais original, ditando o que devemos fazer de nossas vidas. Seguir regras impessoais à risca é praticamente a fórmula para a infelicidade. Contudo, por outro lado, a frustração gerada pelas restrições desse encarceramento ideológico é contrabalançada pela segurança psicológica que referenciais absolutos proporcionam e pelas recompensas que virão no "além-túmulo". Entretanto, é certo que, sem essas exuberantes iscas psicológicas, dificilmente qualquer religião lograria qualquer sucesso em seu arrebanhamento de fiéis.

Nessa ótica, não é difícil imaginar por que as religiões insistem tanto na falsa ideia de que temos uma vontade livre. Esse livre-arbítrio supostamente concedido por Deus, na verdade, consiste em uma espécie de subterfúgio inventado por aqueles que desejavam um pretexto para poderem nos punir caso não seguíssemos as "leis sagradas" impostas pela religião — ou, pelo menos, para nos amedrontar através da ideia de que Deus o faria. No fim, gerando o mesmo resultado: obediência. Não seguir a vontade de Deus é um pecado — precisaríamos dizer algo mais? Seria, portanto, um ingênuo engano pensarmos que a religião enfatiza a vontade livre de um modo desinteressado. Nietzsche nos explica a razão disso:

Hoje já não temos mais nenhuma compaixão pelo conceito de "vontade livre":

sabemos muito bem o que ele é — o mais suspeito artifício dos teólogos que existe; um artifício que tem por objetivo fazer com que a humanidade se torne "responsável" à moda dos teólogos, isto é, que visa fazer com que a humanidade seja dependente deles... Eu ofereço aqui apenas a psicologia de toda e qualquer atribuição de responsabilidade. — Onde quer que as responsabilidades sejam procuradas, aí costuma estar em ação o instinto de querer punir e julgar. Despiu-se o vir-a-ser de sua inocência, quando se reconduziram os diversos modos de ser à vontade, às intenções, aos atos de responsabilidade. A doutrina da vontade é inventada essencialmente em função das punições, isto é, em função do querer-estabelecer-a-culpa. Toda a psicologia antiga, a psicologia da vontade, tem seu pressuposto no fato de que seus autores, os sacerdotes no topo das comunidades antigas, queriam criar para si um direito de infligir penas — ou queriam ao menos criar um direito para que Deus o fizesse... Os homens foram pensados como "livres", para que pudessem ser julgados e punidos — para que pudessem ser culpados. Consequentemente, toda ação precisaria ser considerada como desejada, a origem de toda ação como estando situada na consciência (— com o que a mais fundamental fabricação de moedas falsas transformou-se, no interior do psicologicismo, em princípio da própria psicologia...). Hoje, quando adentramos o movimento inverso, quando nós imoralistas buscamos novamente com toda força sobretudo retirar do mundo o conceito de culpa e o conceito de punição, purificando destes conceitos a psicologia, a história, a natureza, as instituições e as sanções comunitárias, não há em nossos olhos nenhum antagonismo mais radical do que o em relação aos teólogos que continuam a infectar a inocência do vir-a-ser com as noções de "punição" e "culpa", a partir do conceito de "ordem moral do mundo". O cristianismo é uma metafísica de carrasco...

Assim, do início ao fim, nossa vida se resumia a um estado de organização da matéria que possui a tendência de se autorreplicar — e nosso cérebro, nessa ótica, seria um poderoso computador processando uma gigantesca quantidade de informações — sensoriais, abstratas, emocionais etc. —, tendo como objetivo guiar nosso corpo à meta da autoperpetuação.

Mesmo que sejamos pessoas decididamente racionais, não deixa de ser espantosa a ideia de que sejamos apenas uma legião de computadores-vírus feitos de matéria, numa guerra de processamento de dados, todos lutando para ser eternos. Nessa situação, toda a nossa vida não passaria de um jogo informacional, de uma batalha de poder administrativo entre genes mais ou menos eficientes em se valerem de leis físicas para fazer com que os robôs que controlam conquistem o objetivo final da perpetuação. Não que, nesse particular, tenhamos qualquer compromisso obrigatório com a perpetuação de nossos genes — não temos, de fato. Mas essa tendência é uma espécie de compromisso da vida para consigo mesma, por sua própria história evolutiva.

Portanto, tanto em termos biológicos quanto em termos físicos, não faz sentido pensar que sejamos internamente livres. Aliás, nem mesmo nascemos para ser livres ou felizes, mas apenas para nos reproduzirmos. E, se não conseguimos entender nossas próprias vidas a fundo, isso acontece porque não nascemos para entender o mundo cientificamente. Como máquinas biológicas, nascemos uns para os outros, e tudo o que precisamos entender é o que temos de fazer para propagar nossos genes à geração seguinte.

Talvez nossa ilusão de grande liberdade seja apenas reflexo da incapacidade de nosso aparelho psíquico frente a uma realidade desconcertantemente complexa. Talvez uma ilusão que reforça nossa motivação por meio de simbolismos. Talvez um acidente de percurso sem qualquer utilidade. É difícil entender por que acreditamos nesse tipo de coisa. Contudo, no que toca a questão da liberdade em termos reais, o importante é sermos capazes de satisfazer nossos desejos — pois é a eficiência, e não a liberdade, a regra número um da vida.

Desse modo, tomando-se uma concepção de vida enquanto um sistema informacional físico, enquanto uma máquina programada à autoperpetuação, ela não só pode prescindir do livre-arbítrio, como também é absurdamente incompatível com tal ideia. Para compatibilizá-las, seria necessário postular a existência de um "Fantasma da Máquina" transcendental que não só escapa às leis físicas, mas também as influencia — e então jogar pela janela todo o conhecimento que possuímos sobre o cérebro humano. Algo que soa como um delírio análogo àqueles que deram origem a todas as quimeras que povoam o mundo do além.

SOBRE O AUTOR

Dou boas-vindas a todo conhecimento que me chega com uma marreta. Marreto tudo aquilo que me é apresentado para verificar sua consistência. Se se esfacela diante de meus olhos, penso: eis um grande castelo de sonhos erigido por criaturas frágeis. Se subsiste, dou-lhe boas vindas como mais um cômodo na morada onde habita meu pensamento. Não importa que a realidade desmorone sobre minha cabeça ante minhas próprias investidas autodestrutivas — a autocrítica, para mim, sempre será uma austeridade imprescindível. Nisso está a honestidade.

Meu nome é André Díspore Cancian. Nasci no dia dezenove de fevereiro de 1982, numa pequena cidade do interior de São Paulo, chamada Catanduva.

Foi como autodidata que fiz meus estudos sobre os assuntos que abordo aqui. Passei a ter um contato mais profundo com a filosofia e com a ciência a partir dos dezessete anos de idade, e entre algumas das influências que foram mais marcantes em meu pensamento e em minha visão de mundo estão os nomes Nietzsche, Schopenhauer, Cioran, Freud, Pessoa, Russell, Sagan e Dawkins. Por isso sempre digo, com algum toque de humor negro, que quase todos os meus amigos estão mortos, e só me deixaram seus livros — mas antes os amigos mortos que os imaginários. Em todo caso, vê-se que meus principais interesses gravitam ao redor da ciência, da filosofia e da psicologia.

Atualmente, administro dois portais na *internet* que abordam o livre-pensamento: *Ateus.net* e *Paraíso Niilista* (niilismo.net). O *Ateus.net* representa minha defesa filosófica e científica do ateísmo, com o objetivo de que esta seja o mais imparcial possível. O *Paraíso Niilista*, por sua vez, é onde escrevo sem qualquer objetivo ou compromisso necessário com coisa alguma; é meu espaço individual, construído segundo meus gostos pessoais, no qual publico reflexões, textos e poemas esporadicamente.

Assumidamente, sou ateu desde os quatorze anos, pois nessa idade alcancei maturidade intelectual suficiente para pensar a respeito de tais assuntos de modo crítico. Entretanto, tomando-se a definição correta de ateísmo, que é "ausência de crença na existência de deus(es)", então se pode dizer que sempre fui ateu — antes implícito, agora explícito. Portanto, nunca "escolhi" o ateísmo. Nasci ateu e permaneço como tal até hoje. Permaneço ateu porque o ateísmo me parece a posição mais sensata ante a ausência de evidências para a existência de um deus.

Assim, no que concerne à minha visão sobre deuses e divindades, penso que não existem, mas não acredito nisso, pois não me permito nenhum tipo de certeza fixa quanto a qualquer assunto. Portanto, meu *ismo* adotado consiste na chamada "posição cética padrão", ou seja, ateísmo cético.

É certo que poderia ter me limitado a defender o ateísmo, mas também desfecho críticas à religiosidade e à religião, pois as julgo como algo pernicioso, um grilhão, uma verdadeira travanca ao progresso do conhecimento humano. Fazer uma virtude da credulidade irrestrita, desse fechar-os-olhos chamado fé, foi a mais indecente perversão já perpetrada contra a liberdade humana. Contudo, admito que todos têm direito de acreditar no que bem entenderem. O conflito surge apenas quando os indivíduos manifestam a pretensão de que suas crenças estejam acima da crítica, o que insistem em chamar de "respeito".

Bem, certamente não peço esse tipo de "respeito" ao meu ateísmo, no sentido de "não critique, não analise, deixe em paz". Ataquem-no tanto quanto puderem e, de preferência, refutem-no — afinal, quem não gostaria de ser o suprassumo do Universo, da criação divina? Sou ateu apenas porque sofro de uma doença chamada integridade intelectual, a qual não me permite colocar o conforto proporcionado por convicções estáticas acima da penosa e frustrante busca pela verdade. Certamente não quero parecer um sonhador aqui — leia-se "guerra contra o erro" ou "mais provável", não "verdade absoluta".

Em todo caso, deve ficar claro que estou e sempre estive aberto às evidências. Não sou ateu simplesmente porque decidi que nenhum deus existe e ponto final. Apenas pesei as evidências disponíveis contra e em favor à existência dessa entidade e cheguei à conclusão de que não existem motivos que justifiquem a crença em sua existência. Se, por exemplo, chegasse a mim um indivíduo que pudesse demonstrar categoricamente a existência de um deus, não há qualquer dúvida quanto a isto: deixaria de ser ateu no mesmo instante. Não sou e nunca serei um ateu irrevogavelmente convicto, pois, como corretamente afirmou Nietzsche, *homens convictos são prisioneiros*. Desse modo, como um livre-pensador, manterei sempre minha mente aberta. A única coisa que me nego a fazer é dar crédito a qualquer hipótese sem possuir justificativas plausíveis para tanto.

Pelo que percebi até hoje, em termos práticos, ser ateu não me torna diferente de qualquer outra pessoa. Teoricamente, parece que sermos o centro da criação ou apenas animais racionais deveria fazer muita diferença sobre como viveremos nossas vidas, mas, na realidade, não parece fazer quase nenhuma. Provavelmente porque, no dia a dia, nos preocupamos com as nossas necessidades humanas, que estão presentes tanto nos crentes quanto nos descrentes, diferindo apenas na explicação que se dá para elas. Nesse sentido, a personalidade individual parece muito mais preponderante na determinação do comportamento que a religiosidade ou sua ausência.

Quanto à moral, sou um amoralista — isso não significa que sou amoral, mas somente que defendo a inexistência de valores morais objetivos. Sinto uma profunda aversão pelas lamentáveis tentativas de se estabelecer a superioridade de um valor sobre outro de modo universal e impessoal. Ora, uma moral estática que parte de cima para baixo, do geral ao específico, só pode ser duas coisas: uma tirania ou uma utopia.

Mas, na prática, minha moral é a simples crueza de um egoísmo racional e utilitarista. Adotei a tática que me parece mais eficiente e prática para promover meu bem-estar, que consiste nesta máxima: tudo de melhor para mim e tão somente. E para os outros? Para os outros apenas faço e desejo o bem se, em troca, me forem úteis também — diretamente, indiretamente ou apenas potencialmente. Vejo essa atitude como algo bastante natural, não deixando nada a desejar para mim ou para os demais. São acordos justos e honestos de ajuda recíproca. Mas é claro que uma sinceridade elevada a esse grau é bastante incomum, então alguns poderão vir a pensar que sou um ser "repulsivo" e "doentio" por entender esse comportamento cínico como algo natural. Nesse caso, apenas acho que não entenderam muito bem o raciocínio, pois o fato é que praticamente todos se comportam assim. Em todo caso, não tenho absolutamente nada contra os que decidirem trilhar caminhos diversos, pois uma das pretensões que jamais manifestarei será a de querer dizer como alguém deve se comportar ou qual é o melhor modo de se viver.

Pessoalmente, no que concerne à minha cosmovisão, considero-me um niilista. Sou ateu e niilista, mas dizer os dois ao mesmo tempo é redundância. Um ateu pode ser só ateu, mas todo niilista é ateu. O ateísmo se resume a não ter crença em deuses. O niilismo representa uma ruptura radical com tudo, uma rejeição de tudo, uma descrença em tudo — nem mesmo que existimos, nem mesmo na matéria, nem mesmo no absoluto. Não é um ceticismo que empacou na dúvida. O niilismo sequer pergunta, pois não aceita o conceito de verdade, de conhecimento, de ignorância nem o de um objeto ao qual isso tudo poderia se referir. É como um "nada a declarar" de quem percebeu que sequer há uma parede contra a qual bater a cabeça, ou mesmo a cabeça, propriamente, enquanto pensa nisso. É uma postura puramente intelectual, naturalmente. Um niilista estritamente prático seria uma pessoa em coma. Mas ninguém age como pensa e ninguém sente como pensa. Viver e entender são esferas distintas. O niilismo nasce da apreensão do vazio da existência, só que o niilista não reage ao vazio com angústia, pessimismo e desespero. Não encara sua visão como algo a ser superado, nem como algo verdadeiro ou falso, mas como qualquer coisa: nada.

Podemos traduzir o niilismo em algo mais palpável como equivalente à ideia de que nossa existência — que talvez sequer seja algo efetivo — é um grande acaso absurdo sem sentido algum, que a natureza, com suas leis, é fundamentalmente irracional, que não há deuses-criadores-de-realidades nem uma essência transcendental passeando em nossos corpos, que não existe nenhuma espécie de valor em si mesmo, muito menos a possibilidade de hierarquizar valores subjetivos, que estamos aqui para nada e que, sem dúvida, todos estamos condenados à morte. Isso sempre soa extremista à maioria das pessoas, mas acho essas ideias razoavelmente óbvias. Para vê-las só precisamos abrir os olhos com uma dolorosa honestidade e remover as flores e a poesia anestésica que estão mescladas ao nosso conhecimento.

Tanto quanto posso perceber, é certo que não compreendemos totalmente o que somos, mas, aos meus olhos, a vida já deixou de ser algo intrinsecamente misterioso — o que permanece um mistério é a razão pela qual relutamos em admiti-lo. Assim, no meu ponto de vista, tudo isso que estamos vivendo não passa de um resultado mecânico de fatores físicos impessoais que culminaram, através de entidades informacionais autorreplicantes — no nosso caso, o *DNA* —, em nossa existência enquanto máquinas conscientes de si mesmas, tendo, por sua própria natureza, o objetivo da perpetuação, que por sua vez não tem objetivo nenhum.

É claro que temos a ilusão de que somos especiais, mas isso acontece apenas porque somos a própria vida, e não podemos fugir dessa ótica parcial ao pensar e julgar o valor e a importância das coisas. Esse quadro tende a nos tornar egocêntricos, fazendo com que supervalorizemos a espécie humana com naturalidade. Somos especiais por termos uma racionalidade aguçada? Sim, tanto quanto um ornitorrinco é especial por ser um mamífero ovíparo com um bico de pato. Cada espécie nasce com suas armas de sobrevivência, e nossa principal arma é a inteligência. Portanto, se pensarmos bem a respeito, veremos que nem todo autoengano é necessariamente ruim. Nossas crenças errôneas podem não condizer com os fatos, mas é provável que encontraremos nelas algum valor se as interpretarmos em função de sua utilidade à vida.

Esse modo de ver as coisas, entretanto, não é pessimismo. Trata-se meramente de uma constatação objetiva. Não afirmo que a vida é uma grande desgraça ou sofrimento puro, visto que isso é subjetivo e depende inteiramente de como olhamos para a realidade. A vida ser uma bênção ou um fardo depende dos olhos e das peculiaridades de cada um. Por isso, não penso em nossa vida como uma grande maldição, mas apenas como um grande vazio onde tudo é efêmero e sem significado — mas, por isso mesmo, livre.

Não poderia negar, todavia, que minha visão pessoal a respeito da realidade é um tanto funesta — mas esse é meu posicionamento individual, e não tenho a menor intenção de generalizar minhas conclusões e impressões pessoais e impô-las a outrem. Apenas me espanta que a vida seja tão insignificante, tão lúgubre, durante a qual guardamos tão poucas memórias dignas de um espontâneo sorriso solitário, entre quatro paredes. Espanta-me que vivamos à custa da miragem de aspirações e sonhos intangíveis, enquanto, de fato, no presente, ao longo da meninice, da mocidade, da virilidade e da velhice, vegetamos ao sabor do vento em nossos imensos castelos de pequenas trivialidades, envoltos por preocupações tão banais quanto necessárias para fugirmos de nós mesmos, pois é certo que, livres da preocupação de assegurar nossa existência, livres de tais futilidades cotidianas que fazem nossa vida passar despercebida, nos tornaríamos um "fardo enfadado" para nós mesmos — e, enquanto estivermos vivos, estaremos nessa posição tragicômica, da qual ninguém tem culpa. William Shakespeare exprime muito bem essa visão com a seguinte passagem de *Macbeth*:

Amanhã, e amanhã, e ainda outro amanhã arrastam-se nessa passada trivial do dia para a noite, da noite para o dia, até a última sílaba do registro dos tempos. E todos os nossos ontens não fizeram mais que iluminar para os tolos o caminho que leva ao pó da morte. Apaga-te, apaga-te, chama breve! A vida é apenas uma sombra ambulante, um pobre palhaço que por uma hora se espavona e se agita no palco, sem que depois seja ouvido; é uma história contada por idiotas, cheia de fúria e muito barulho, que nada significa.

Por outro lado, em relação à vivência, acho que esta não é digna de muita seriedade ou empenho. Afinal, viver resume-se a um mero passatempo que, predominantemente, é enfadonho e aborrecido, e o melhor que se consegue da vida é esquecê-la, visto que, a meu ver, se torna melhor e mais feliz quanto menos conscientemente a sentimos. Aliás, em termos puramente racionais, *se considerarmos a vida objetivamente, é duvidoso que ela seja preferível ao nada* — penso que Schopenhauer está coberto de razão quanto a isso, mas coberto *somente* de razão. Não somos seres puramente objetivos e racionais, obviamente. O fato de nos agarrarmos de um modo tão desesperadamente apaixonado à vida — apesar de suas infindáveis atribulações —, penso, não tem qualquer fundamentação lógica — assemelhamo-nos a relógios de corda que não sabem por que ainda andam. Isso tudo parece acontecer devido ao nosso instinto básico de autopreservação, um cruento legado de nosso passado evolutivo.

No que diz respeito à infamada morte, não vejo nenhum mistério. Preocupar-se com a morte em si mesma me parece uma das mais eficientes formas de perder tempo com elucubrações sem sentido, e tratá-la como um grande "enigma insondável" me parece uma grande tolice cujo objetivo é permitir o cultivo de esperanças infantis a respeito de uma possível vida *post mortem*. Por que nos custa tanto aceitar que a morte faz parte do mecanismo de funcionamento da vida? Não é preciso pensar muito para concluir isso, basta observar: somos animais que nascem, crescem, reproduzem-se e morrem, como quaisquer outros. Apenas nascemos e temos um intervalo indefinido de tempo para fazermos ou tentarmos fazer o que quisermos de nossas vidas, e depois a morte simplesmente marca o fim de nossa existência enquanto um sistema biológico. Por isso, não tenho qualquer problema em aceitá-la com naturalidade. Temer a morte seria o equivalente a temer uma boa e eterna noite de sono profundo — na verdade, faria muito mais sentido temer a vida. De qualquer modo, quem se detém nesse ponto por alguns instantes logo percebe como a noção que temos da morte afeta nosso modo de viver. Nesse particular, acho que uma citação de Montaigne servirá para elucidar meu ponto de vista: *Meditar sobre a morte é meditar sobre a liberdade; quem aprendeu a morrer, desaprendeu de servir; nenhum mal atingirá quem na existência compreendeu que a privação da vida não é um mal; saber morrer nos exime de toda sujeição e coação.*

Enfim, devemos acreditar em hipóteses que, atualmente, não podem reivindicar para si qualquer respaldo da realidade conhecida, que fazem de nós mesmos o que não somos — mas gostaríamos de ser —, apenas porque isso conforta? Ou devemos encarar a realidade e a natureza humana com honestidade, tais quais se apresentam a nós? A escolha é de cada um, pois ninguém tem a obrigação de ser ateu, cético, materialista, livre-pensador, niilista, racional, científico ou mesmo coerente. Mas, pessoalmente, fico com a segunda opção, pois meu desejo nunca foi simplesmente acreditar, mas saber, ainda que, para mim, isso signifique admitir-me ignorante, possuidor de um conhecimento que é sempre provisório. Mesmo assim, sempre preferirei a honestidade da dúvida — é ela que insiste em pôr em questão tudo aquilo que já foi solucionado. É esse o tipo de consciência que considero de primeira importância para que haja progresso em qualquer tipo de conhecimento.

REFERÊNCIAS

ALCOCK, James. "The belief engine." *Skeptical Inquirer*, Maio de 1995.

ASIMOV, Isaac. "The relativity of wrong." *Skeptical Inquirer*, Outono de 1989.

AUGUSTINE, Keith. "A morte e o sentido da vida." *Ateus.net*. 2000. http://ateus.net/artigos/miscelanea/a-morte-e-o-sentido-da-vida/ (acesso em 2000).

_____. "O caso contra a imortalidade." *Ateus.net*. 2000. http://ateus.net/artigos/critica/o-caso-contra-a-imortalidade/ (acesso em 2000).

DAMÁSIO, Antônio. *O erro de Descartes*. São Paulo: Cia. das Letras, 1996.

DAWKINS, Richard. "A improbabilidade de Deus." *Ateus.net*. 2000. http://ateus.net/artigos/critica/a-improbabilidade-de-deus/ (acesso em 2000).

_____. *O gene egoísta*. Rio de Janeiro: Itatiaia, 2001.

_____. *O relojoeiro cego*. São Paulo: Cia. das Letras, 2001.

_____. *O rio que saía do Éden*. Rio de Janeiro: Rocco, 1996.

_____. "Os vírus da mente." *Ateus.net*. 2000. http://ateus.net/artigos/miscelanea/os-virus-da-mente/ (acesso em 2000).

DESCARTES, René. *Discurso do método*. São Paulo: Martins Fontes, 1996.

DO VALLE, Huáscar Terra. *Tratado de teologia profana*. São Paulo: Alfa Ômega, 1998.

EDWORDS, Frederick. "O fundamento humano das leis e da ética." *Ateus.net*. 2000. http://ateus.net/artigos/miscelanea/o-fundamento-humano-das-leis-e-da-etica/ (acesso em 2000).

FAURE, Sebastien. "Doze provas da inexistência de Deus." *Ateus.net*. 2000. http://ateus.net/artigos/critica/doze-provas-da-inexistencia-de-deus/ (acesso em 2000).

FREUD, Sigmund. *O futuro de uma ilusão*. Rio de Janeiro: Imago, 1984.

_____. *O mal-estar na civilização*. Rio de Janeiro: Imago, 1997.

GOLEMAN, Daniel. *Inteligência emocional*. Rio de Janeiro: Objetiva, 1996.

HUME, David. *Investigação acerca do entendimento humano*. São Paulo: Cia. Editora Nacional, 1972.

INGERSOLL, Robert G. "O que é religião?" *Ateus.net*. 2000. http://ateus.net/artigos/critica/o-que-e-religiao/ (acesso em 2000).

_____. "O que substituiria a Bíblia como um guia moral?" 2000. http://ateus.net/artigos/critica/o-que-substituiria-a-biblia-como-um-guia-moral/ (acesso em 2000).

_____. "Por que sou agnóstico." *Ateus.net*. 2000. http://ateus.net/artigos/critica/por-que-sou-agnostico/ (acesso em 2000).

_____. "Sobre a Bíblia Sagrada." *Ateus.net*. 2000. http://ateus.net/artigos/critica/sobre-a-biblia-sagrada/ (acesso em 2000).

LE BON, Gustave. *As opiniões e as crenças*. São Paulo: Brasil Editora, 1956.

LEWIS, Joseph. "Um manifesto ateísta." *Ateus.net*. 2000. http://ateus.net/artigos/critica/um-manifesto-ateista/ (acesso em 2000).

LLOYD, Nikolas. "Por que não tenho livre-arbítrio." *Ateus.net*. 2000. http://ateus.net/artigos/miscelanea/por-que-nao-tenho-livre-arbitrio/ (acesso em 2000).

LOFTUS, Elizabeth F. "Criando memórias falsas." *Ateus.net.* 2000. http://ateus.net/artigos/miscelanea/criando-memorias-falsas/ (acesso em 2000).

MACKIE, J. L. *Ethics: inventing right and wrong.* London: Penguin, 1977.

MENCKEN, Henry L. *O livro dos insultos.* São Paulo: Cia. das Letras, 1988.

MILLER, Geoffrey. *A mente seletiva.* Rio de Janeiro: Campus, 2000.

MONTAIGNE, Michel. "Da incoerência de nossas ações." *Ateus.net.* 2000. http://ateus.net/artigos/filosofia/da-incoerencia-de-nossas-acoes/ (acesso em 2000).

NIETZSCHE, Friedrich. *Assim falou Zaratustra.* Rio de Janeiro: Civilização Brasileira, 1981.

_____. *Crepúsculo dos ídolos.* Rio de Janeiro: Relume Dumará, 2000.

_____. *Genealogia da moral.* São Paulo: Cia. das Letras, 1998.

_____. *The antichrist.* Tradução: H.L. Mencken. Torrance: Noontide, 1980.

PINKER, Steven. *Como a mente funciona.* São Paulo: Cia. das Letras, 1998.

RANDI, James. *Flim-Flam!* New York: Prometheus Books, 1982.

RUSSELL, Bertrand. *The problems of philosophy.* New York: Oxford University Press, 1917.

_____. *Why I'm not a Christian.* New York: Touchstone, 1957.

SAGAN, Carl. *O mundo assombrado pelos demônios.* São Paulo: Cia. das Letras, 1997.

SANTI, Pedro Luiz Ribeiro de. *A construção do eu na modernidade.* Ribeirão Preto: Holos, 1998.

SARGANT, William. *Battle for the mind.* Westport: Greenwood Press, 1957.

SASSON, Sezar *et al.* "A Evolução biológica." In: *Biologia; introdução à biologia.* São Paulo: Gráfica e Editora Anglo, 1991.

_____. "A origem da vida." In: *Biologia; introdução à biologia,* 97-105. São Paulo: Gráfica e Editora Anglo, 1991.

SCHOPENHAUER, Arthur. *O mundo como vontade e representação.* Rio de Janeiro: Contraponto, 2001.

_____. *Parerga and paralipomena.* Tradução: E. F. J. Payne. 2 vols. Oxford: Clarendon, 1974.

SMITH, George H. *The case against god.* New York: Prometheus Books, 1979.

WALLACE, Robert. *Sociobiologia: o fator genético.* São Paulo: Ibrasa, 1985.

Deus, religião, moral, origem e sentido da vida, livre-arbítrio: em *Ateísmo & Liberdade*, assuntos fundamentais são postos à luz da razão, em uma tentativa de esclarecer algumas das mentiras e verdades que nos cercam. Polêmico, franco, revelador e ousado, *Ateísmo & Liberdade* é um convite à reflexão, ao livre-pensar e à busca por uma explicação racional e coerente sobre o homem e o mundo.

A exploração do subterrâneo, do tabu, da humanidade que preferimos esconder de nós mesmos: *O Vazio da Máquina* investiga alguns dos tópicos mais incômodos trazidos à luz pelo vazio da existência. O nada, o absurdo, a solidão, o sofrimento, o suicídio, a hipocrisia são alguns dos assuntos principais abordados ao longo da obra. Sabemos até onde podemos chegar com nosso conhecimento moderno — resta finalmente empregá-lo.

Este livro é uma tentativa de justificar a transição do ateísmo ao niilismo com base na ciência moderna. Nele é apresentada uma interpretação do niilismo (niilismo existencial) segundo a qual ele se segue de considerarmos as implicações de nossas principais descobertas científicas, bastando revisitar as questões existenciais clássicas à luz do conhecimento atual. Assim, a ideia é que, uma vez nos tornemos ateus, o niilismo segue-se.

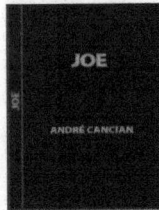

Joe é um romance essencialmente introspectivo, no qual se tenta construir uma visão de mundo a partir dos olhos do personagem. A ideia que animou a produção desta obra foi ilustrar, não em teoria, mas no contexto da vida prática, toda aquela perplexidade que se apodera de nós quando voltamos nossos olhares ao mundo numa perspectiva, por assim dizer, "existencialista", e nos vemos tomados pela sensação do absurdo que é existir.

Insônia da Matéria é uma coleção de poemas escritos entre 2002 e 2007, correspondendo ao intervalo entre a redação de *Ateísmo & Liberdade* e *O Vazio da Máquina*. A atmosfera de perplexidade e de mal-estar que perpassa quase todos os poemas pode ser vista como um reflexo da angústia que se sente quando tentamos lidar com um problema que ainda nos escapa — como um fantasma que nos persegue, até que consigamos colocá-lo no papel.

ISBN 978-85-905558-1-0

9 788590 555810

www.ingramcontent.com/pod-product-compliance
Lightning Source LLC
La Vergne TN
LVHW091213080426
835509LV00009B/979